INCLUS DANS VOTRE ACHAT
VOTRE OUVRAGE ACCESSIBLE EN LIGNE

sur **www.rfedition**

W0343532

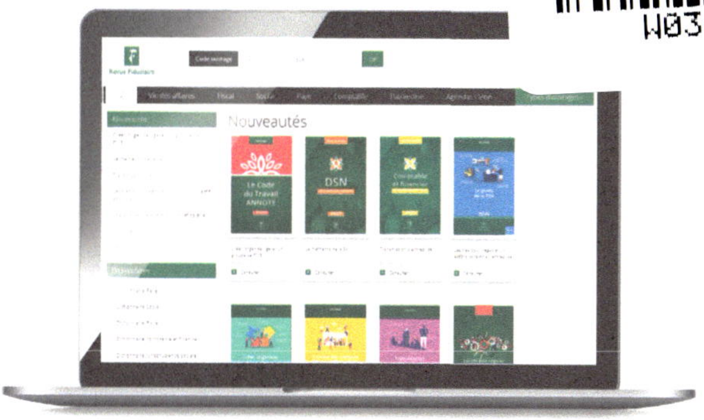

> **Accédez à la dernière version** à jour de la réglementation*

> **Consultez votre ouvrage** où que vous soyez

> **Recherchez rapidement** par mots clés

> Retrouvez **l'ensemble de vos éditions**

1 SCANNEZ ce QR Code

OU

1 ENTREZ CE CODE UNIQUE sur le site

IDENTIFIANT UNIQUE

0041-3932-4111-A910-9F53

2 REMPLISSEZ LE FORMULAIRE et recevez vos identifiants** par e-mail

* Jusqu'à la sortie d'une nouvelle édition. ** Vos identifiants sont uniques et personnels.
Tout partage et reproduction sont strictement interdits et soumis au droit d'auteur.

Revue Fiduciaire

320195012

LES GUIDES

Contrôle URSSAF

— 4e édition —

Réalisé sous la direction d'Yves de La Villeguérin

André DERUE
Cabinet Barthélémy Avocats

Sandrine VINCENT
Groupe Revue Fiduciaire

Groupe Revue Fiduciaire
100, rue La Fayette - 75485 Paris Cedex 10
www.revue-fiduciaire.com

Attention
la photocopie tue le livre

Nous alertons nos lecteurs sur la menace que représente pour l'avenir de l'écrit, tout particulièrement dans les domaines du droit et de la gestion, le développement massif du « photocopillage ».

Le code de la propriété intellectuelle interdit en effet, expressément, la photocopie à usage collectif sans autorisation des ayants droit. Or, cette pratique s'est développée dans de nombreux cabinets, entreprises, administrations, organisations professionnelles et établissements d'enseignement, provoquant une baisse notable des achats de livres et de revues au point que la possibilité même de créer des œuvres nouvelles et de les faire éditer est aujourd'hui menacée.

100 rue La Fayette - 75485 Paris Cedex 10
Dépôt légal Janvier 2026 - ISBN 978-2-7579-1143-3

Achevé d'imprimer sur les presses de l'imprimerie Dupliprint Mayenne
733, rue Saint-Léonard - 53100 Mayenne - France - Décembre 2025

Table analytique

Un sommaire analytique détaillé figure en tête de chaque fiche et une table alphabétique à la page 257
La numérotation des paragraphes n'est pas continue

Contrôle URSSAF

PAGE

CADRE DU CONTRÔLE URSSAF

ANTICIPER UN CONTRÔLE URSSAF

DÉROULEMENT DU CONTRÔLE

PAGE

SUITES ET PORTÉE DU CONTRÔLE

Travail dissimulé

Annexes

Cadre du contrôle URSSAF

Quelle forme peut prendre le contrôle URSSAF ?

DEUX FORMES DE CONTRÔLE COEXISTENT

LE CONTRÔLE SUR PLACE

QUI EST CONCERNÉ ?
TOUTES LES ENTREPRISES

OÙ SE DÉROULE-T-IL ?
DANS LES LOCAUX DE L'ENTREPRISE

LE CONTRÔLE SUR PIÈCES

QUI EST CONCERNÉ ?
LES ENTREPRISES DE MOINS DE 11 SALARIÉS

OÙ SE DÉROULE-T-IL ?
AU SEIN DES LOCAUX DE L'URSSAF

LE CONTRÔLE URSSAF DOIT ÊTRE DISTINGUÉ

POUR LES EMPLOYEURS
DE LA PROCÉDURE DE FIABILISATION DES DONNÉES DSN

POUR LES TRAVAILLEURS INDÉPENDANTS
DE LA PROCÉDURE DE VÉRIFICATION DES DÉCLARATIONS

POUR TOUS LES COTISANTS
DE LA RECHERCHE D'UNE INFRACTION DE TRAVAIL DISSIMULÉ MENÉE SELON LES RÈGLES DU CODE DU TRAVAIL

À L'OCCASION D'UN CONTRÔLE URSSAF, **UN PV DE TRAVAIL DISSIMULÉ PEUT AUSSI ÊTRE DRESSÉ ET ABOUTIR À UN REDRESSEMENT**

Revue Fiduciaire

1 Objectifs et formes du contrôle : principes

Pourquoi un contrôle ?

1 Le recouvrement par l'URSSAF des cotisations et contributions sociales dues par les employeurs au titre de leurs salariés et des cotisations personnelles des travailleurs indépendants se fait sur la base des déclarations qu'ils effectuent. Ce système déclaratif implique, en contrepartie, un contrôle a posteriori du respect des législations de sécurité sociale et d'assurance chômage qui se rapportent à l'assiette des cotisations, et de l'exactitude des montants déclarés.

Le contrôle URSSAF est ainsi censé permettre (www.urssaf.fr) :

– de vérifier la bonne compréhension et l'application de la réglementation par les entreprises ;

– de rétablir si besoin le montant des cotisations afin de garantir les droits des salariés et des travailleurs indépendants en matière de prestations sociales (maladie-maternité-paternité, accidents du travail, retraite, chômage, prestations familiales) ;

– de garantir une saine concurrence entre les acteurs économiques.

Un contrôle URSSAF peut intervenir à tout moment de la vie de l'employeur ou de l'activité professionnelle du travailleur indépendant.

Le cotisant peut aussi être à l'initiative de ce contrôle en faisant jouer son droit au contrôle, dans le but de sécuriser ses pratiques *(voir § 293)* (charte du cotisant contrôlé en vigueur au 1er janvier 2024, p. 7).

Quelle forme peut prendre le contrôle ?

Deux types de contrôle possibles : sur place ou sur pièces

2 Deux types de contrôle coexistent :
– le contrôle sur place, effectué par les agents de l'URSSAF dans les locaux de l'entreprise *(voir § 3)* ;
– le contrôle sur pièces, réalisé sur dossier dans les locaux de l'URSSAF et réservé aux employeurs de moins de 11 salariés *(voir § 4)*.

Contrôle sur place

3 Le contrôle sur place correspond à la visite de l'inspecteur du recouvrement de l'URSSAF dans les locaux de l'entreprise en vue de vérifier que ses pratiques sont conformes à la législation.

La procédure du contrôle sur place est une procédure contradictoire, qui offre une série de garanties au cotisant contrôlé (c. séc. soc. art. R. 243-59) : envoi d'un avis de contrôle préalable, pouvoirs et méthodes d'investigation de l'agent de contrôle URSSAF strictement encadrés par la réglementation, établissement d'une lettre d'observations par l'URSSAF, réponse du cotisant contrôlé à la lettre d'observations et prise en compte de cette réponse par l'agent de contrôle.

La procédure applicable au contrôle sur place est détaillée par ailleurs *(voir §§ 350 à 640)*.

Contrôle sur pièces (effectif de moins de 11 salariés)

▸ Cotisant concerné

4 Le contrôle sur pièces peut être diligenté auprès des employeurs et travailleurs indépendants occupant moins de 11 salariés (c. séc. soc. art. R. 243-59-3).

Calcul de l'effectif. L'effectif à prendre en compte est l'effectif annuel moyen calculé au niveau de l'entreprise tous établissements confondus et correspondant à la moyenne des effectifs déterminés chaque mois au titre de l'année civile précédente, le chiffre obtenu étant arrondi, s'il y a lieu, au centième (c. séc. soc. art. L. 130-1 et R. 130-1).

Cette procédure est réservée aux petites entreprises, mais ce n'est qu'une option pour l'URSSAF, qui peut procéder à un contrôle sur place si cela lui paraît préférable.

▸ Déroulement du contrôle

5 Le contrôle sur pièces est réalisé dans les locaux de l'URSSAF à partir des éléments dont elle dispose et de ceux qu'elle demande (c. séc. soc. art. R. 243-59-3). En d'autres termes, le contrôle sur pièces est un contrôle réalisé essentiellement par échanges épistolaires (lettres, mails) ou téléphoniques.

Comme pour le contrôle sur place, la procédure de contrôle sur pièces doit être menée « dans le respect des garanties offertes au cotisant par l'article R. 243-59 » du code de la sécurité sociale (c. séc. soc. art. R. 243-59-3). Ainsi, la personne contrôlée bénéficie de l'ensemble de la procédure contradictoire :
– envoi d'un avis de contrôle *(voir § 350)* ;
– pouvoirs de l'agent de contrôle URSSAF strictement encadrés *(voir §§ 420 à 466)* ;

– lettre d'observations *(voir §§ 570 à 594)* ;
– période laissée au cotisant contrôlée pour faire valoir à son tour ses observations *(voir §§ 620 à 634)* ;
– obligation de réponse du contrôleur aux observations de la personne contrôlée *(voir §§ 635 à 638)*.

→ **À NOTER** *Du fait que le contrôle sur pièces se déroule dans les locaux de l'URSSAF, certaines des garanties en principe offertes au cotisant contrôlé par la réglementation ne trouvent toutefois pas, en pratique, à s'appliquer. Par exemple, il paraît difficile à la personne faisant l'objet d'un contrôle sur pièces de pouvoir se faire assister du conseil de son choix pendant toute la durée de la procédure (voir aussi § 426).*

Les particularités de la procédure du contrôle sur pièces sont présentées au fur et à mesure de la suite de l'ouvrage.

▸ Autres investigations nécessaires : possibilité d'engager un contrôle sur place

6 Si le cotisant contrôlé ne transmet pas les éléments demandés, ou lorsque l'examen des pièces nécessite d'autres investigations, l'URSSAF lui adresse un document pour l'informer qu'elle peut poursuivre le contrôle sous la forme d'un contrôle sur place. Elle ne sera alors pas obligée d'envoyer au cotisant un avis de contrôle préalable *(voir § 350)* (c. séc. soc. art. R. 243-59-3). Un simple courrier sera adressé à ce dernier pour l'informer de la date de passage de l'URSSAF (charte du cotisant contrôlé en vigueur au 1er janvier 2024, p. 14).

→ **ATTENTION** *Si l'URSSAF estime que le cotisant contrôlé fait obstacle à la procédure en refusant de transmettre les documents réclamés, elle peut mettre en œuvre la procédure spécifique d'obstacle à contrôle (voir § 447).*

Distinguer le contrôle URSSAF des procédures voisines

Les autres modes de « contrôle » possibles

7 L'URSSAF n'intervient pas seulement dans le cadre d'un contrôle, qu'il soit sur place *(voir § 3)* ou « sur pièces » *(voir § 4)*.

En effet, l'URSSAF vérifie systématiquement l'exactitude des informations transmises chaque mois par les employeurs via la déclaration sociale nominative (DSN) *(voir § 9)*.

Déclaration sociale nominative. Effectuée par voie électronique, la DSN permet de remplacer, pour chaque salarié, de nombreuses déclarations (ex. : déclarations relatives aux cotisations et contributions sociales, attestations de salaire relatives aux indemnités journalières de sécurité sociale). Les données portées dans la DSN servent notamment au recouvrement des cotisations et contributions sociales (URSSAF, institutions de retraite complémentaire, organismes de prévoyance) ainsi que de certaines impositions, à la vérification de leur montant, à l'ouverture et au calcul des droits des salariés en matière d'assurances sociales, à la détermination du taux de certaines cotisations, au versement de certains revenus de remplacement ainsi qu'à l'accomplissement par les administrations et organismes destinataires de leurs missions (c. séc. soc. art. L. 133-5-3, I).

Pour les travailleurs indépendants, l'URSSAF peut engager une procédure dite de « vérification des déclarations » *(voir § 16)*.

Enfin, l'URSSAF peut aussi intervenir dans le cadre de la lutte contre le travail dissimulé *(voir § 23)*.

8 **ENTREPRISE INÉLIGIBLE AU STATUT DE JEUNE ENTREPRISE INNOVANTE**

Lorsque l'URSSAF est avisée par les services fiscaux qu'une entreprise n'est pas éligible au statut de jeune entreprise innovante, elle peut poursuivre le recouvrement des cotisations dues par la société non bénéficiaire de la mesure d'exonération de cotisations attachée à ce statut sans avoir à procéder à un contrôle pour en déterminer le montant (cass. civ., 2e ch., 13 octobre 2011, n° 10-21558, BC II n° 187). Autrement dit, dans ce cas, les cotisations dont l'entreprise a anticipé l'exonération deviennent immédiatement exigibles.

Pour les employeurs, procédure de fiabilisation des données DSN

▸ Objet

9 Avant 2024, à côté de la procédure de contrôle proprement dite, les gestionnaires de compte URSSAF pouvaient engager une procédure dite de « vérification des déclarations » des employeurs. Juridiquement, cette procédure n'existe plus pour les employeurs (c. séc. soc. art. R. 243-43-3 abrogé au 1er janvier 2024).

→ **À NOTER** *La procédure de vérification des déclarations subsiste, en revanche, pour les travailleurs indépendants (voir § 16).*

À la place, l'URSSAF a recours désormais à une procédure dite de « fiabilisation » des données déclarées tous les mois par les employeurs via leur déclaration sociale nominative (DSN), données dont elle vérifie l'exhaustivité, la conformité et la cohérence (c. séc. soc. art. L. 133-5-3 et L. 133-5-3-1). L'objectif est le même, mais les moyens et la méthode utilisés sont différents.

Ainsi, chaque mois, l'URSSAF vérifie systématiquement l'exactitude des informations transmises, à travers un dispositif de détection automatisé permettant de s'assurer de la qualité (intégrité, précision) de ces informations essentielles pour garantir l'exactitude des montants de cotisations collectés auprès des employeurs et sécuriser les droits sociaux attribués à chaque salarié (ex. : en matière de retraite) (www.urssaf.fr).

→ **À NOTER** *Cette procédure est réalisée par tous les organismes destinataires de la DSN, c'est-à-dire en premier lieu les URSSAF, mais aussi, par exemple, les caisses de retraite complémentaire AGIRC-ARRCO.*

▸ Déroulement de la procédure

10 Les employeurs sont informés des résultats des vérifications réalisées par l'URSSAF (c. séc. soc. art. L. 133-5-3-1).

Concrètement, chaque mois, l'URSSAF met à la disposition des employeurs un compte rendu métier (CRM) mensuel leur précisant notamment les données présentant une anomalie dans la DSN et, le cas échéant, celles des déclarations antérieures qui n'auraient pas déjà été corrigées (c. séc. soc. art. R. 133-13, V). Ce CRM mensuel indique la nature de chaque anomalie, ainsi que, le cas échéant, la valeur de la correction proposée pour chacune d'elle et le montant des cotisations et contributions sociales dues après la prise en compte de la correction des anomalies (c. séc. soc. art. R. 133-14-2, II).

→ **À NOTER** *Au plus tard pour le mois déclaré de janvier 2028 (DSN de février 2028), les retours vers les employeurs des opérations de fiabilisation des DSN effectuées par l'ensemble des organismes de protection sociale se feront via un « compte rendu métier (CRM) normalisé inter-régimes », qui sera adressé par les URSSAF* (c. séc. soc. art. R. 133-13, V, 5° ; décret 2023-1384 du 29 décembre 2023, art. 4, II).

Lorsque des anomalies sont constatées, les employeurs doivent les corriger « au fil de l'eau », sous peine de l'application d'une pénalité *(voir § 12)* (c. séc. soc. art. L. 133-5-4 ; net-entreprises.fr, information du 24 octobre 2024).

Si des anomalies persistent, l'URSSAF adresse aux employeurs, au cours du mois de mars N + 1, un CRM de rappel annuel précisant les anomalies toujours non corrigées pour les périodes d'emploi de l'année écoulée (N - 1), leur nature ainsi que, le cas échéant, la correction proposée et le montant des cotisations dues après prise en compte de la correction des anomalies (c. séc. soc. art. R. 133-13, V, 5°, dern. al. et R. 133-14-2, II).

Au plus tard lors de la 2e échéance déclarative suivant la notification du CRM de rappel annuel (soit à l'échéance de mai), les employeurs doivent (c. séc. soc. art. R. 133-14-2, III ; net-entreprises.fr, information du 24 octobre 2024) :
– soit corriger les données présentant une anomalie ;
– soit s'opposer de façon motivée aux corrections proposées par l'URSSAF.

Dans l'hypothèse où l'employeur s'est opposé de manière motivée aux corrections proposées dans le CRM de rappel annuel, l'URSSAF peut décider de réviser ses constats et ne pas procéder aux corrections initialement envisagées. En revanche, si elle considère que l'anomalie demeure, l'URSSAF peut engager le recouvrement de tout ou partie des sommes en cause, ainsi que des majorations et pénalités de retard y afférente *(voir §§ 11 et 12)*. Une phase contradictoire est prévue, puisque la mise en recouvrement, via une mise en demeure, ne peut intervenir qu'après en avoir informé l'employeur, et avoir répondu à ses observations de manière motivée (c. séc. soc. art. R. 133-14-4).

Lorsque le déclarant ne s'est pas opposé aux corrections proposées de façon motivée et qu'il n'a pas procédé aux corrections dans les temps, l'URSSAF peut, depuis 2026, procéder elle-même aux corrections de la DSN concernée (c. séc. soc. art. R. 133-14-2, IV, 1° ; www.net-entreprises.fr, actualité du 29 octobre 2024). La déclaration ainsi corrigée se substitue à celle effectuée par l'employeur : il s'agit d'une DSN dite « de substitution ».

→ **À NOTER** *En 2026, pour sa première année d'application, la DSN de substitution porte seulement sur les données ayant un impact sur le calcul des droits à retraite des salariés. L'URSSAF est ainsi amenée à rectifier « l'assiette plafonnée soumise à cotisations vieillesse » d'un salarié, afin de garantir l'exactitude du montant de sa future retraite* (www.urssaf.fr).

L'URSSAF doit informer l'employeur des corrections opérées et mettre en recouvrement les cotisations et contributions qui en résultent assorties des majorations et pénalités de retard *(voir §§ 11 et 12)*, via une mise en demeure (c. séc. soc. art. R. 133-14-3).

→ **ATTENTION** *Les corrections opérées en application de la procédure de fiabilisation des données DSN ne se substituent pas, ni n'empêchent un contrôle URSSAF* (c. séc. soc. art. R. 133-14-6).

▸ Majorations et pénalités applicables

11 **Majorations pour paiement tardif.** Comme pour un contrôle URSSAF, en cas de redressement suite à une procédure de fiabilisation des données déclarées en DSN, des majorations de retard sont dues pour les cotisations dont le paiement n'est pas intervenu à la date d'exigibilité (pour le détail de ces majorations, *voir § 529*).

12 **Pénalités liées à la DSN.** L'URSSAF peut aussi appliquer des pénalités liées aux obligations déclaratives de l'employeur.

Ainsi, le défaut de production de la DSN dans les délais prescrits ou l'omission de salariés ou assimilés dans la DSN entraîne l'application, par salarié ou assimilé, d'une pénalité égale à 1,5 % du montant mensuel du plafond de la sécurité sociale, arrondi à l'euro supérieur (soit 61 € pour 2026), pour chaque mois ou fraction de mois de retard. La pénalité est calculée en fonction de l'effectif connu ou transmis lors de la dernière déclaration produite par l'employeur (c. séc. soc. art. L. 133-5-4 et R. 243-12).

→ **À NOTER** *Lorsque le défaut de production n'excède pas 5 jours, la pénalité est plafonnée à 150 % du montant mensuel du plafond de la sécurité sociale par entreprise (soit 6 008 € pour 2026). Ce plafonnement n'est toutefois applicable qu'une seule fois par année civile* (c. séc. soc. art. R. 243-12).

Par ailleurs, l'inexactitude des rémunérations déclarées ayant pour effet de minorer le montant des cotisations dues fait encourir à l'employeur une pénalité égale, par salarié ou assimilé, à 1 % du montant mensuel du plafond de la sécurité sociale, arrondi à l'euro supérieur (soit 41 € pour 2026) (c. séc. soc. art. L. 133-5-4 et R. 243-13, I).

En outre, pour chaque salarié déclaré ou pour les données d'identification de l'employeur, les omissions et inexactitudes dans la DSN qui ne relèvent pas des cas précités font encourir à l'employeur une pénalité égale à un tiers de 1 % du montant mensuel du plafond de la sécurité sociale, arrondi à l'euro supérieur (soit 14 € pour 2026) par salarié ou assimilé (c. séc. soc. art. L. 133-5-4 et R. 243-13, I).

En cas de non-respect des normes de déclaration des cotisations URSSAF dans la DSN, l'employeur encourt également la pénalité égale, par salarié ou assimilé, à un tiers de 1 % du montant mensuel du plafond de la sécurité sociale, arrondi à l'euro supérieur (soit 14 € pour 2026) (c. séc. soc. art. L. 133-5-4 et R. 243-13, II).

→ **À NOTER** *Pour échapper à ces trois dernières pénalités, l'employeur peut invoquer le droit à l'erreur s'il en remplit les conditions (voir § 15)* (c. séc. soc. art. R. 243-10, II).

Enfin, il est prévu qu'une pénalité s'applique lorsque l'employeur ne corrige pas les anomalies détectées par l'URSSAF dans ses déclarations sociales nominatives *(voir § 9)* (c. séc. soc. art. L. 133-5-4). Toutefois, le décret qui doit en fixer le montant, dans la limite de 1,5 % du montant mensuel du plafond de la sécurité sociale, n'était toujours pas paru à l'heure où nous rédigions ces lignes.

13 **Majoration liée aux moyens de déclaration et de paiement.** Lorsque l'employeur ne déclare pas et ne paie pas ses cotisations par voie dématérialisée, il est redevable d'une majoration égale à 0,20 % (c. séc. soc. art. L. 133-5-5, II, art. D. 133-10 et D. 133-11) :
– des sommes dont la déclaration a été effectuée par une voie autre que la voie dématérialisée ;
– du montant des sommes dont le versement a été réalisé par un autre mode de paiement (défaut de versement dématérialisé ou, lorsque cette modalité est obligatoire, défaut de paiement par virement bancaire).

14 **Paiement des majorations et pénalités.** Les majorations et pénalités, liquidées par le directeur de l'URSSAF, doivent être versées dans le mois de leur notification par mise en demeure de l'URSSAF et sont recouvrées comme en matière de cotisations (c. séc. soc. art. R. 243-19).

15 **Droit à l'erreur.** Dans le cadre du droit à l'erreur, le cotisant qui respecte ses obligations déclaratives mais ne verse pas les cotisations et contributions sociales dont il est redevable à la date d'exigibilité n'a pas à payer les majorations de retard si les conditions suivantes sont remplies (c. séc. soc. art. R. 243-11) :
– il s'acquitte des cotisations et contributions sociales dans un délai de 30 jours ou souscrit, dans ce même délai, un plan d'apurement avec l'URSSAF et en respecte les termes ;
– aucun retard de paiement n'a été constaté au cours des 24 mois précédents ;
– le montant des majorations qui seraient applicables est inférieur au plafond mensuel de la sécurité sociale (4 005 € en 2026).

En outre, l'employeur qui, de sa propre initiative ou à la demande de l'organisme de recouvrement dont il relève, corrige les erreurs constatées dans ses déclarations de cotisations et de contributions sociales, et verse à la même échéance le complément de cotisations et de contributions sociales correspondant, échappe aux majorations de retard et aux pénalités prévues par la réglementation si l'une des deux conditions suivantes est remplie (c. séc. soc. art. R. 243-10, I et II) :
– la déclaration rectifiée et le versement de la régularisation de cotisations et de contributions sociales dues sont adressés au plus tard lors de la première échéance qui suit celle de la déclaration et du versement initial ;
– le montant des majorations et pénalités qui seraient applicables est inférieur au plafond mensuel de la sécurité sociale (4 005 € en 2026) ou le versement régularisateur est inférieur à 5 % du montant total des cotisations initiales.

→ **ATTENTION** *Le droit à l'erreur ne joue pas en cas d'omission de salariés dans la déclaration ou d'inexactitudes répétées du montant des rémunérations déclarées* (c. séc. soc. art. R. 243-10, II). *Il ne joue pas non plus en cas de déclaration régularisatrice postérieure à une taxation provisionnelle, de défaut de production des déclarations aux échéances prescrites et de non-respect de l'obligation de dématérialisation des déclarations et du paiement des cotisations sociales.*

Pour les travailleurs indépendants, procédure de vérification des déclarations

▸ Objet

16 La vérification des déclarations n'est pas à proprement parler un contrôle URSSAF (cass. civ., 2e ch., 28 mai 2014, n° 13-18066, BC II n° 119). Il s'agit de l'opération par laquelle les URSSAF vérifient l'existence, l'exactitude et la conformité à la législation en vigueur des déclarations qui leur sont transmises par les travailleurs indépendants (c. séc. soc. art. R. 613-18).

→ **À NOTER** *En pratique, les travailleurs indépendants qui ne relèvent pas du régime micro-social ont l'obligation de déclarer, par voie dématérialisée, les éléments nécessaires au calcul de leurs cotisations et contributions sociales dans leur déclaration d'impôt sur le revenu* (c. séc. soc. art. L. 613-2, I). *Les URSSAF reçoivent ensuite de l'administration fiscale les informations nominatives nécessaires au calcul de leurs cotisations et contributions sociales.*

Ces opérations de « vérification » ne sont pas menées par des inspecteurs ou des contrôleurs du recouvrement (*voir § 75*), mais par les gestionnaires de comptes des cotisants, qui disposent de pouvoirs d'investigation moins étendus. Elles se déroulent au sein des locaux de l'URSSAF sans que le cotisant ne soit prévenu. Les anomalies constatées à l'issue de la procédure de vérification conduisent à des régularisations des versements opérés par les cotisants (en positif ou en négatif) (lettre-circ. ACOSS 2007-107 du 27 juillet 2007).

→ **ATTENTION** *Une procédure de vérification n'empêche pas une opération de contrôle par la suite.*

▸ **Moyens de vérifications**

17 Concrètement, les gestionnaires de compte peuvent être amenés à détecter des anomalies dans les déclarations des cotisants, notamment en rapprochant les informations portées sur ces déclarations avec celles mentionnées sur les documents qui leur ont déjà été transmis par les cotisants eux-mêmes ou avec des informations que d'autres institutions peuvent légalement leur communiquer (ex. : administration fiscale, directions régionales de l'économie, de l'emploi, du travail et des solidarités) (c. séc. soc. art. R. 613-18).

→ **À NOTER** *L'URSSAF n'est pas tenue de communiquer au cotisant les informations qui lui ont été transmises par l'autre institution à l'origine de la procédure de vérification* (cass. civ., 2e ch., 28 mai 2014, n° 13-18066, BC II n° 119 ; en l'espèce, il s'agissait d'un bulletin de renseignement transmis par l'administration fiscale).

L'organisme de recouvrement peut aussi demander par écrit au cotisant de lui communiquer tout document ou information complémentaire nécessaire pour procéder aux vérifications de ses déclarations (c. séc. soc. art. R. 613-18).

→ **À NOTER** *Il n'est pas spécifié que les URSSAF doivent adresser leur demande par lettre recommandée.*

Compte tenu de la généralité des termes employés, les documents concernés sont de tout type : il s'agit non seulement des documents périodiques transmis à l'URSSAF (notamment via la déclaration fiscale et sociale des revenus), mais aussi de tout autre document que le cotisant transmet à l'organisme (ex. : factures justifiant du chiffre d'affaires ou des recettes). Le pouvoir d'investigation des gestionnaires de compte est limité : ils ne peuvent demander que les documents susceptibles d'éclairer leur interrogation et ne disposent pas des pouvoirs étendus d'un inspecteur du recouvrement qui, lui, à l'occasion d'un « véritable » contrôle, peut accéder à d'autres documents (ex. : comptabilité).

▸ **Procédure à l'issue des vérifications**

18 Si, à l'issue de la procédure de vérification, l'URSSAF envisage un redressement, elle en informe le cotisant en lui indiquant (c. séc. soc. art. R. 613-19, I) :

– les déclarations, documents et informations examinés et, le cas échéant, que la vérification a été faite en absence de déclaration du cotisant ;

– les périodes auxquelles se rapportent ces déclarations, documents et informations et, le cas échéant, les déclarations manquantes ;

– le motif, le mode de calcul et le montant du redressement envisagé ;

– la faculté dont il dispose de régulariser sa situation dans un délai de 30 jours ;

– la faculté qu'il a de se faire assister d'un conseil de son choix pour répondre aux observations faites, sa réponse devant être notifiée à l'organisme de recouvrement dans ce même délai de 30 jours ;

– le droit pour l'organisme d'engager la mise en recouvrement en l'absence de réponse ou de régularisation spontanée de sa part à l'issue de ce même délai.

Si le travailleur indépendant a fait part de ses observations dans le délai prévu de 30 jours, l'URSSAF doit répondre de manière motivée à chacune de ses observations et lui confirmer si elle maintient ou non sa décision d'engager la mise en recouvrement pour tout ou partie des sommes en cause (c. séc. soc. art. R. 613-19, II).

L'URSSAF peut engager la mise en recouvrement des cotisations et contributions sociales, ainsi que des majorations et des pénalités de retard faisant l'objet du redressement *(voir § 529)*, par l'envoi d'une mise en demeure *(voir § 691)* (c. séc. soc. art. R. 613-19, III) :
– soit à l'issue du délai de 30 jours, si le cotisant n'a pas répondu dans ce délai ;
– soit après l'envoi du courrier par lequel elle a répondu de manière motivée aux observations du cotisant.

→ **À NOTER** *Comme la procédure de vérification n'est pas un « contrôle » URSSAF au sens strict, le cotisant ne peut pas invoquer les résultats d'un précédent contrôle URSSAF pour contester un redressement établi à la suite d'une vérification* (cass. civ., 2e ch., 28 mai 2014, n° 13-18066, BC II n° 119). *Par ailleurs, la notification d'une mise en demeure pour non-paiement des cotisations à temps ne constitue pas une vérification des déclarations. Le cotisant ne peut donc pas arguer des garanties attachées à la procédure de vérification pour faire annuler la mise en demeure* (cass. civ., 2e ch., 4 mai 2017, n° 16-15762, BC II n° 85).

Lorsque, à l'issue des vérifications, l'organisme de recouvrement constate que les sommes qui lui ont été versées excèdent les sommes dont le cotisant était redevable, il en informe l'intéressé en précisant les modalités d'imputation ou de remboursement (c. séc. soc. art. R. 613-19, III).

→ **ATTENTION** *Les résultats des vérifications effectuées ne préjugent pas des constatations pouvant être opérées ultérieurement par les agents URSSAF lors d'un contrôle sur place ou sur pièces* (c. séc. soc. art. R. 613-18).

▸ Majorations et pénalités applicables

19 **Majorations pour paiement tardif.** Comme pour un contrôle URSSAF, en cas de redressement suite à une procédure de vérification des déclarations, des majorations de retard sont dues pour les cotisations dont le paiement n'est pas intervenu à la date d'exigibilité *(pour le détail de ces majorations, voir § 529)*.

20 **Pénalité pour retard de déclaration.** Lorsque la déclaration dématérialisée de revenu n'a pas été transmise à la date limite de dépôt, les cotisations et contributions sont en principe assorties d'une pénalité de 5 % (c. séc. soc. art. R. 613-1-1, III).

Si le travailleur indépendant a souscrit la déclaration fiscale de revenus après la date limite de dépôt, sans avoir communiqué par ailleurs son revenu d'activité à l'URSSAF compétente, l'administration fiscale transmet les données déclarées à l'URSSAF sur demande de cette dernière (c. séc. soc. art. art. R. 613-1-2, II).

Dès réception de ces données, l'URSSAF demande au travailleur indépendant de lui communiquer, dans un délai de 2 mois, les données nécessaires au calcul des cotisations et contributions sociales dues. Si le travailleur indépendant ne transmet pas l'ensemble des données requises, les cotisations sont calculées sur la base des données disponibles. La pénalité est alors portée à 10 % de leur montant.

21 **Majoration pour défaut de déclaration par voie dématérialisée.** La méconnaissance de l'obligation de déclarer ou de payer par voie dématérialisée entraîne l'application d'une majoration fixée à 0,20 % des sommes dont la déclaration ou le paiement a été effectuée par une autre voie que la voie dématérialisée (c. séc. soc. art. L. 613-2, IV, renvoyant à L. 133-5-5).

22 **Droit à l'erreur.** Les travailleurs indépendants peuvent faire jouer le droit à l'erreur selon les mêmes modalités que les employeurs *(voir § 15)*.

Recherche d'une infraction constitutive d'un travail dissimulé

▸ Objet

23 Les agents des organismes de sécurité sociale, agréés à cet effet et assermentés, sont compétents pour rechercher et constater les infractions constitutives de travail illégal, dont le travail dissimulé (c. trav. art. L. 8271-1-2, 4°). Ce dernier peut être constitué « par dissimulation d'activité » *(voir § 1102)* ou « dissimulation d'emploi salarié » *(voir § 1104)*.

Les infractions de travail dissimulé sont constatées au moyen de procès-verbaux (PV) qui font foi jusqu'à preuve du contraire *(voir § 1149)* (c. trav. art. L. 8271-8).

Pour rechercher et constater de telles infractions, les agents de contrôle sont habilités à procéder à des auditions et à consulter des documents. Ils disposent en outre d'un droit de communication assez étendu *(voir §§ 1141 à 1147)*.

▸ Articulation avec le contrôle URSSAF de droit commun

24 Lorsque l'URSSAF engage un contrôle spécifiquement pour rechercher si un employeur commet des infractions constitutives d'un travail dissimulé, elle doit se conformer aux exigences du code du travail et non à celles du code de la sécurité sociale applicables en matière de contrôle URSSAF « classique ». Ainsi, elle n'a pas à envoyer d'avis de contrôle préalable *(voir § 350)* pour rechercher une infraction constitutive d'un travail dissimulé, mais doit obtenir le consentement des salariés à leur audition *(voir § 1142)*.

En revanche, si elle envoie un avis de contrôle, elle doit respecter toute la procédure de contrôle URSSAF prévue par le code de la sécurité sociale, notamment faire mention de la charte du cotisant contrôlé *(voir § 353)*.

Quoi qu'il en soit, si les deux procédures sont distinctes, elles n'en sont pas pour autant imperméables : à l'occasion d'un « véritable » contrôle, l'URSSAF peut dresser un PV de travail dissimulé, lequel conduira à redresser l'employeur et à majorer le montant du redressement du fait du travail dissimulé *(voir §§ 559 et 1221 à 1228)*.

En outre, les autres agents habilités à rechercher des infractions de travail dissimulé (ex : inspecteurs et contrôleurs du travail ; *voir § 1140*) communiquent leurs procès-verbaux de travail dissimulé aux URSSAF, qui peuvent ainsi procéder directement à la mise en recouvrement des cotisations et contributions qui leur sont dues sur la base des informations contenues dans ces PV (c. trav. art. L. 8271-6-4 ; c. séc. soc. art. L. 243-7-5).

→ **À NOTER** *Si le travail dissimulé est reconnu, la durée de la prescription des cotisations est augmentée, et donc celle de la période vérifiée au cours du contrôle également (voir § 135). En outre, la limitation de la durée du contrôle à 3 mois (prorogeable une fois) pour les entreprises de moins de 20 salariés et les travailleurs indépendants n'est pas applicable (voir §§ 366 et 367).*

25 MISSION D'INFORMATION ET DE CONSEIL DE L'URSSAF

L'URSSAF est, la plupart du temps, associée au contrôle des entreprises. Pourtant, elle a également une autre mission : celle d'information et de conseil auprès des entreprises.

Les inspecteurs et contrôleurs du recouvrement peuvent ainsi être amenés à dispenser des conseils à différentes occasions :
- au moment de la vérification comptable d'assiette des cotisations ;
- lors de journées d'information et d'échanges qu'elle organise ;
- à la demande du cotisant, sur un point de législation particulier ;
- lors d'une « visite-conseil » d'un expert de l'URSSAF, mobilisable gratuitement notamment lors de l'embauche du 1er salarié ou de la mise en place d'un nouveau dispositif au sein de l'entreprise ;
- à la demande des services internes de l'URSSAF, quand ils rencontrent des difficultés pour exploiter le compte d'un cotisant.

Attention : l'URSSAF qui, dans le cadre de sa mission d'information, échange avec un cotisant sur une problématique donnée, ne peut pas procéder, en parallèle, à un contrôle portant sur le même point sans avoir au préalable averti le cotisant que ces échanges pouvaient déboucher sur un tel contrôle. Ce contrôle serait irrégulier et le redressement qui en résulte devrait être annulé (cass. civ., 2e ch., 12 mars 2020, n° 19-10502 D).

Quels sont les acteurs du contrôle URSSAF ?

QUI PEUT CONTRÔLER ?

POUR UN CONTRÔLE SUR PLACE

INSPECTEURS DU RECOUVREMENT URSSAF

POUR UN CONTRÔLE SUR PIÈCES

CONTRÔLEURS ET INSPECTEURS DU RECOUVREMENT URSSAF

CES AGENTS URSSAF DOIVENT ÊTRE

- AGRÉÉS PAR LE DIRECTEUR DE L'URSSAF CAISSE NATIONALE
- ASSERMENTÉS PAR LE TRIBUNAL JUDICIAIRE
- TITULAIRES D'UNE CARTE PROFESSIONNELLE QU'ILS PEUVENT ÊTRE AMENÉS À PRÉSENTER LORS D'UN CONTRÔLE SUR PLACE

QUI PEUT ÊTRE CONTRÔLÉ ?

- **LES EMPLOYEURS PERSONNES PRIVÉES** (EX. : ENTREPRISES, ASSOCIATIONS, PARTICULIERS EMPLOYEURS)
- **LES SYNDICATS** EN LEUR QUALITÉ D'EMPLOYEUR
- **LES COMITÉS SOCIAUX ET ÉCONOMIQUES (CSE)** EN LEUR QUALITÉ D'EMPLOYEUR

  ⚠ UN CSE NE PEUT PAS ÊTRE CONTRÔLÉ AU TITRE DES AVANTAGES QU'IL VERSE AUX SALARIÉS DE L'ENTREPRISE
- **LES EMPLOYEURS PERSONNES PUBLIQUES** (EX. : COLLECTIVITÉS TERRITORIALES)
- **LES PERSONNES MORALES NON-EMPLOYEURS** SI, À L'OCCASION DU CONTRÔLE D'UN EMPLOYEUR, DES ÉLÉMENTS FONT PRÉSUMER AUX AGENTS URSSAF QU'ELLES VERSENT DES RÉMUNÉRATIONS AUX SALARIÉS DE L'EMPLOYEUR CONTRÔLÉ
- **LES TRAVAILLEUR INDÉPENDANTS**

Revue Fiduciaire

2 Acteurs du contrôle

§§

Les personnes chargées du contrôle

Les URSSAF

▸ Compétence territoriale

70 Ce sont les URSSAF qui assurent le contrôle des cotisations et contributions sociales dont elles ont la charge du recouvrement (c. séc. soc. art. L. 213-1, 6° et R. 243-6, I).

• **Outre-mer.** Dans les départements d'outre-mer, les missions de contrôle sont confiées aux caisses générales de sécurité sociale (CGSS) et à la caisse de sécurité sociale de Mayotte (CSSM).

• **Secteur agricole.** Ce sont les caisses de Mutualité sociale agricole (MSA) qui sont chargées du contrôle de l'application des dispositions relatives aux différentes branches des régimes de protection sociale des non-salariés et salariés agricoles, selon une procédure proche de celle applicable dans le régime général des salariés et des travailleurs indépendants, sous réserve de certaines adaptations. Prévue par le code rural et de la pêche maritime (c. rur. art. L. 724-7, R. 724-6 à R. 724-10, D. 724-11 et D. 724-12), cette procédure n'est pas détaillée dans cet ouvrage.

L'URSSAF apte à réaliser le contrôle est donc celle dans la circonscription géographique de laquelle est implanté l'entreprise ou l'établissement contrôlé (c. séc. soc. art. L. 213-1 et D. 213-1).

Entreprise n'ayant pas d'établissement en France. L'employeur dont l'entreprise ne comporte pas d'établissement en France est tenu d'adresser ses déclarations et de verser ses cotisations auprès du Service Firmes étrangères de l'URSSAF (www.foreign-companies.urssaf.eu), mis en place au sein de l'URSSAF Alsace (c. séc. soc. art. L. 243-1-2 et R. 243-8-1, 2° ; arrêté du 29 septembre 2004, JO 28 octobre, texte 17).

Ainsi, sauf cas de versement en un lieu unique (*voir § 71*), les entreprises multi-établissements cotisent auprès d'autant d'URSSAF que nécessaires et sont susceptibles d'être contrôlées par autant d'URSSAF (c. séc. soc. art. R. 243-6, I).

→ **À NOTER** *Les règles régissant la compétence territoriale des URSSAF en matière de contrôle des cotisants ne s'appliquent pas à la mise en œuvre de la solidarité financière d'une entreprise en vue du paiement des cotisations impayées par son sous-traitant, auteur d'une infraction de travail dissimulé (voir § 1241)* (cass. civ., 2e ch., 17 septembre 2009, n° 08-16641, BC II n° 219).

▸ **URSSAF unique en cas de VLU**

71 Le versement en un lieu unique (VLU) permet aux entreprises multi-établissements de centraliser leurs déclarations et le paiement de leurs cotisations auprès d'une seule URSSAF, dite URSSAF interlocuteur unique. Cette URSSAF est compétente pour assurer le contrôle de l'employeur (c. séc. soc. art. R. 243-6-3, III et R. 243-8).

Le VLU est obligatoire à partir d'un certain seuil d'effectifs fixé à 250 salariés (c. séc. soc. art. R. 243-6-3).

En dessous de 250 salariés, le VLU est donc facultatif et nécessite la conclusion d'un protocole entre le cotisant et l'URSSAF Caisse nationale (ex-ACOSS).

L'URSSAF interlocuteur unique peut contrôler les exercices antérieurs à sa désignation, dans la limite de la prescription des cotisations applicable (3 ans, 5 ans en cas de travail dissimulé ; *voir § 135*) (cass. civ., 2e ch., 13 septembre 2007, n° 06-18997, BC II n° 121 ; cass. civ., 2e ch., 21 février 2008, n° 07-11963, BC II n° 47).

Si une nouvelle URSSAF interlocuteur unique est désignée, l'ancienne URSSAF qui a initié le contrôle conserve compétence en matière de recouvrement des cotisations et de contentieux concernant l'employeur, dès lors que le contrôle était en cours au moment du transfert entre les deux URSSAF (cass. civ., 2e ch., 3 avril 2014, n° 13-16643, BC II n° 94).

→ **À NOTER** *Le protocole de VLU ne permet pas de déroger à la règle, fixée à l'article L. 243-11 du code de la sécurité sociale, selon laquelle l'employeur est tenu de recevoir les agents de contrôle dans tous ses établissements* (cass. civ., 2e ch., 3 avril 2014, n° 13-16021, BC II n° 87). *Il ne prive pas non plus les sociétés d'un groupe, si elles ont leur propre personnalité juridique, des garanties prévues en cas de contrôle, en particulier celle d'être avisées chacune de la survenance de celui-ci par un avis de contrôle. En l'espèce, l'URSSAF avait envoyé l'avis de contrôle à la maison mère, et pas à la société contrôlée* (cass. civ., 2e ch., 2 avril 2015, n° 14-14528, BC II n° 84). *Sur l'avis de contrôle, se reporter ci-après (voir § 350).*

▸ **URSSAF déléguée pour le contrôle des entreprises à établissements multiples**

72 Une URSSAF peut déléguer ses compétences en matière de contrôle à une autre. C'est le cas pour les entreprises ayant plusieurs établissements, la règle de la circonscription territoriale de l'URSSAF n'étant alors pas adaptée (ex : comptabilité de l'entreprise centralisée au siège social). La délégation prend la forme d'une convention générale de réciprocité ouverte à l'adhésion de l'ensemble des URSSAF, pour une période minimale d'un an, renouvelable par tacite reconduction. C'est le directeur de l'URSSAF Caisse nationale qui est chargé d'établir cette convention et de recevoir les adhésions (c. séc. soc. art. L. 213-1, dern. al. et D. 213-1-1).

Cette délégation doit être donnée avant l'ouverture des opérations de contrôle, c'est-à-dire qu'elle doit intervenir avant l'envoi de l'avis de contrôle au cotisant (*voir § 350*), faute de quoi le contrôle est annulé, de même que le redressement de cotisations subséquent (cass. civ., 2e ch., 12 juillet 2006, n° 04-30844, BC II n° 191 ; cass. civ., 2e ch., 4 mai 2016, n° 15-18188, BC II n° 118).

▸ **URSSAF déléguée dans le cadre de contrôles spécifiques**

73 Pour des missions de contrôles spécifiques, le directeur de l'URSSAF Caisse nationale peut, à son initiative ou sur demande d'une URSSAF, demander à une URSSAF d'exercer les missions de contrôle en lieu et place de celle dont dépend la personne contrôlée (c. séc. soc. art. D. 213-1-2).

Cette délégation de compétences s'effectue dans le cadre de la convention générale de réciprocité établie par le directeur de l'URSSAF Caisse nationale et à laquelle les URSSAF peuvent adhérer *(voir § 72)* (c. séc. soc. art. D. 213-1-2).

Cotisant membre de l'URSSAF ou de l'URSSAF Caisse nationale. Lorsque la personne contrôlée est membre du conseil d'administration de l'URSSAF, ou lorsque le contrôle concerne l'URSSAF, le contrôle est délégué à une autre URSSAF désignée par le directeur de l'URSSAF Caisse nationale (c. séc. soc. art. R. 243-60). Toutefois, cette règle vise uniquement à assurer la protection de l'URSSAF, et pas celle du cotisant contrôlé, qui ne peut donc pas l'invoquer pour échapper à un redressement (cass. civ., 2e ch., 19 décembre 2019, n° 18-23071 FPBI).

Lorsque le contrôle concerne l'URSSAF Caisse nationale, il est délégué à l'URSSAF Île-de-France (c. séc. soc. art. R. 243-60).

▸ Justification de la compétence de l'URSSAF

74 L'URSSAF n'a pas à produire le titre justifiant sa compétence pour effectuer le contrôle.

En effet, si le contrôle ne peut être effectué que par l'organisme de recouvrement compétent, la régularité des opérations de contrôle et de redressement n'est toutefois pas subordonnée à la production, au début ou au cours de celles-ci, du titre attestant de la compétence de cet organisme (cass. civ., 2e ch., 19 janvier 2017, n° 16-10759, BC II n° 14). En l'espèce, le fait que l'URSSAF se soit prévalue, à tort, non pas de sa qualité d'URSSAF interlocuteur unique *(voir § 71)* mais de sa qualité de délégataire d'une autre URSSAF en vertu d'une convention générale de réciprocité *(voir § 72)* n'a pas remis en cause la régularité du contrôle dès lors qu'elle était bien compétente pour l'effectuer.

Les inspecteurs et contrôleurs du recouvrement

75 Le contrôle est diligenté par des agents salariés de l'URSSAF, qui doivent être :
– agréés par le directeur de l'URSSAF Caisse nationale (c. séc. soc., art. L. 243-7 ; arrêté du 6 février 2024, JO du 27, texte 8) ;
– et assermentés par le tribunal judiciaire (c. séc. soc. art. L. 243-9).

Le contrôle est régulier dès lors qu'il est conduit par un agent agréé et assermenté. Peu importe que cet agent ait été assisté d'un collègue qui n'était pas encore assermenté ni agréé (cass. soc. 31 octobre 2000, n° 99-13322 D).

Concrètement, les agents chargés du contrôle sont :
– soit des inspecteurs du recouvrement, pour les contrôles sur place *(voir § 3)* (www.urssaf.fr) ;
– soit des contrôleurs ou des inspecteurs du recouvrement, pour les contrôles sur pièces *(voir § 4)* (c. séc. soc. art. R. 243-59-3).

Les inspecteurs et contrôleurs du recouvrement sont titulaires d'une carte professionnelle qu'ils peuvent être amenés à présenter lors du contrôle sur place, à la demande du cotisant contrôlé *(voir § 420)* (charte du cotisant contrôlé en vigueur au 1er janvier 2024, p. 9).

Les agents chargés du contrôle sont tenus au secret professionnel. Ils prêtent en effet serment devant le tribunal judiciaire « de ne rien révéler des secrets de fabrication et, en général, des procédés et résultats d'exploitation dont ils pourraient prendre connaissance dans l'exercice de leur mission » (c. séc. soc. art. L. 243-9). Toute violation de serment est punie d'un an d'emprisonnement et de 15 000 € d'amende (c. pén. art. 226-13).

→ **À NOTER** *Bien que rattachés à une URSSAF, les inspecteurs et contrôleurs du recouvrement ont une compétence nationale, leur agrément étant valable sur l'ensemble du territoire national* (arrêté du 6 février 2024, art. 4, JO du 27, texte 8). *Ils peuvent ainsi exercer leur mission de contrôle dans plusieurs établissements situés à des endroits différents du territoire national.*

Les personnes contrôlées

Les employeurs

▸ Principe

76 Dans la mesure où ils sont redevables de cotisations auprès de l'URSSAF, tous les employeurs sont susceptibles d'être contrôlés (c. séc. soc. art. L. 243-7).

Sont concernés les employeurs personnes privées (ex : entreprises, associations ; particuliers employeurs) et les employeurs personnes publiques (ex : collectivités territoriales, établissements publics).

Lorsqu'il concerne une entreprise, le contrôle peut porter sur la totalité de l'entreprise ou un établissement unique.

Décès ou changement d'employeur. Le décès de l'employeur ou le changement d'employeur ne remet pas en cause la validité du contrôle. Un contrôle peut s'exercer valablement en cas de changement d'employeur, pour quelque cause que ce soit, en présence du successeur du chef d'entreprise. Ainsi, le contrôle effectué sur une période antérieure au décès de l'employeur peut donc être réalisé auprès de la veuve de ce dernier, qui a pris la qualité d'employeur et assumé la fonction de liquidateur de l'entreprise dont elle a temporairement poursuivi l'activité (cass. soc. 23 novembre 1988, n° 86-11586, BC V n° 627). Par ailleurs, le fait que des opérations de contrôle n'aient pu être conduites contradictoirement avec les dirigeants d'une entreprise de travail temporaire en raison de leur disparition n'est pas de nature à enlever leur force probante aux constatations des agents de contrôle URSSAF ni à les rendre inopposables à l'entreprise utilisatrice (cass. soc. 7 octobre 1987, n° 85-15656, BC V n° 529).

▸ Syndicats

77 Dès lors qu'ils ont la qualité d'employeur, les syndicats peuvent également faire l'objet d'un contrôle : en effet, les dispositions législatives sur la création, l'organisation et le fonctionnement des syndicats ne sauraient les soustraire à la réglementation de la sécurité sociale. Un syndicat ne peut donc se prévaloir du principe de la liberté de gestion des organisations syndicales pour se soustraire à l'obligation de produire à l'URSSAF les éléments de sa comptabilité (cass. soc. 20 octobre 1994, n° 92-17044, BC V n° 287).

▸ Comité social et économique (CSE)

78 Le comité social et économique peut être contrôlé en qualité d'employeur dès lors qu'il acquitte des cotisations sur la rémunération de ses salariés.

En revanche, le CSE ne peut être contrôlé au titre des avantages qu'il verse aux salariés de l'entreprise car c'est l'employeur qui doit verser les cotisations dues sur ces avantages (cass. soc. 11 mai 1988, n° 85-18557, BC V n° 287). Il a toutefois l'obligation de fournir à l'employeur tous les éléments nécessaires à la déclaration et au calcul des cotisations assises sur les avantages qu'il attribue (cass. soc. 3 octobre 1984, n° 83-10569, BC V n° 343).

Concrètement, les URSSAF s'adressent à l'employeur pour le recouvrement des cotisations liées aux avantages attribués par le CSE. De son côté, l'employeur peut agir en remboursement des cotisations versées contre le comité si ce dernier est à l'origine d'avantages attribués sans intervention de sa part (cass. soc. 13 mai 1993, n° 91-14362, BC V n° 141).

→ **À NOTER** *Les cadeaux et bons d'achat accordés aux salariés de l'entreprise sont souvent source de redressements de cotisations, adressés à l'entreprise (voir § 195).*

Les personnes morales non-employeurs

79 Le périmètre d'un contrôle peut être élargi à toute personne morale non inscrite à l'URSSAF en qualité d'employeur si, au cours de ce contrôle, les agents de recouvrement URSSAF peuvent faire état d'éléments « motivés » les faisant présumer que cette personne verse des rémunérations aux salariés de l'employeur faisant l'objet du contrôle (c. séc. soc. art. L. 243-7).

Les travailleurs indépendants

80 Toutes les personnes physiques redevables de cotisations auprès de l'URSSAF sont susceptibles d'être contrôlées. Sont donc concernés les travailleurs indépendants et les personnes qui exercent une profession libérale. Le contrôle se fait dans les mêmes conditions que pour les employeurs (c. séc. soc. art. L. 243-7).

Sur quoi porte un contrôle URSSAF ?

UN CONTRÔLE URSSAF PERMET DE VÉRIFIER

1

L'ASSIETTE, LE TAUX ET LE CALCUL DES COTISATIONS ET CONTRIBUTIONS RECOUVRÉES PAR LES URSSAF,
DUES AU TITRE DES 3 ANNÉES CIVILES PRÉCÉDENTES

— SONT CONCERNÉES, NOTAMMENT —

- **LES COTISATIONS DE SÉCURITÉ SOCIALE** (MALADIE-MATERNITÉ-INVALIDITÉ, VIEILLESSE, ALLOCATIONS FAMILIALES, AT/MP)
  + **LA CONTRIBUTION SOLIDARITÉ AUTONOMIE**
- **LE VERSEMENT MOBILITÉ**
  + **LE FNAL**
  + **LA CSG/CRDS**
- **LE FORFAIT SOCIAL**
  + **LES COTISATIONS D'ASSURANCE CHÔMAGE ET D'AGS**
  + **LA CONTRIBUTION AGEFIPH**
- **LES CONTRIBUTIONS À LA FORMATION PROFESSIONNELLE**
  + **LA TAXE D'APPRENTISSAGE**

À NOTER : LES CONTRIBUTIONS AGIRC-ARRCO NE PEUVENT PAS FAIRE L'OBJET D'UN CONTRÔLE URSSAF

2

LES CONDITIONS D'ASSUJETTISSEMENT DES SALARIÉS AU RÉGIME GÉNÉRAL

3

LES CONDITIONS D'ASSUJETTISSEMENT DES DIRIGEANTS AU RÉGIME D'ASSURANCE CHÔMAGE

Revue Fiduciaire

3 Étendue du contrôle

§§

L'objet du contrôle

Assiette, taux et calcul des cotisations et contributions sociales

▸ **Cotisations URSSAF, chômage et AGS**

130 Les URSSAF vérifient l'assiette, le taux et le calcul, notamment (c. séc. soc. art. L. 213-1, I et L. 243-7) :
– des cotisations de sécurité sociale, c'est-à-dire les cotisations d'assurance maladie-maternité-invalidité, d'assurance vieillesse, d'allocations familiales et d'accidents du travail-maladies professionnelles (AT/MP) ;
– de la contribution solidarité autonomie ;
– du versement mobilité ;
– du FNAL ;
– de la contribution au dialogue social ;
– du forfait social ;
– de la CSG et de la CRDS ;
– des cotisations d'assurance chômage et d'AGS, qu'il s'agisse de celles qu'elles recouvrent directement ou de celles dont le recouvrement incombe à France Travail (intermittents du spectacle, expatriés et certains frontaliers) ;
– de la contribution sur les préretraites d'entreprise ;
– de la contribution sur les régimes de retraite à prestations définies (également parfois appelées « retraites chapeau ») ;
– de la contribution sur les indemnités de mise à la retraite par l'employeur ;
– de la contribution patronale due en cas d'attribution gratuite d'actions aux salariés ou d'attribution de stock-options.

→ **À NOTER** *Si la détermination du taux de cotisations « accidents du travail » relève de la seule compétence de la CARSAT (caisse d'assurance retraite et de la santé au travail), il appartient à l'URSSAF de vérifier le respect par l'employeur de ce taux* (cass. civ., 2e ch., 14 février 2013, n° 12-13656, BC II n° 30).

Les URSSAF contrôlent également l'assiette, le taux et le calcul des cotisations personnelles que leur versent les travailleurs indépendants (cotisations maladie-maternité et d'allocations familiales ; le cas échéant, cotisations vieillesse et invalidité-décès ; CSG et CRDS ; contribution à la formation professionnelle ; éventuellement, contribution aux unions régionales des professionnels de santé) (c. séc. soc. art. L. 213-1, I et L. 243-7).

▸ Contribution AGEFIPH

131 La contribution AGEFIPH due par les employeurs d'au moins 20 salariés qui n'ont pas atteint le taux de 6 % de travailleurs handicapés est recouvrée et contrôlée par les URSSAF, selon les règles et sous les garanties et sanctions applicables aux cotisations de sécurité sociale du régime général (c. trav. art. L. 5212-9 ; c. séc. soc. art. L. 213-1, I, 6° et L. 243-7).

▸ Contribution formation et taxe d'apprentissage

132 L'URSSAF recouvre et contrôle, selon les règles et sous les garanties et sanctions applicables aux cotisations de sécurité sociale du régime général :
– la contribution à la formation professionnelle et le 1 % CPF-CDD (c. trav. art. L. 6131-3, I, L. 6331-1, L. 6331-3, L. 6331-6 et L. 6331-55) ;
– la taxe d'apprentissage et la contribution supplémentaire à la taxe d'apprentissage (c. trav. art. L. 6131-1, L. 6242-1, VIII et L. 6241-2).

Conditions d'assujettissement

▸ Assujettissement au régime général des salariés

133 L'URSSAF peut être amenée, lors d'un contrôle, à examiner les conditions d'exercice d'une activité professionnelle et à requalifier l'activité exercée par une personne physique au sein de l'entreprise.

En effet, un travailleur non salarié peut se trouver, en réalité, dans un lien de subordination juridique à l'égard du donneur d'ouvrage entraînant son affiliation au régime général des salariés (c. séc. soc. art. L. 311-11) et le paiement des cotisations résultant de cette affiliation (par exemple, à propos du président du conseil d'administration et du directeur général d'une entreprise, voir cass. civ. 2e ch., 14 février 2007, n° 05-21106 D).

Lien de subordination juridique. Ce lien se caractérise par l'exécution d'un travail sous l'autorité d'un employeur qui a le pouvoir de donner des ordres et des directives, d'en contrôler l'exécution et de sanctionner les manquements de son subordonné (cass. soc. 13 novembre 1996, n° 94-13187, BC V n° 386).

Le pouvoir de l'URSSAF a toutefois une limite : la prérogative de la caisse primaire d'assurance maladie (CPAM) en matière d'assujettissement au régime général des salariés. C'est en effet à la CPAM qu'il revient de prononcer cette affiliation et, en cas de divergence d'appréciation entre elle et l'URSSAF sur la question, c'est sa décision qui prévaut même si elle intervient postérieurement à celle de l'URSSAF. Si la caisse primaire refuse d'affilier une personne au régime général des salariés, le redressement qu'a pu opérer l'URSSAF sur les cotisations qu'elle a estimées comme étant dues à ce titre doit être annulé (cass. soc. 7 novembre 1991, n° 89-15515, BC V n° 484 ; cass. soc. 26 mars 1992, n° 89-18793, BC V n° 215).

→ **À NOTER** *Les travailleurs indépendants peuvent, pour sécuriser leur situation en amont d'un contrôle, demander à leur URSSAF si leur activité relève ou non du régime général des salariés* (c. séc. soc. art. L. 311-11) *(voir § 274)*.

▸ Assujettissement des dirigeants au régime d'assurance chômage

134 Un dirigeant de société est, en principe, exclu du régime d'assurance chômage en sa qualité de mandataire social. Mais il peut en bénéficier, en revanche, en tant que salarié s'il a conclu un contrat de travail correspondant à un emploi effectif (fonctions techniques distinctes de celles de son mandat social, rémunération distincte pour les deux statuts et situation de subordination juridique vis-à-vis de la société).

À l'occasion d'un contrôle, l'URSSAF peut donc être amenée à vérifier si un dirigeant doit ou non être affilié à l'assurance chômage, afin, le cas échéant, de procéder à un redressement des bases des contributions « chômage » dues par l'employeur. Toutefois, elle est liée par la décision prise par France Travail sur la participation ou non du dirigeant au régime d'assurance chômage (cass. civ., 2e ch., 12 juillet 2018, n° 17-16547 FPBR).

La période contrôlée

Les 3 dernières années civiles

▸ Pour les employeurs

135 Pour les employeurs, les contributions et cotisations sociales se prescrivent par 3 ans à compter de la fin de l'année civile au titre de laquelle elles sont dues (c. séc. soc. art. L. 244-3).

Juridiquement, les organismes du recouvrement sont donc fondés à contrôler les cotisations et contributions sociales dues au titre des 3 dernières années civiles et celles dues au titre de l'année en cours. Toutefois, en pratique, ils ne contrôlent pas l'année en cours lors d'un contrôle comptable d'assiette car ils n'ont pas réceptionné l'ensemble des déclarations sociales nécessaires pour apprécier certains dispositifs d'exonération annualisés (ex : réduction générale de cotisations patronales, exonération Lodéom…).

Ainsi, par exemple, un contrôle réalisé en 2026 ne peut porter que sur les années 2025, 2024 et 2023 (source : charte du cotisant contrôlé en vigueur au 1er janvier 2024, p. 9).

Travail illégal. En cas de procès-verbal constatant une infraction de travail illégal, le délai de prescription est porté à 5 ans (c. séc. soc. art. L. 244-11).

▸ Pour les travailleurs indépendants

136 Pour les travailleurs indépendants, les contributions et cotisations sociales se prescrivent par 3 ans à compter du 30 juin de l'année qui suit l'année au titre de laquelle elles sont dues (c. séc. soc. art. L. 244-3).

Ainsi, par exemple, un contrôle réalisé avant le 30 juin 2026 peut porter sur les années 2024, 2023 et 2022. S'il est réalisé après le 30 juin 2026, il peut porter sur les années 2025, 2024 et 2023 (source : charte du cotisant contrôlé en vigueur au 1er janvier 2024, p. 9).

▸ Contrôle possible sur des faits antérieurs

137 Pour la Cour de cassation, le contrôle de l'URSSAF peut s'appliquer à des éléments de fait se rapportant à une période antérieure à la période vérifiée si leur examen est nécessaire au contrôle des cotisations afférentes à celle-ci (cass. civ., 2e ch., 19 juin 2014, n° 13-20374, BC II n° 138). Dans cette affaire, l'inspecteur du recouvrement devait vérifier les conditions d'assujettissement au versement transport (devenu depuis versement mobilité), au FNAL et à la taxe de prévoyance, et donc rechercher l'évolution des effectifs de la société au cours des années passées.

Pas de contrôle sur une période déjà contrôlée

▸ Points déjà vérifiés

138 L'URSSAF ne peut pas procéder à un contrôle portant, pour une même période, sur les points de la législation applicable ayant déjà fait l'objet d'une vérification, sauf en cas de fourniture d'éléments incomplets ou inexacts, de fraude, de travail dissimulé ou sur demande de l'autorité judiciaire (c. séc. soc. art. L. 243-12-4) *(pour plus de détails, voir § 970)*.

→ **À NOTER** *La décision de l'URSSAF, en dehors d'une procédure de contrôle, de rembourser des cotisations à un cotisant n'empêche pas un contrôle ultérieur portant sur la même période. Il n'est en effet pas possible de faire produire à une demande de remboursement les effets d'un contrôle des bases de cotisations* (cass. civ., 2e ch., 5 novembre 2015, n° 14-26007, BC II n° 467 ; cass. civ., 2e ch., 4 avril 2018, n° 17-15559 D).

▸ Autorité de la « chose décidée »

139 Lorsqu'une période de cotisations a déjà été contrôlée et qu'elle a fait l'objet d'une décision régulièrement prise, ayant acquis, entre les parties, l'autorité de la « chose décidée » à l'expiration des délais de recours contentieux, l'URSSAF n'a pas à revenir sur cette période de cotisations vérifiées. Néanmoins, le contrôle sur une période antérieurement contrôlée est possible :
– si l'agent de contrôle URSSAF avait émis des observations pour l'avenir lors d'un précédent contrôle *(voir § 590)* ;
– si des éléments ou des faits nouveaux sont intervenus depuis le précédent contrôle et remettent en cause l'appréciation qu'avait faite l'agent du recouvrement. Ce peut être le cas lorsqu'une fraude est découverte entraînant le rejet de la comptabilité ayant servi de base au redressement (cass. soc. 27 novembre 1975, n° 74-12181, BC V n° 576) ou lorsque des salariés font des révélations à l'occasion d'un litige prud'homal (cass. soc. 8 juillet 1985, n° 83-15961, BC V n° 414) ;
– si une décision prononçant l'assujettissement au régime général d'un salarié à titre rétroactif est devenue définitive (cass. soc. 6 juillet 1981, n° 79-14007, BC V n° 651).

140 **LE CONTRÔLE SUR PIÈCES, UN CONTRÔLE PARTIEL D'ASSIETTES**

Comme le contrôle sur place, le contrôle sur pièces peut porter sur l'assiette et le calcul des cotisations URSSAF et chômage, dans la limite de la prescription de 3 ans *(voir § 135)*. Il peut aussi, théoriquement, porter sur les règles d'assujettissement au régime général des salariés.

Mais, dans les faits, et dans un souci de rapidité, le contrôle sur pièces est limité à un contrôle partiel d'assiettes, sur une seule année.

Par ailleurs, le contrôle sur pièces peut aussi être l'occasion, pour les agents de contrôle URSSAF, de jouer un rôle d'information et de prévention auprès du cotisant contrôlé quant aux difficultés qu'il rencontre dans l'application de la réglementation relative aux cotisations et contributions sociales.

Anticiper un contrôle URSSAF

4 Facteurs de risques et fréquence des contrôles

§§

Importance des contrôles et des redressements

190 En 2024, 107717 contrôles et actions de prévention ont été effectués par les URSSAF, dont un peu plus de 30000 étaient des contrôles comptables d'assiette (rapport d'activité URSSAF 2024, p. 86, disp. sur www.urssaf.org.).

Depuis de nombreuses années, les contrôles sont ciblés au sens où les entreprises contrôlées le sont dans le cadre de plans nationaux et régionaux adaptables, visant tout à la fois les entreprises « à fort risque d'évasion sociale », pour reprendre l'expression utilisée par la branche du recouvrement de la sécurité sociale, que de plans aléatoires destinés à assurer une équité de traitement entre les cotisants et permettant au réseau des URSSAF d'évaluer la fraude mais également de prendre connaissance des comportements des entreprises. L'objectif fixé par la convention d'objectifs et de gestion qui lie l'État et l'URSSAF Caisse nationale pour la période 2023/2027 est de contrôler 43,5 % des cotisations perçues (et non des cotisants), soit 8,5 % par an.

Pour l'année 2024, ces opérations se sont soldées par 890 millions d'euros de régularisations (soit une augmentation de 11 % par rapport à l'année 2023), intégrant les redressements ainsi que les crédits au profit des entreprises (pour plus de 156 millions d'euros). Les redressements proprement dits ont donc été de l'ordre de 734 millions d'euros (rapport d'activité URSSAF 2024, p. 45, disp. sur www.urssaf.org).

Des statistiques disponibles, il résulte qu'en 2024, 78 % des contrôles comptables d'assiette ont donné lieu à régularisation (redressements ou restitution de cotisations à l'entreprise), alors même que le nombre de contrôles comptables d'assiette diminuait de 12 % par rapport à 2023 et que le montant des régularisations augmentait dans les mêmes proportions (rapport d'activité URSSAF 2024, p. 86, disp. sur www.urssaf.org).

Les contrôles opérés obéissent à une logique simple qui s'impose tant aux URSSAF qu'aux personnes contrôlées. Cette logique résulte du principe énoncé par les articles L. 242-1 et L. 136-1-1 du code de la sécurité sociale : toutes les sommes et avantages alloués en contrepartie ou à l'occasion du travail doivent entrer dans l'assiette des cotisations de sécurité sociale.

Ce n'est donc que par exception que certaines sommes et avantages n'entrent pas dans cette assiette parce qu'un texte spécifique le permet expressément ou qu'une tolérance administrative l'admet, et dans les conditions et limites que ceux-ci déterminent. Il est à ce sujet des points de contrôle et de redressement qui sont plus fréquents que d'autres, que nous évoquons ci-après (voir §§ 191 à 201).

→ **ATTENTION** *Les développements ci-après énumèrent certains des sujets donnant lieu à contrôle et à redressement URSSAF. En aucun cas ils n'ont vocation à en dresser un exposé technique.*

Motifs de redressement les plus fréquents

Avantages en nature et frais professionnels

▸ Deux thèmes traditionnels des contrôles

191 Les frais professionnels et avantages en nature constituent deux thèmes traditionnels des contrôles URSSAF, qui sont la plupart du temps générateurs de redressements plus ou moins conséquents.

Il est donc important de rappeler la définition de ces deux notions puisque, en principe :
– les frais professionnels remboursés au salarié ou directement pris en charge par l'employeur n'entrent pas dans l'assiette des cotisations sous réserve d'un certain nombre de conditions ;
– les avantages en nature, au contraire, entrent dans l'assiette de ces cotisations, ce qui pose la question de leur évaluation.

→ **À NOTER** *Deux arrêtés des 25 février 2025 (pour les avantages en nature) et 4 septembre 2025 (pour les frais professionnels) ont modifié sur certains points les règles de valorisation antérieurement applicables dans ces matières.*

▸ Avantages en nature

192 L'avantage en nature est constitué par la fourniture ou la mise à disposition d'un bien ou service, permettant au salarié de faire l'économie de frais qu'il aurait dû normalement supporter à titre privé. Il constitue un élément de rémunération soumis à cotisations (BOSS, Avantages en nature, §§ 10 et 20, 01/02/2025).

En principe, les avantages en nature doivent être évalués d'après leur valeur réelle (arrêté du 25 février 2025, art. 7, JO du 27, texte 24). Néanmoins, et sous certaines conditions, certains avantages peuvent être évalués de façon forfaitaire : la nourriture, le logement, le véhicule et les outils issus des technologies de l'information et de la communication (arrêté du 25 février 2025, art. 1 à 5, JO du 27, texte 24).

▸ Frais professionnels

193 Les frais professionnels sont des charges de caractère spécial inhérentes à la fonction ou à l'emploi du travailleur salarié ou assimilé, que celui-ci supporte au titre de

l'accomplissement de ses missions (arrêté du 4 septembre 2025, art. 1er, JO du 6, texte 41). L'employeur doit rembourser ces frais puisque, par principe, en droit du travail, un salarié n'a pas à supporter de frais supplémentaires pour exercer son activité professionnelle, même s'il est bien sûr possible à l'employeur de définir des règles en la matière.

Dans certains cas expressément prévus par la réglementation, les frais professionnels peuvent être évalués forfaitairement (frais de restauration, de véhicule utilisé à des fins professionnelles, de mobilité, etc.) (arrêté du 4 septembre 2025, art. 2, JO du 6, texte 41). Néanmoins, il incombe toujours à l'employeur de justifier de l'utilisation effective des indemnités pour frais professionnels conformément à leur objet pour pouvoir prétendre à l'exonération des cotisations sociales.

▸ **Tolérances administratives**

194 Des tolérances administratives existent, tant en ce qui concerne les frais professionnels que les avantages en nature. Elles sont aujourd'hui regroupées au sein du Bulletin officiel de la sécurité sociale, dont les dispositions sont opposables aux URSSAF *(voir § 284)*. Les URSSAF, comme les tribunaux, sont donc tenus de les appliquer.

Cadeaux et bons d'achat du CSE ou de l'employeur

195 Dans la mesure où ils sont attribués à l'occasion du travail, les cadeaux et bons d'achat du comité social et économique (CSE) ou de l'employeur sont normalement soumis à cotisations, ainsi que cela résulte tout à la fois des textes applicables que d'une jurisprudence constante de la Cour de cassation.

Des tolérances administratives fort anciennes admettent toutefois que ne sont pas assujettis à cotisations les bons d'achat et/ou cadeaux dont la valeur n'excède pas 5 % du plafond mensuel de la sécurité sociale par salarié et par an. Lorsque le montant global des bons d'achat et/ou cadeaux excède cette limite, les avantages peuvent être exonérés de cotisations si les conditions cumulatives suivantes sont remplies :
- attribution à l'occasion d'un événement particulier ;
- condition de valeur conforme aux usages ;
- utilisation déterminée des bons d'achat et/ou cadeaux.

Les URSSAF, comme les tribunaux, ne sont pas tenus légalement d'appliquer ces tolérances administratives, sous réserve de l'application du mécanisme d'opposabilité des circulaires et instructions ministérielles *(voir § 283)* ou du Bulletin officiel de la sécurité sociale *(voir § 284)* qui, à l'heure où nous rédigeons ces lignes, est toutefois muet sur la question. La pratique démontre que les agents de l'URSSAF appliquent ces tolérances.

→ **ATTENTION** *Les activités sociales et culturelles du CSE font souvent l'objet de redressement URSSAF, notamment pour non-respect du plafond de 5 %, ou pour utilisation insuffisamment déterminée des cadeaux et bons d'achat. Il est donc nécessaire d'alerter les élus sur les risques de redressements. Cela s'impose d'autant plus que c'est l'entreprise et non le CSE qui est redressée sur ces avantages (voir § 78). L'entreprise peut, par la suite, se retourner vers le CSE pour obtenir le remboursement du redressement correspondant (ce qui n'est pas toujours fait en pratique).*

Vente au personnel à prix réduit

196 Autre motif de redressement : la vente aux salariés de produits et services à prix réduit.

En principe, les produits ou services que l'entreprise vend à titre préférentiel à ses salariés doivent être soumis à cotisations. Toutefois, par tolérance, l'administration admet que « les fournitures de produits et services réalisés par l'entreprise à des conditions préférentielles ne constituent pas des avantages en nature dès lors que leurs réductions tarifaires n'excèdent pas 30 % du prix de vente public normal, toutes taxes comprises » (BOSS, Avantages en nature, §§ 1140 à 1220, 01/02/2025).

Réduction générale de cotisations patronales

▸ Un calcul complexe à l'origine de fréquents contentieux

197 La réduction générale de cotisations patronales (RGCP), parfois encore dénommée « réduction Fillon », a fait l'objet de nombreuses réformes et la complexité de son calcul a entraîné de fréquents contentieux, l'entreprise pouvant se tromper sans avoir eu d'intention de « frauder ».

En grande partie en raison de sa complexité, cet allégement de cotisations est une cause très abondante de régularisation de la part des URSSAF que ce soit en défaveur des cotisants, par des redressements, ou en leur faveur, par des crédits de cotisations qui leur sont octroyés.

▸ Analyser régulièrement les paramétrages paye pour limiter les risques

198 Les erreurs de calcul de la réduction générale de cotisations patronales ont fréquemment pour origine une anomalie de paramétrage paye. Au-delà des évolutions légales et jurisprudentielles, il est donc recommandé à l'employeur de vérifier son paramétrage à chaque création de rubriques de paie, et notamment lorsque celles-ci concernent des heures rémunérées ou des absences.

Une analyse régulière permet de procéder à des régularisations en cours d'année et/ou de minimiser les risques de redressement.

Les contrôles « internes » dans l'entreprise peuvent se faire par un échantillonnage dans le temps et par catégorie de salariés. Les rubriques de paye qui ont révélé des anomalies concerneront généralement l'ensemble des salariés concernés par un mauvais calcul de la réduction.

→ **À NOTER** *La réduction générale de cotisations patronales a de nouveau évolué au 1er janvier 2026, avec une nouvelle formule de calcul de son coefficient* (décret 2025-887 du 4 septembre 2025, JO du 5).

Indemnités de rupture du contrat de travail

199 Le régime social des indemnités de rupture du contrat de travail est un sujet récurrent des contrôles URSSAF tant la matière est complexe et a fait l'objet d'évolutions législatives et jurisprudentielles, y compris dans la période récente.

Sans prétendre à l'exhaustivité, les thématiques récentes les plus fréquentes se rapportent :
– aux plafonds d'exonération fiscale et sociale tels qu'ils résultent de l'application combinée des articles L. 242-1 du code de la sécurité sociale et 80 duodecies du code général des impôts. En effet, les indemnités visées par le texte fiscal sont

exonérées d'impôt sur le revenu soit en totalité, soit dans la limite de plafonds. Or ces indemnités ne sont exonérées de cotisations de sécurité sociale dans la limite de 2 plafonds annuels de la sécurité sociale que si elles sont exonérées d'impôt. En tout état de cause, les indemnités supérieures à 10 fois ce plafond ne bénéficient d'aucune exonération de cotisation de sécurité sociale (ce montant est fixé à 5 fois ce plafond en ce qui concerne les mandataires sociaux ainsi que les dirigeants et personnes mentionnées à l'article 80 ter du code général des impôts) ;
– aux indemnités autres que celles visées à l'article 80 duodecies du code général des impôts, telles que, essentiellement, les indemnités transactionnelles. En effet ces indemnités ne peuvent être exonérées de cotisations de sécurité sociale qu'à la condition que l'employeur apporte la preuve qu'elles concourent, pour tout ou partie de leur montant, à l'indemnisation d'un préjudice autre que salarial ;
– à l'assujettissement à CSG et à CRDS de ces indemnités.

Régimes supplémentaires de retraite et de prévoyance

200 Les contributions patronales qui participent au financement des régimes supplémentaires de retraite et de prévoyance complémentaire bénéficient d'un sort social de faveur dans la mesure où, sous réserve du respect d'un certain nombre de conditions et dans certaines limites, elles sont exonérées de cotisations de sécurité sociale.

C'est ainsi qu'elles peuvent faire l'objet de redressements, essentiellement en cas d'application erronée des dispositions relatives au respect du principe du caractère collectif et obligatoire des garanties mises en place.

Épargne salariale

201 Sous certaines conditions, les sommes attribuées au titre des différents instruments d'épargne salariale en vigueur n'ont pas le caractère de rémunération au regard de la sécurité sociale et sont donc exonérées de cotisations. Seuls la CSG, la CRDS et le forfait social sont dus.

L'URSSAF est donc amenée à vérifier, lors d'un contrôle, que les conditions légales de cette exonération sont remplies.

→ **À NOTER** *Un mécanisme spécifique de sécurisation des cotisants existe en amont du contrôle (voir § 297).*

Fréquence des contrôles, éléments déclencheurs

Pas de périodicité prévue par les textes, mais des contraintes imposées

202 Les textes n'imposent aux URSSAF aucune périodicité pour effectuer un contrôle. Toutefois la périodicité des contrôles sur place, dans les locaux de la personne contrôlée (voir §§ 3 et 420), est en partie dictée par différentes considérations légales et réglementaires :
– les règles de prescription en vigueur. En effet, les cotisations et contributions sociales se prescrivent en principe par 3 ans à compter de la fin de l'année civile au titre de laquelle elles sont dues (5 ans en cas de lutte contre le travail dissimulé).

Pour les travailleurs indépendants, cette durée s'apprécie à compter du 30 juin de l'année qui suit l'année au titre de laquelle elles sont dues *(voir aussi §§ 135 et 136)* ;
– la prohibition de principe d'un contrôle portant sur une période déjà vérifiée. En effet, il ne peut être procédé une nouvelle fois à un contrôle portant, pour une même période, sur les points de la législation applicable ayant déjà fait l'objet d'une vérification sauf, toutefois, en cas de réponses incomplètes ou inexactes, de fraude, de travail dissimulé ou sur demande de l'autorité judiciaire *(voir aussi § 138)* ;
– enfin, lorsque le contrôle est légalement limité dans le temps *(voir § 366)* et que l'agent de contrôle doit mettre un terme à celui-ci, il ne peut être procédé une nouvelle fois à un contrôle sur tout ou partie de la période antérieure à la date d'envoi de l'avis de contrôle *(voir § 369)*.

Contrôle concerté

203 L'URSSAF Caisse nationale (ex-ACOSS) dispose de la faculté d'initier et de coordonner des actions concertées de contrôle et de recouvrement menées par les URSSAF dont elle peut, à cet effet, requérir la participation.

Dans le cadre de ces contrôles concertés, elle peut ainsi décider de faire procéder à des contrôles, par exemple, sur un secteur d'activité professionnel donné ou sur tout ou partie des filiales d'un groupe.

Lutte contre le travail dissimulé

204 La lutte contre le travail dissimulé constitue l'une des priorités de la branche du recouvrement déployée dans le cadre de la convention d'objectifs et de gestion 2023/2027 conclue entre l'URSSAF Caisse nationale et l'État et du pan national de lutte contre le travail illégal 2023-2027 *(voir aussi encadré § 1103)*.

Parmi les principaux axes d'action figure, notamment, le renforcement de la lutte contre la fraude à la mobilité internationale des travailleurs (détachement, pluriactivité) et aux cotisations des travailleurs indépendants. Est aussi prévu un ciblage des contrôles sur des secteurs professionnels à risque en matière de travail dissimulé, comme le BTP, les hôtels-cafés-restaurants, les services aux entreprises (notamment le travail temporaire, le gardiennage, la propreté et la sécurité privée), l'agriculture (notamment les récoltes et travaux forestiers), le spectacle vivant ou enregistré, les transports routiers, aériens, fluviaux et maritimes, ainsi que les activités connexes de logistique.

En 2024, ce sont ainsi 34 287 actions de lutte contre le travail dissimulé qui ont été menées, dont 26 290 actions de prévention et de recherche et 6 756 actions ciblées. Ces interventions ont abouti à un redressement dans 86 % des cas (rapport d'activité URSSAF 2024, pp. 46 et 87, disp. sur www.urssaf.org).

Plans de contrôle

205 Indépendamment des actions menées dans le cadre de la lutte contre le travail dissimulé *(voir § 204)*, la branche du recouvrement, au niveau national, ainsi que les URSSAF, au niveau régional, établissent des plans de contrôle orientés vers les entreprises à fort risque d'évasion sociale tout en intégrant des données purement aléatoires.

Contrôle à la suite d'une dénonciation

206 Les salariés, voire les sous-traitants d'une entreprise ou d'autres personnes encore, peuvent dénoncer aux URSSAF certaines pratiques irrégulières d'un employeur. Les services de l'URSSAF, alertés, peuvent alors décider d'engager un contrôle.

La dénonciation, en tant que telle, n'est pas suffisante pour aboutir à un redressement : il appartient à l'URSSAF de mener un contrôle en respectant la procédure, en particulier procéder à des auditions *(voir § 427)* ou engager un contrôle dans le cadre de la lutte contre le travail dissimulé *(voir § 1100)*.

Contrôle à la suite d'échanges d'informations entre administrations

207 Dans le cadre de la lutte contre la fraude, un échange d'informations entre administrations et organismes de protection sociale est autorisé, notamment entre les URSSAF et :
– les agents des administrations fiscales (c. séc. soc. art. L. 114-14) ;
– les inspecteurs du travail (c. séc. soc. art. L. 114-15) ;
– les autorités judiciaires et les greffiers des tribunaux de commerce, lorsqu'ils recueillent des informations faisant présumer « une fraude » ou « une manœuvre » ayant pour résultat de compromettre le recouvrement des cotisations sociales (c. séc. soc. art. L. 114-16) ;
– les agents de France Travail (c. séc. soc. art. L. 114-16-3, 5°).

Il se peut qu'un contrôle URSSAF trouve son origine dans le cadre de ces signalements.

Comment sécuriser ses pratiques en amont d'un contrôle URSSAF ?

OUTILS INTERNES À L'ENTREPRISE

SE PRÉPARER — AU QUOTIDIEN — EN TENANT À JOUR LES DOSSIERS INDISPENSABLES AU CONTRÔLE

DÉSIGNER — EN AMONT — UN INTERLOCUTEUR PRINCIPAL DE L'AGENT DE CONTRÔLE URSSAF

OUTILS DE SÉCURISATION JURIDIQUE

RESCRIT SOCIAL AUPRÈS DE L'URSSAF

LE COTISANT PEUT DEMANDER À L'URSSAF D'APPORTER UNE RÉPONSE ÉCRITE À UNE QUESTION SUR L'APPLICATION DE LA LÉGISLATION À SA SITUATION

—

À NOTER : UN RESCRIT SPÉCIFIQUE EXISTE POUR LES TRAVAILLEURS INDÉPENDANTS

AVANTAGES

LA DÉCISION EST OPPOSABLE À L'URSSAF, TANT QUE LES FAITS EXPOSÉS DANS LA DEMANDE ET LA LÉGISLATION NE SONT PAS MODIFIÉS

RESCRIT AUPRÈS DE FRANCE TRAVAIL

LE COTISANT PEUT DEMANDER À FRANCE TRAVAIL DE SE PRONONCER SUR L'ASSUJETTISSEMENT À L'ASSURANCE CHÔMAGE DES MANDATAIRES SOCIAUX

AVANTAGES

LA DÉCISION EST OPPOSABLE À FRANCE TRAVAIL, TANT QUE LES FAITS EXPOSÉS DANS LA DEMANDE ET LA LÉGISLATION NE SONT PAS MODIFIÉS

OPPOSABILITÉ DU BOSS ET DES CIRCULAIRES MINISTÉRIELLES RÉGULIÈREMENT PUBLIÉES

LE COTISANT QUI APPLIQUE LA LÉGISLATION SELON L'INTERPRÉTATION ADMISE PAR LE BOSS OU UNE CIRCULAIRE EST GARANTI CONTRE TOUT REDRESSEMENT TANT QUE LA LÉGISLATION N'EST PAS MODIFIÉE OU LA CIRCULAIRE ABROGÉE

DÉCISION IMPLICITE DE L'URSSAF

LE COTISANT PEUT FAIRE VALOIR QUE L'URSSAF A DONNÉ SON ACCORD IMPLICITE À DES PRATIQUES VÉRIFIÉES LORS D'UN PRÉCÉDENT CONTRÔLE QUI N'ONT FAIT L'OBJET D'AUCUNE OBSERVATION

LA PREUVE DE L'ACCORD TACITE DE L'URSSAF PÈSE SUR LE COTISANT ET PEUT ÊTRE DIFFICILE À RAPPORTER

ARBITRAGE DE L'URSSAF CAISSE NATIONALE

UNE ENTREPRISE MULTI-ÉTABLISSEMENTS CONFRONTÉE À DES INTERPRÉTATIONS DIFFÉRENTES DE PLUSIEURS URSSAF PEUT DEMANDER À L'URSSAF CAISSE NATIONALE DE PRENDRE POSITION

DROIT AU CONTRÔLE

LE COTISANT PEUT DEMANDER DE LUI-MÊME À FAIRE L'OBJET D'UN CONTRÔLE URSSAF SUR CERTAINS POINTS

AVANTAGES

POSSIBILITÉ DE RÉGULARISER SA SITUATION DANS LE CADRE DU DROIT À L'ERREUR

+

— SOUS CONDITIONS — OPPOSER À L'URSSAF LES CONCLUSIONS QU'ELLE A ADOPTÉES

5 Sécuriser en amont les pratiques

§§

Les outils de sécurisation internes à l'entreprise

Se préparer au quotidien

▸ Un travail permanent

260 Le contrôle URSSAF vise à vérifier le respect de la législation relative aux cotisations et prélèvements sociaux par l'entreprise sur, le plus souvent, les 3 années antérieures *(voir § 135)*.

La perspective d'un tel contrôle doit donc conduire l'entreprise, au quotidien, à gérer au mieux les obligations qui pèsent sur elle en la matière.

Reconstituer a posteriori des dossiers est, par définition, difficile. L'entreprise doit donc s'assurer, qu'au quotidien, les dossiers sont bien tenus sur tous les sujets se rapportant aux prélèvements sociaux.

▸ Un travail partagé

261 Même si la situation est très différente selon les entreprises, celles-ci conçoivent souvent le contrôle URSSAF comme une affaire relevant des seuls spécialistes de la paye. S'il est vrai que ceux-ci sont les plus directement impactés, le contrôle affecte potentiellement la totalité de l'entreprise. Toutes les personnes concernées doivent donc savoir quel peut être leur rôle à jouer au cours d'un contrôle.

Le responsable RH et/ou le responsable paye, s'ils existent dans l'entreprise, doivent faire en sorte que la dimension d'un travail collectif soit prise en compte au quotidien. Ils doivent agir pour que les informations indispensables soient documentées, réunies, disponibles.

Cette tâche sera d'autant plus cruciale à l'approche du contrôle. Bien entendu, il sera plus difficile de reconstituer a posteriori un certain nombre d'informations si elles n'ont pas fait l'objet d'un archivage, d'un traitement, d'une communication préalable, d'où la nécessité d'anticiper et de faire participer toutes les personnes ou tous les services concernés par cette tâche.

La ou les personnes en charge de la paye, à l'intérieur ou à l'extérieur de l'entreprise en fonction notamment de la taille de celle-ci, sont évidemment en première ligne dans ce travail qui implique une parfaite connaissance d'une réglementation parfois complexe et évolutive.

De manière différenciée selon les entreprises, et notamment en considération de leur effectif, des décisions prises par le chef d'entreprise, le service RH ou d'autres services encore sont susceptibles d'avoir des conséquences en termes de cotisations et de prélèvements sociaux. Une collaboration étroite de ces différents intervenants est donc fondamentale en amont de certaines décisions.

Les politiques d'entreprise en matière de remboursement de frais professionnels, de rémunération au sens large incluant notamment les avantages en nature et l'épargne salariale, ou en matière de protection sociale complémentaire, font partie de ces exemples non limitatifs de sujets pour lesquels l'interaction d'une politique d'entreprise avec la gestion des ressources humaines, le droit du travail, le droit des prélèvements sociaux voire le droit fiscal, est évidente.

Désigner en amont un interlocuteur principal de l'agent URSSAF

262 L'entreprise a tout intérêt, avant tout contrôle URSSAF, à désigner celui ou celle qui sera l'interlocuteur principal de l'agent chargé du contrôle. Si cet interlocuteur n'est pas désigné très en amont du contrôle, il faudra le faire lorsque celui-ci sera programmé.

La personne désignée centralisera les questions et les réponses à apporter à l'agent de l'URSSAF. Il convient donc qu'elle ait la connaissance la plus fine possible des dossiers, mais aussi qu'elle sache parfaitement auprès de qui obtenir les compléments d'informations nécessaires.

Cette personne sera en relation quotidienne avec l'agent chargé du contrôle : il faut donc s'assurer qu'elle se sentira à l'aise dans ce rôle. Le facteur humain, émotionnel, est ici essentiel afin d'éviter des erreurs, des approximations, des maladresses involontaires. Le fait d'avoir déjà connu un contrôle URSSAF peut être « un plus » dans le choix de la personne à retenir.

Il est rarement aisé de répondre à une question lorsque l'on est pris au dépourvu. Dans le cas d'un contrôle URSSAF, il convient donc de s'assurer que l'interlocuteur de l'agent de contrôle aura une connaissance suffisamment fine des dossiers, tant pour anticiper les questions qui pourront lui être posées, que pour préparer un début de réponse argumentée.

Les outils juridiques de sécurisation

Rescrits sociaux auprès de l'URSSAF

▸ Définition du rescrit

263 Un des outils juridiques permettant aux cotisants de sécuriser en amont leurs pratiques en matière de cotisations et de contributions sociales est le rescrit social.

Si le terme « rescrit » n'est utilisé expressément dans aucun texte du code de la sécurité sociale, il vise en pratique la réponse écrite apportée par l'URSSAF à la question technique posée par une personne morale ou physique sur l'application à sa situation de dispositions législatives ou réglementaires.

Au regard de la gestion en amont du contrôle URSSAF, il existe en pratique différentes formes de « rescrits » :
– celui qui est pratiqué en dehors de toute réglementation *(voir § 264)* et qui est, de loin, celui qui est le plus utilisé par les cotisants car dénué de tout formalisme ;
– celui qui résulte de dispositions expresses du code de la sécurité sociale (c. séc. soc. art. L. 243-6-3) *(voir § 265)* ;
– celui qui est spécifique aux travailleurs indépendants souhaitant savoir si leur activité relève ou non du régime général des salariés (c. séc. soc. art. L. 311-11) *(voir § 274)*.

En 2024, les URSSAF ont ainsi répondu à 20 000 demandes d'usagers portant sur l'interprétation des textes applicables ou de rescrits au sens du code de la sécurité sociale (rapport d'activité URSSAF 2024, p. 30, disp. sur www.urssaf.org).

▸ Le « rescrit » non réglementé par le code de la sécurité sociale (décision explicite)

264 D'une manière générale, le cotisant peut toujours solliciter de l'URSSAF une réponse quant à l'application qu'il fait d'un point de législation. Il résulte d'une jurisprudence constante que l'organisme est alors lié par la réponse explicite qu'il lui fournit (cass. soc. 24 mars 1986, n° 84-12896, BC V n° 109).

C'est ainsi que, depuis de nombreuses années, la branche du recouvrement (l'ensemble des URSSAF) mène une politique forte en termes de sécurisation juridique qui vise tout à la fois à informer les cotisants et à répondre à leurs interrogations sur la législation applicable en matière de cotisations et de prélèvements sociaux.

Elle encourage les cotisants à interroger leur URSSAF par courrier, mail ou téléphone, sans nécessairement passer par le rescrit prévu par le code de la sécurité sociale. Et prend l'engagement de répondre à toutes les demandes « idéalement sous 15 jours » (rapport d'activité URSSAF 2024, p. 30, disp. sur www.urssaf.org).

Bien évidemment, l'URSSAF s'engage par une décision explicite au vu des informations fournies par le cotisant. Ces dernières doivent donc être les plus précises et complètes possible pour éviter que l'URSSAF, en cas de contrôle, oppose le fait qu'elle n'a pas pu se prononcer en pleine connaissance de cause.

La décision de l'URSSAF ne lui sera naturellement opposable que tant que la pratique du cotisant ou que la législation n'aura pas été modifiée.

La décision engage, en principe, la seule URSSAF qui l'a prise. Toutefois, si le cotisant change d'URSSAF, par exemple du fait d'un changement d'implantation géographique de l'entreprise ou de l'un de ses établissements, ou à la demande de l'organisme de recouvrement, il pourra se prévaloir auprès de la nouvelle URSSAF de la décision explicite auparavant obtenue s'il établit que sa situation de fait ou de droit est identique à celle prise en compte par le précédent organisme (c. séc. soc. art. L. 243-6-4).

Si l'URSSAF entend revenir sur sa position, elle doit explicitement le notifier au cotisant. En pratique, une telle modification interviendra le plus souvent à l'occasion d'un contrôle du cotisant, à l'issue duquel l'agent chargé du contrôle notifiera la nouvelle position de l'URSSAF. Celle-ci n'aura toutefois d'effet que pour l'avenir.

Changement pour l'avenir. L'URSSAF peut revenir sur sa position, pour l'avenir seulement, comme elle peut revenir sur une décision implicite *(voir § 287)*. Elle est donc liée jusqu'à notification d'une décision en sens opposé, laquelle ne peut résulter d'une diffusion d'instructions ministérielles à caractère général (cass. civ., 2e ch., 9 juillet 2015, n° 14-18686, BC II n° 834).

▸ Le rescrit organisé par le code de la sécurité sociale ou rescrit « cotisant »

265 **Objet.** Prévu par le code de la sécurité sociale, ce rescrit permet à un cotisant (ou futur cotisant) de demander à son URSSAF et d'obtenir de celle-ci qu'elle se prononce de manière explicite sur toute demande posant une question nouvelle et non dépourvue de caractère sérieux ayant pour objet de connaître l'application à une situation précise de certains points de la législation *(voir § 267)* (c. séc. soc. art. L. 243-6-3, I). Il est aussi dénommé rescrit « cotisant » et obéit à une procédure strictement encadrée.

Le cotisant peut opposer à toutes les URSSAF, pour l'avenir, la décision prise par son organisme de recouvrement tant que la situation de fait exposée dans la demande et la législation au regard de laquelle la demande a été appréciée n'ont pas été modifiées. Si l'un ou l'autre de ces éléments est modifié, la position retenue à l'occasion du rescrit n'est plus opposable (c. séc. soc. art. L. 243-6-3, III).

Abus de droit. Une demande de rescrit assortie de tous les éléments utiles empêche la mise en œuvre de l'abus de droit (c. séc. soc. art. L. 243-7-2). Ce dernier est détaillé par ailleurs *(voir § 540)*.

266 **Demandeurs.** La demande de rescrit peut être formulée par un cotisant, un futur cotisant ou, pour le compte de celui-ci, par un avocat ou un expert-comptable (c. séc. soc. art. L. 243-6-3, I et R. 243-43-2, I).

→ **À NOTER** *Une organisation professionnelle d'employeurs ou une organisation syndicale reconnue représentative au niveau de la branche professionnelle peut aussi utiliser le rescrit dès lors que la demande porte sur une application spécifique à la situation de la branche des dispositions du code de la sécurité sociale. Ce rescrit « de branche » s'exerce auprès de l'URSSAF Caisse nationale (ex-ACOSS), dont la décision sera applicable à toute entreprise de la branche souhaitant s'en prévaloir* (c. séc. soc. art. L. 243-6-3, I et II).

267 **Champ de la demande.** Le rescrit peut porter sur toute question nouvelle et sérieuse ayant pour objet de connaître l'application, à une situation précise, de la législation relative (c. séc. soc. art. L. 243-6-3, I) :
– aux conditions d'affiliation au régime général de la sécurité sociale ;
– aux cotisations et contributions de sécurité sociale, ainsi qu'aux autres cotisations et contributions sociales contrôlées par les URSSAF dès lors qu'elles ont la même assiette (cotisations chômage, versement mobilité, par exemple) *(voir § 130)* ;
– à l'obligation d'emploi des travailleurs handicapés.

Le champ du rescrit est ainsi particulièrement large et n'est interdit qu'aux questions non nouvelles et - la formulation est source d'interprétation - non dépourvues de caractère sérieux. Il peut ainsi, par exemple, concerner les exonérations et allégements de cotisations sociales, les avantages en nature, les frais professionnels ou encore les règles de déclaration et de paiement des cotisations.

Questions nouvelles. Le site du réseau des URSSAF précise qu'une question nouvelle ne peut pas concerner une situation de fait ou de droit identique à celle présentée dans une précédente demande. Elle ne peut pas non plus porter sur une interrogation déjà tranchée dans le cadre d'une décision de portée générale ayant fait l'objet d'une publication (www.urssaf.fr).

268 **Moment de la demande.** Le rescrit ne peut pas être formulé lorsqu'un contrôle URSSAF a été engagé c'est-à-dire, en pratique, à partir du moment où l'avis de contrôle a été notifié au cotisant *(voir § 350)* (c. séc. soc. art. L. 243-6-3, I et R. 243-43-2, I).

Une demande de rescrit ne peut pas non plus être formulée lorsqu'un contentieux en rapport avec cette même demande est en cours, c'est-à-dire dès lors qu'un recours a été formé dans les délais et cela tant qu'une décision de justice définitive n'est pas intervenue (c. séc. soc. art. L. 243-6-3, I et R. 243-43-2, I ; cass. civ., 2e ch., 28 mai 2014, n° 13-16915, BC II n° 121).

269 **Destinataire et formalisme du rescrit.** La demande de rescrit doit être adressée à l'URSSAF dont relève le cotisant (ou celle dont il relèvera s'il n'est pas encore cotisant) par tout moyen permettant de rapporter la preuve de sa date de réception (ex. : LRAR ; courriel avec accusé de réception) (c. séc. soc. art. R. 243-43-2, I).

URSSAF incompétente. Si l'URSSAF saisie est incompétente géographiquement, elle transmet la demande pour instruction à l'organisme compétent et en informe le cotisant (www.urssaf.fr).

La demande doit comporter (c. séc. soc. art. R. 243-43-2, I) :
– les nom, adresse et qualité du cotisant ou futur cotisant ;
– son numéro d'immatriculation lorsqu'il en dispose ;
– les textes au regard desquels il demande une analyse de sa situation ;
– une présentation précise et complète de sa situation de nature à permettre à l'URSSAF d'apprécier les conditions dans lesquelles s'applique la réglementation.

L'omission du numéro d'immatriculation du demandeur, ou des dispositions législatives et réglementaires au regard desquelles il demande que sa situation soit appréciée, ne fait toutefois pas perdre à la demande le statut de rescrit (c. séc. soc. art. R. 243-43-2, I).

Si le demandeur appartient à un groupe, la demande de rescrit doit aussi mentionner expressément l'appartenance au groupe pour que la décision rendue par l'URSSAF s'applique à toute entreprise ou personne morale appartenant à ce même ensemble (c. séc. soc. art. L. 243-6-3, II) *(voir § 271)*.

Formulaire URSSAF. Pour faciliter le recours à la procédure de rescrit social, le réseau des URSSAF met à la disposition des cotisants, sur son site Internet, un formulaire de demande de rescrit, accompagné d'une notice (www.urssaf.fr, rubrique « Outils et documentation », puis « Les formulaires et modèles de documents »).

La demande est réputée complète dès sa réception sauf si, dans un délai de 20 jours à compter de sa réception, l'organisme de recouvrement fait connaître au cotisant, au futur cotisant ou, le cas échéant, à l'avocat ou à l'expert-comptable, la liste des pièces ou des informations manquantes par tout moyen permettant de rapporter la preuve de sa date de réception. À réception de ces pièces ou informations, l'URSSAF leur notifie, par tout moyen permettant de rapporter la preuve de la date de réception, que la demande est complète. Le demandeur a 1 mois à compter de la date de réception de la liste des documents manquants pour les adresser à l'organisme de recouvrement. S'il ne le fait pas, la demande de rescrit est réputée caduque (c. séc. soc. art. R. 243-43-2, II).

→ **À NOTER** *Lorsque la demande de rescrit est présentée par une organisation professionnelle d'employeurs ou une organisation syndicale de salariés reconnues représentatives au niveau de la branche professionnelle, elle est adressée à l'URSSAF Caisse nationale par tout moyen permettant de rapporter la preuve de sa date de réception. Elle doit comporter le nom et l'adresse de l'organisation ainsi qu'une présentation précise et complète des dispositions du projet de convention ou d'accord collectif ou des dispositions de la convention* *ou de l'accord collectif de nature à permettre à l'URSSAF Caisse nationale d'apprécier si les conditions requises par la réglementation sont satisfaites. Les règles applicables en matière de complétude de la demande adressée par un cotisant* (voir ci-dessus) *sont transposables à la demande de rescrit de branche* (c. séc. soc. art. R. 243-43-2, I).

270 **Réponse de l'URSSAF.** L'URSSAF doit se prononcer, en motivant sa réponse, dans un délai de 3 mois courant à partir de la date à laquelle elle a reçu la demande complète de rescrit (c. séc. soc. art. R. 243-43-2, II).

→ **À NOTER** *Ce délai est de 4 mois dans le cas d'une demande de rescrit de branche formulée auprès de l'URSSAF Caisse nationale* (c. séc. soc. art. R. 243-43-2, II).

La réponse, signée par le directeur de l'URSSAF ou son délégataire, doit mentionner les voies et délais de recours contre la décision ainsi rendue (c. séc. soc. art. R. 243-43-2, II).

Si l'URSSAF n'a pas notifié sa décision dans le délai imparti de 3 mois, il ne peut pas être procédé à un redressement fondé sur la législation au regard de laquelle la situation de fait exposée dans la demande devait être appréciée. Cette impossibilité de procéder à un redressement s'applique toutefois pour la seule période comprise entre, d'une part, la date à laquelle le délai de 3 mois a expiré et, d'autre part, la date de la notification de la réponse explicite de l'organisme de recouvrement (c. séc. soc. art. R. 243-43-2, II).

→ **À NOTER** *Un tel mécanisme n'existe pas lorsqu'il s'agit d'une demande de rescrit de branche formulée auprès de l'URSSAF Caisse nationale.*

271 **Portée de la réponse de l'URSSAF.** Dans le cas où la demande a été formulée par le cotisant ou son représentant, la décision de l'URSSAF lui est applicable (c. séc. soc. art. L. 243-6-3, II). Cela implique que si celui-ci ne souhaite pas appliquer cette décision, il doit utiliser les voies de recours qui lui sont offertes et qui sont mentionnées dans la réponse écrite de l'organisme de recouvrement *(voir § 270)*. À défaut d'une telle contestation, il est fort probable que la décision prise suite au rescrit lui soit opposée comme étant définitive.

Si le cotisant appartient à un groupe au sens de l'article L 233-16 du code du commerce et que la demande de rescrit le précisait expressément *(voir § 269)*, la décision rendue s'applique à toute autre entreprise ou personne morale appartenant à ce groupe dès lors que la situation dans laquelle se situe cette dernière est identique à celle sur le fondement duquel la demande a été formulée (c. séc. soc. art. L. 243-6-3, II).

→ **À NOTER** *Lorsque la demande a été formulée auprès de l'URSSAF Caisse nationale par une organisation professionnelle d'employeurs ou une organisation syndicale représentative, la décision est opposable à toute entreprise de la branche souhaitant s'en prévaloir* (c. séc. soc. art. L. 243-6-3, II).

Dans tous les cas, la décision est opposable pour l'avenir à l'ensemble des URSSAF tant que la situation de fait exposée dans la demande ou la législation au regard de laquelle la situation a été appréciée n'ont pas été modifiées (c. séc. soc. art. L. 243-6-3, III).

Opposabilité aux caisses AGIRC-ARRCO. La décision de l'URSSAF est également opposable aux caisses de retraite complémentaire AGIRC-ARRCO lorsqu'elle porte sur la détermination de l'assiette des cotisations, le calcul du plafond, la réduction générale de cotisations patronales, l'exonération spécifique à certains départements d'outre-mer, l'exonération dégressive dont bénéficient certaines structures d'aide à domicile ou sur tout point de droit susceptible d'avoir une incidence sur les allégements de contributions patronales de retraite complémentaire (c. séc. soc. art. L. 243-6-3, III).

272 **Recours contre la décision de l'URSSAF.** La décision explicite de rescrit peut être contestée par le cotisant dans les 2 mois devant la commission de recours amiable (CRA) de l'URSSAF (c. séc. soc. art. L. 142-4 et R. 142-1) *(voir § 835)*.

273 **Changement de position de l'URSSAF.** L'URSSAF peut revenir sur sa décision initiale sans remettre toutefois en cause le passé, mais à charge d'en informer le demandeur en prenant une nouvelle décision (c. séc. soc. art. L. 243-6-3, III et R. 243-43-2, III).

Cette nouvelle décision doit être notifiée au cotisant par tout moyen permettant de rapporter la preuve de sa date de réception et doit être motivée. Elle doit indiquer (c. séc. soc. art. R. 243-43-2, III) :
– les délais et voies de recours contre cette nouvelle décision ;
– la possibilité pour le cotisant de saisir l'URSSAF Caisse nationale d'une demande d'intervention dans le mois suivant la notification de la décision, ainsi que les dispositions réglementaires applicables à cette demande.

La demande d'intervention de l'URSSAF Caisse nationale présentée par le cotisant ou son représentant (avocat ou expert-comptable) est réputée complète si, dans le délai d'un mois à compter de sa réception, la Caisse nationale ne lui a pas fait connaître, par tout moyen permettant de rapporter la preuve de sa date de réception, la liste des pièces ou informations manquantes (c. séc. soc. art. R. 243-43-2, IV).

Cette demande d'intervention fait l'objet d'une notification par l'URSSAF Caisse nationale mentionnant le délai dans lequel celle-ci rend sa décision. Elle n'a pour effet ni d'interrompre ni de suspendre les délais de prescription. En revanche, elle interrompt le délai de recours de 2 mois devant la commission de recours amiable *(voir § 837)* si l'URSSAF Caisse nationale est saisie d'une demande complète dans le délai précité d'un mois (c. séc. soc. art. R. 243-43-2, V).

L'URSSAF Caisse nationale dispose de 40 jours à compter de la date à laquelle elle a reçu la demande complète pour communiquer sa position à l'URSSAF, laquelle doit notifier cette position au cotisant dans un délai d'un mois à compter de sa réception (c. séc. soc. art. R. 243-43-2, V).

→ **ATTENTION** *Si, avant que l'URSSAF Caisse nationale ne transmette sa position à l'URSSAF, le cotisant saisit la commission de recours amiable (CRA) pour contester la nouvelle décision de cette dernière, sa demande d'intervention de la Caisse nationale est caduque* (c. séc. soc. art. R. 243-43-2, V).

La décision prise par l'URSSAF Caisse Nationale peut être contestée directement devant le tribunal judiciaire *(voir § 848)*, sans avoir à saisir auparavant la commission de recours amiable (c. séc. soc. art. R. 243-43-2, VI).

→ **À NOTER** *L'URSSAF Caisse Nationale peut également modifier pour l'avenir la décision explicite prise par elle suite à une demande de rescrit de branche formulée par une organisation professionnelle d'employeurs ou syndicale de salariés. Dans ce cas, elle doit notifier sa nouvelle décision motivée au demandeur par tout moyen permettant de rapporter la preuve de sa date de réception en précisant les voies et délais de recours contre cette nouvelle décision. Un éventuel recours est alors présenté directement devant le tribunal judiciaire (voir § 848).*

Schéma de demande de rescrit « cotisant » auprès de l'URSSAF

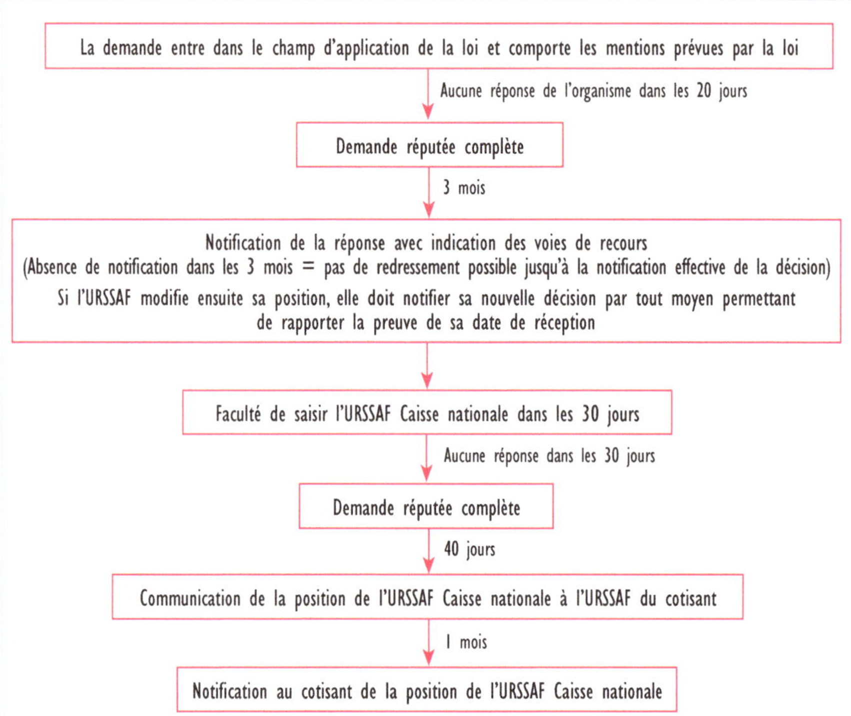

▸ La procédure d'interrogation des URSSAF par les travailleurs indépendants

274 **Personnes concernées.** Certaines personnes, a priori non salariées, peuvent avoir un doute sur leur statut social, et se demander si elles relèvent du régime des salariés ou des non-salariés. Pour lever toute ambiguïté, une double présomption de non-assujettissement au régime général de sécurité sociale et de non-salariat a été créée.

Ainsi, selon le code du travail, sont présumées ne pas être liés avec le donneur d'ordre par un contrat de travail dans l'exécution de l'activité donnant lieu à immatriculation ou inscription (c. trav. art. L. 8221-6, I) :

– les personnes physiques immatriculées au registre du commerce et des sociétés (RCS), au registre national des entreprises en tant qu'entreprise du secteur des métiers et de l'artisanat, au registre des agents commerciaux ou auprès de l'URSSAF pour le recouvrement des cotisations d'allocations familiales ;

– les personnes physiques inscrites au registre des entreprises de transport routier de personnes qui exercent une activité de transport scolaire prévu par l'article L. 214-18 du code de l'éducation, ou de transport à la demande ;

– les dirigeants des personnes morales immatriculées au RCS et leurs salariés.

De son côté, le code de la sécurité sociale prévoit que les personnes physiques ci-dessus énumérées ne relèvent du régime général de la sécurité sociale des salariés que s'il est établi que leur activité les place dans un lien de subordination juridique permanente à l'égard d'un donneur d'ordre (c. séc. soc. art. L. 311-11).

Cette présomption est toutefois simple dans la mesure où elle peut être renversée s'il est établi que leur activité les place dans un lien de subordination juridique permanente, qui caractérise l'existence d'un contrat de travail *(voir §§ 133 et 1107)*.

Les intéressés peuvent demander aux URSSAF de leur indiquer si leur activité relève ou non du régime général de sécurité sociale des salariés (c. séc. soc. art. L. 311-11). Cette procédure d'interrogation n'est pas incompatible avec celle du rescrit cotisant *(voir § 265)*.

275 **Formalisme.** Cette interrogation doit être écrite, et adressée à l'URSSAF territorialement compétente. Elle doit être accompagnée de tous les éléments nécessaires à l'URSSAF pour se prononcer, tels que le mode de fixation de la rémunération, la forme de la convention et l'organisation de l'activité (circ. DSS-A1 94-37 du 4 juillet 1994).

276 **Délai de réponse de l'URSSAF.** L'URSSAF dispose d'un délai de 2 mois pour répondre à la question de l'intéressé (c. séc. soc. art. L. 311-11).

277 **Portée de la réponse ou de l'absence de réponse de l'URSSAF.** La réponse expresse positive de l'URSSAF lie naturellement celle-ci. À défaut de réponse dans le délai de 2 mois ou en cas de réponse négative, les personnes en cause ne peuvent se voir imposer ultérieurement une affiliation au régime général des salariés que si les conditions d'exercice de leur activité ont été substantiellement modifiées ou si les informations qu'elles ont fournies étaient erronées (c. séc. soc. art. L. 311-11).

Rescrit auprès de France Travail sur l'affiliation des mandataires sociaux

▸ Objet du rescrit

278 Un employeur peut demander à France Travail de se prononcer explicitement sur l'assujettissement ou non à l'assurance chômage d'un de ses mandataires sociaux. La demande de rescrit peut aussi émaner directement d'une personne titulaire d'un mandat social (c. trav. art. L. 5312-12-2).

▸ Modalités de la demande

279 La demande doit être effectuée par tout moyen conférant date certaine à sa réception (ex : LRAR), et comporter une présentation précise et complète de la situation de fait, accompagnée de toutes les informations et pièces nécessaires (c. trav. art. R. 5312-5-1).

▸ Réponse de France Travail

280 Une fois la demande reçue, France Travail peut demander des éléments complémentaires. S'ils ne sont pas transmis dans les 2 mois, le rescrit est réputé caduque (c. trav. art. R. 5312-5-1).

France Travail a 2 mois à compter de la date de réception de la demande (ou des éléments complémentaires qu'il a demandés) pour se prononcer (c. trav. art. R. 5312-5-1).

▸ Portée de la réponse de France Travail

281 La décision de France Travail est notifiée à l'employeur et à la personne concernée. Elle n'est applicable qu'à cette dernière (c. trav. art. L. 5312-12-2 et R. 5312-5-1).

La décision est opposable pour l'avenir à l'employeur, à France Travail et aux organismes recouvrant les contributions d'assurance chômage, tant que la situation de fait exposée dans la demande ou la législation au regard de laquelle la situation a été appréciée n'a pas été modifiée (c. trav. art. L. 5312-12-2). La décision ne fait pas obstacle à une régularisation de la situation contributive de l'employeur au titre de l'assurance chômage dans la limite du délai de prescription applicable (c. trav. art. R. 5312-5-1).

Si France Travail conclut au non-assujettissement du mandataire social à l'assurance chômage, aucune action, poursuite ou recouvrement des contributions d'assurance chômage pendant toute la période couverte par cette décision n'est possible (c. trav. art. L. 5312-12-2).

▸ Modification de la décision de France Travail

282 France Travail n'est pas lié ad vitam aeternam par sa décision. Il peut la modifier suite à un changement de la situation de fait ou d'analyse de la situation. La décision modifiée est notifiée à l'employeur et à la personne concernée. La modification prend effet à la date du changement de la situation de fait ou, s'agissant d'un changement d'analyse de cette situation, à la date de sa notification (c. trav. art. R. 5312-5-2).

Si France Travail modifie sa décision, l'employeur et la personne concernée en sont avertis. Cette nouvelle décision prend effet à la date du changement de la situation de fait ou, s'il s'agit d'un changement d'analyse de la situation, à la date de sa notification (c. trav. art. R. 5312-5-2).

Opposabilité des circulaires ministérielles

283 Le cotisant peut sécuriser en amont ses pratiques en matière de cotisations et contributions sociales en vérifiant que son interprétation de la législation correspond à celle retenue par les circulaires et instructions ministérielles régulièrement publiées.

Les circulaires et instructions ministérielles relatives aux cotisations et contributions de sécurité sociale ou recouvrées selon les mêmes règles que celles-ci, et régulièrement publiées, sont en effet opposables aux URSSAF (c. séc. soc. art. L. 243-6-2, I et R. 243-59-8).

→ À NOTER *Depuis la loi de financement de la sécurité sociale pour 2025, toutes les circulaires et instructions ministérielles relatives aux cotisations et contributions sociales bénéficient du mécanisme d'opposabilité, et plus seulement celles qui émanent du ministre chargé de la sécurité sociale* (loi 2025-199 du 28 février 2025, art. 18, VI, JO du 28).

Cette opposabilité s'applique également aux institutions et fédérations de retraite complémentaire (AGIRC-ARRCO et IRCANTEC), en ce qui concerne (c. séc. soc. art. L. 243-6-2, II) :
– la détermination de l'assiette des cotisations ;
– le calcul du plafond de la sécurité sociale ;
– la réduction générale de cotisations patronales ;
– l'exonération de cotisations patronales dont bénéficient certaines structures d'aide à domicile ;
– les exonérations spécifiques de cotisations patronales applicables en outre-mer ;
– et d'une manière générale, tout point de droit dont l'application est susceptible d'avoir une incidence sur le calcul du plafond ou des allègements de cotisations patronales dues au titre des régimes de retraite complémentaires obligatoires.

Concrètement, l'application par un cotisant de la législation relative aux cotisations et contributions sociales selon l'interprétation admise par une circulaire ou instruction régulièrement publiée le garantit de tout redressement de cotisations et contributions sociales fondé sur une interprétation différente tant que la législation n'a pas été modifiée ou la circulaire abrogée.

Pour être opposable, la circulaire ou l'instruction ministérielle doit (c. séc. soc. art. L. 243-6-2) :

– être publiée au Bulletin officiel de la sécurité sociale (BOSS) depuis la création de celui-ci le 1er avril 2021 (sur l'opposabilité des circulaires publiées avant le BOSS, *voir § 284*) ;

– s'appuyer sur une législation toujours applicable ;

– être toujours en vigueur, ce qui signifie que si elle a été abrogée ou remplacée par une nouvelle circulaire, la garantie contre le redressement de cotisations et contributions sociales vaut uniquement pour la période de validité du texte, c'est-à-dire jusqu'à la date de publication de la nouvelle circulaire ou instruction.

→ **À NOTER** *De manière constante, la Cour de cassation ne reconnaît pas de valeur normative aux circulaires, instructions ministérielles et autres positions administratives* (cass. civ., 2e ch., 27 janvier 2004, n° 02-31149 D). *Cela interdit, en droit, aux URSSAF de fonder une décision de redressement ou d'observations pour l'avenir sur de telles bases. Cela n'est toutefois pas contradictoire avec la possibilité pour un cotisant d'opposer à l'URSSAF les circulaires qui remplissent les conditions requises.*

Opposabilité du Bulletin officiel de la sécurité sociale (BOSS)

284 Le Bulletin officiel de la sécurité sociale (BOSS) a pour objectif de présenter l'ensemble des instructions et circulaires relatives à la législation applicable en matière de cotisations et contributions sociales recouvrées par les URSSAF ou affectées aux caisses de retraite complémentaire AGIRC-ARRCO (c. séc. soc. art. L. 243-6-2, III ; arrêté du 30 mars 2021, JO du 31, texte 1 ; arrêté du 31 mars 2021, JO 1er avril, texte 51).

Le BOSS est entré en vigueur le 1er avril 2021. Concrètement, il s'agit d'une base documentaire numérique accessible sur Internet (http://boss.gouv.fr), et opposable aux organismes de recouvrement (URSSAF et CGSS).

Son but est d'assurer un meilleur accès au droit et une plus grande sécurité juridique pour les cotisants, tout en facilitant la mise à jour de la doctrine administrative en matière de cotisations et de contributions de sécurité sociale. Il se substitue aux circulaires et instructions de la direction de la sécurité sociale (DSS), et est mis à jour régulièrement.

Les directives, instructions, circulaires, notes de service et commentaires de l'administration en la matière ne sont donc plus publiés au Bulletin officiel (BO) du ministère de la Santé, papier ou électronique. Celles déjà publiées au BO « Santé » restent néanmoins en vigueur et opposables aux organismes de recouvrement, jusqu'à la publication au BOSS des commentaires de l'administration ayant le même objet. Elles sont alors abrogées.

Tout cotisant ayant appliqué la législation relative aux cotisations et contributions sociales selon l'interprétation admise par une circulaire ou une instruction ministérielle publiée sur le site du BOSS est garanti contre toute demande de rectification ou tout redressement d'un organisme de sécurité sociale qui serait fondé sur une interprétation différente.

Opposabilité du précédent contrôle (décision implicite)

▸ Principe et conditions

285 Pour sécuriser en amont ses pratiques en matière de cotisations et de contributions sociales, le cotisant peut s'appuyer sur une décision implicite de son organisme de recouvrement.

En effet, si l'URSSAF, lors d'un précédent contrôle, dans la même entreprise ou le même établissement, n'a formulé aucune observation concernant les pratiques ayant donné lieu à vérification, il est alors éventuellement possible pour le cotisant d'établir qu'elle a implicitement donné son accord à ces pratiques (c. séc. soc. art. R. 243-59-7).

→ **À NOTER** *Même si l'accord tacite est basé sur une appréciation erronée de la législation par l'URSSAF, il pourra être opposé à cette dernière par le cotisant lors d'un prochain contrôle* (cass. civ., 2e ch., 8 juillet 2021, n° 20-16046 FB).

La décision implicite engage l'URSSAF qui l'a prise, sous réserve que deux conditions soient remplies.

❶ D'une part, l'URSSAF doit avoir eu l'occasion, au vu de l'ensemble des documents consultés, de se prononcer en toute connaissance de cause sur ces éléments (c. séc. soc. art. R. 243-59-7 ; cass. civ., 2e ch., 19 avril 2005, n° 03-30718, BC II n° 100). L'agent de contrôle doit avoir pu examiner les points litigieux, reçu les informations nécessaires pour leur vérification et n'avoir formulé aucune observation.

Tel n'est pas le cas, par exemple, lorsque l'URSSAF a, lors d'un contrôle, examiné les bulletins de salaires mentionnant les retenues pratiquées pour les achats d'options sur actions de l'entreprise, sans aborder la question du plan d'achat d'actions (cass. civ., 2e ch., 28 janvier 2010, n° 08-21783, BC II n° 23).

❷ D'autre part, les pratiques du cotisant doivent être identiques lors du contrôle en cours et lors du précédent contrôle, et la législation et la réglementation applicables doivent être inchangées (c. séc. soc. art. R. 243-59-7 ; cass. civ., 2e ch., 18 novembre 2003, n° 02-30552 D). Cela signifie que l'identité de situation doit se reconnaître dans l'identité d'objet et l'identité des personnes contrôlées.

Ainsi, un cotisant ne peut pas se prévaloir d'un accord tacite de l'URSSAF dès lors que les conditions qui avaient prévalu à l'absence d'observations de l'organisme de recouvrement lors du dernier contrôle ne sont plus identiques (cass. civ., 2e ch., 16 février 2012, n° 11-10690 D).

De même, la décision prise par une URSSAF à l'égard d'un établissement ne peut être opposée à une autre URSSAF à l'occasion d'un contrôle portant sur un autre établissement (cass. soc. 20 juillet 1995, n° 93-10088, BC V n° 256 ; cass. civ., 2e ch., 17 décembre 2009, n° 08-21948 D).

Il n'est pas non plus possible pour une société d'opposer à l'URSSAF une décision implicite ayant bénéficié à une autre société dont elle a acquis une partie des actifs (cass. civ., 2e ch., 18 décembre 2014, n° 13-27561 D).

Quant à l'URSSAF interlocuteur unique désignée en cas de versement des cotisations en un lieu unique (VLU) facultatif (*voir § 71*), elle n'est pas tenue par les décisions prises antérieurement à la convention de VLU par une autre URSSAF (cass. civ., 2e ch., 14 février 2007, n° 05-16810, BC II n° 29).

→ **ATTENTION** *Le cotisant ne peut pas se prévaloir de l'approbation tacite de ses pratiques par l'URSSAF lors d'un contrôle antérieur en cas de redressement consécutif à un constat de travail dissimulé* (cass. civ., 2e ch., 4 avril 2019, n° 18-13786 FPBI).

▶ Preuve de l'accord tacite

286 La preuve de l'accord tacite résultant de l'absence d'observations pèse sur le cotisant (cass. civ., 2e ch., 1er juillet 2003, n° 01-20498, BC II n° 217).

En pratique, cette preuve peut être difficile à rapporter dans la mesure où une décision implicite ne peut reposer sur le seul silence de l'agent de contrôle lors de la précédente vérification. Il faut en effet que le cotisant apporte la preuve que, lors du précédent contrôle, l'URSSAF a eu l'occasion, au vu de l'ensemble des documents consultés alors, de se prononcer en toute connaissance de cause sur ces éléments alors même que les circonstances de droit et de fait sont inchangées.

À titre d'exemple, la seule consultation lors d'un précédent contrôle des pièces communément présentées lors des opérations de contrôle (livres comptables, bulletins de paye et contrats de travail) ne suffit pas à établir que l'URSSAF avait eu, à l'époque, les moyens de se prononcer en toute connaissance de cause sur les pratiques litigieuses relatives à l'abattement à temps partiel appliqué aux cadres en forfait jours (cass. civ., 2e ch., 22 septembre 2022, n° 21-11277 FB, 1er moyen).

Dans le même esprit, l'existence d'une décision implicite d'exonération de cotisations ne peut résulter du seul fait que, lors d'un précédent contrôle, un salarié attestait avoir présenté à l'agent de l'URSSAF les bulletins de paie de chauffeurs mentionnant « Frais déplacements professionnels ». En effet, si l'agent avait, lors du premier contrôle, bien eu connaissance de ces bulletins de paie mentionnant les frais, il n'avait pas nécessairement, de ce seul fait, vérifié que les conditions d'exonération de ces frais étaient bien réunies (cass. civ., 2e ch., 19 avril 2005, n° 03-30718, BC II n° 100).

De même, le fait que l'URSSAF n'avait, au cours d'un précédent contrôle, formulé aucune observation sur la neutralisation d'une prime « vêtement » dans le calcul de la réduction générale de cotisations patronales ne caractérisait pas un accord tacite sur ce point dans la mesure où, entre-temps, la législation relative à cette réduction avait été modifiée, avec l'annualisation du calcul de son coefficient. Même si la modification de la loi ne portait pas sur la prise en compte des temps de pause, d'habillage et de déshabillage, la Cour de cassation a considéré qu'il y avait eu, entre les deux contrôles, un changement dans les règles d'assiette applicables empêchant de reconnaître une décision implicite de l'URSSAF (cass. civ., 2e ch., 18 février 2021, n° 19-24138 D).

La preuve de la décision implicite peut notamment être rapportée grâce au contenu de la lettre d'observations émise par l'URSSAF *(voir § 578)* lors de la précédente vérification (cass. soc. 17 décembre 1998, n° 97-13180 D). Il peut en être ainsi tout particulièrement de la mention obligatoire, portée dans cette lettre d'observations, des documents consultés lors du contrôle *(voir § 580)*. D'autant que la personne contrôlée peut, dans sa réponse à la lettre d'observations, indiquer toute précision ou tout complément qu'elle juge nécessaire, notamment en proposant des ajouts à la liste des documents consultés (c. séc. soc. art. R. 243-59, III) *(voir § 623)*.

→ **À NOTER** *Le cotisant contrôlé ne peut pas se prévaloir d'une décision d'annulation de redressement par la commission de recours amiable (CRA) pour invoquer un accord tacite de l'URSSAF* (cass. civ., 2e ch., 9 mai 2019, n° 18-15435 FPBI). *Dans cette affaire, les frais professionnels litigieux avaient fait l'objet d'un redressement au terme d'un contrôle qui avait été annulé par la CRA. Lors d'un autre contrôle portant sur le même point, mais sur une période différente, l'employeur avait fait l'objet d'un redressement. Son argument faisant valoir que l'annulation du premier redressement par la CRA valait accord tacite de l'URSSAF a été déclaré irrecevable.*

▸ Remise en cause de l'accord tacite par l'URSSAF

287 Si l'URSSAF notifie une décision contraire à l'accord tacite lors d'un contrôle ultérieur, celle-ci fait alors obstacle à ce que cet accord tacite puisse perdurer pour l'avenir (cass. civ., 2e ch., 4 avril 2013, n° 12-15739, BC II n° 74), y compris si la décision contraire intervient dans le cadre d'une procédure de redressement qui a par la suite été annulée en justice (cass. civ., 2e ch., 27 juin 2024, n° 22-18178 FB).

Pour révoquer un accord tacite, l'URSSAF doit notifier au cotisant sa nouvelle décision (cass. soc. 19 septembre 1991, n° 88-20483, BC V n° 376) ; la diffusion d'une instruction ministérielle allant dans le sens contraire de l'acceptation tacite ne peut pas suffire (cass. civ., 2e ch., 22 janvier 2009, n° 07-19038, BC II n° 28).

La notification d'observations pour l'avenir à l'issue d'un nouveau contrôle *(voir § 710)* peut naturellement valoir notification de la remise en cause par l'organisme de sa décision implicite antérieure.

Arbitrage de l'URSSAF Caisse nationale

▸ Entreprise à établissements multiples

288 Lorsqu'une entreprise à établissements multiples relevant d'URSSAF différentes est confrontée à des interprétations contradictoires pour plusieurs de ses établissements placés dans la même situation au regard de la législation relative aux cotisations et aux contributions de sécurité sociale, elle peut, pour sécuriser ses pratiques, solliciter l'intervention de l'URSSAF Caisse nationale (ex-ACOSS) à propos de l'appréciation portée par les URSSAF sur sa situation (c. séc. soc. art. L. 243-6-1, I et R. 243-43-1).

Il est aussi possible aux entreprises possédant un ou plusieurs établissements de recourir à l'arbitrage de l'URSSAF Caisse nationale en cas d'interprétations contradictoires entre, d'une part, une ou plusieurs URSSAF et, d'autre part, une ou plusieurs caisses de retraite complémentaire AGIRC-ARRCO, concernant (c. séc. soc. art. L. 243-6-1, II) :
– la détermination de l'assiette des cotisations ;
– le calcul du plafond de la sécurité sociale ;
– la réduction générale de cotisations patronales ;
– l'exonération de cotisations patronales dont bénéficient certaines structures d'aide à domicile ;
– les exonérations spécifiques applicables en outre-mer ;
– et, d'une manière générale, tout point de droit dont l'application est susceptible d'avoir une incidence sur le calcul du plafond ou des allègements de cotisations patronales dues au titre des régimes de retraite complémentaires obligatoires.

→ **À NOTER** *À l'inverse, la procédure d'arbitrage ne concerne donc pas :*
– les divergences d'interprétation résultant de situations de faits différentes ;
– une entreprise mono-établissement relevant d'un seul organisme de recouvrement qui expose que le traitement de sa question par une URSSAF déterminée diffère de celui effectué par les organismes de recouvrement pour d'autres entreprises dans le même secteur d'activité.

La demande d'arbitrage est effectuée sans préjudice des autres moyens de recours habituels (action judiciaire notamment). La mise en œuvre de cette procédure d'arbitrage ne constitue d'ailleurs pas un préalable nécessaire à l'exercice des autres recours.

▸ Filiales et groupes

289 La possibilité de solliciter l'intervention de l'URSSAF Caisse nationale est également ouverte à un cotisant appartenant à un groupe au sens de l'article L. 233-16 du code de commerce, en cas d'interprétations contradictoires concernant toute autre entreprise ou personne morale appartenant à ce même groupe (c. séc. soc. art. L. 243-6-1).

▸ Modalités de la demande d'arbitrage

290 Le cotisant doit solliciter l'intervention de l'URSSAF Caisse nationale par écrit et de façon motivée. Il doit joindre à sa demande tous les documents relatifs aux interprétations contradictoires auxquelles il est confronté (c. séc. soc. art. R. 243-43-1, I).

→ **À NOTER** *L'URSSAF Caisse nationale ne peut pas être saisie d'une demande d'arbitrage à partir du moment où le cotisant a porté sa réclamation devant la commission de recours amiable (CRA) de son URSSAF (voir § 835). Si, dans l'attente de la communication de la position adoptée par la Caisse nationale, le cotisant saisit la CRA, la demande d'arbitrage est caduque* (c. séc. soc. art. R. 243-43-1).

En pratique, lorsque la demande d'intervention fait suite à des contrôles, elle doit être effectuée après réception des lettres d'observations *(voir § 571)* qui permettent de constater une divergence de position entre organismes et, en tout état de cause, avant de saisir la CRA de chacune des URSSAF concernées (charte du cotisant contrôlé en vigueur au 1er janvier 2024, p. 21).

La demande est réputée complète si, dans le délai de 30 jours à compter de sa réception, l'URSSAF Caisse nationale n'a pas fait connaître à l'intéressé, par lettre recommandée avec accusé de réception, la liste des pièces ou informations manquantes (c. séc. soc. art. R. 243-43-1, II).

La demande complète fait l'objet d'un accusé de réception mentionnant (c. séc. soc. art. R. 243-43-1, II) :
– la date avant laquelle la position de la Caisse nationale doit être notifiée au cotisant ;
– les incidences sur les voies de recours.

▸ Réponse de l'URSSAF Caisse nationale

291 L'URSSAF Caisse nationale dispose d'un délai de 40 jours pour communiquer sa position aux différentes URSSAF et au cotisant (ce délai court à compter de la date de réception de la demande complète). Dans un délai de 30 jours, chaque URSSAF notifie ensuite sa décision au cotisant et en adresse copie à la Caisse nationale (c. séc. soc. art. R. 243-43-1, III).

À l'expiration de ce délai, si les URSSAF ne se sont pas conformées à la position de la Caisse nationale, celle-ci peut se substituer aux organismes de recouvrement pour prendre les mesures nécessaires. Si elle entend le faire, elle notifie sa décision au cotisant et à l'URSSAF concernée dans un délai de 30 jours à compter de la réception de la décision de celle-ci (c. séc. soc. art. L. 243-6-1 et R. 243-43-1, III).

▸ Prescription et recours

292 La demande d'arbitrage n'a pour effet ni de suspendre ni d'interrompre les délais de prescription (c. séc. soc. art. R. 243-43-1, I).

En revanche, elle interrompt le délai de recours de 2 mois devant la commission de recours amiable (CRA) *(voir § 837)*. Ce délai court à nouveau à compter de la date de réception par le cotisant de la décision prise par l'URSSAF à la suite de la prise de position de la Caisse nationale.

Droit au contrôle

▸ Principe

293 Paradoxalement, l'une des manières pour le cotisant (personne physique ou morale) de sécuriser ses pratiques en matière de cotisations et de contributions sociales consiste à exercer son droit à être contrôlé à sa demande (CRPA art. L. 124-1 et L. 124-2).

En effet, d'une manière générale, toute personne peut demander à faire l'objet d'un contrôle prévu par les dispositions législatives et réglementaires en vigueur. Il en est donc ainsi du contrôle URSSAF.

La demande du cotisant doit alors préciser les points sur lesquels le contrôle est sollicité.

▸ Délai de réalisation du contrôle

294 L'URSSAF doit alors procéder à ce contrôle dans un délai raisonnable sauf en cas de mauvaise foi du cotisant, de demande abusive ou lorsque cette demande a manifestement pour effet de compromettre le bon fonctionnement de l'URSSAF ou de mettre cette dernière dans l'impossibilité matérielle de mener à bien son programme de contrôle.

▸ Droit à régularisation

295 Si l'URSSAF constate lors de ce contrôle une méconnaissance par le cotisant des règles applicables en matière de cotisations et prélèvements sociaux, celui-ci pourra bénéficier le cas échéant de son droit à régularisation en cas d'erreur *(voir § 15)*.

▸ Opposabilité des résultats du contrôle

296 Le cotisant ainsi contrôlé à sa demande pourra opposer à l'URSSAF les conclusions expresses émises par celle-ci, comme il peut le faire en matière de décision explicite de l'organisme de recouvrement *(voir §§ 264 et 265)*. Cette opposabilité cesse toutefois :
– en cas de changement des circonstances de droit ou de fait postérieur de nature à affecter les conclusions du contrôle ;
– en cas de nouveau contrôle URSSAF donnant lieu à un positionnement différent de sa part.

Sécurisation des outils d'épargne salariale

297 Avec pour objectif clair de sécuriser juridiquement leur contenu, l'URSSAF dispose d'un délai maximal de 3 mois à compter du dépôt d'un outil d'épargne salariale (accord d'intéressement, de participation, règlement de plan d'épargne, etc.) auprès de l'administration du travail pour demander, s'il y a lieu, le retrait ou la modification des clauses contraires aux dispositions légales, à l'exception toutefois des règles relatives aux modalités de dénonciation et de révision des accords (c. trav. art. L. 3345-2).

En l'absence d'une telle demande dans le délai prévu, aucune contestation ultérieure de la conformité des termes de l'accord ou du règlement aux dispositions légales en vigueur au moment de sa conclusion ne pourra avoir pour effet de remettre en cause les exonérations fiscales et sociales attachées aux avantages accordés aux salariés au titre des exercices en cours ou antérieurs (c. trav. art. L. 3345-3).

Toutefois, et seulement en matière d'intéressement, l'URSSAF dispose d'un délai supplémentaire de 2 mois à compter de l'expiration du délai précité de 3 mois pour formuler, le cas échéant, des demandes de retrait ou de modification de clauses contraires aux dispositions en vigueur afin que l'entreprise puisse mettre l'accord en conformité pour les exercices suivant celui du dépôt de l'accord. Ce n'est alors qu'à défaut de telles demandes que les exonérations sont réputées acquises pour les exercices ultérieurs (c. trav. art. L. 3313-3).

298 MON-INTÉRESSEMENT.URSSAF.FR, UN SITE POUR SÉCURISER LES ENTREPRISES

Pour accompagner et sécuriser les entreprises dans la mise en place de leur accord d'intéressement ou de leur décision unilatérale, un service en ligne a été mis en place par l'URSSAF, en partenariat avec les ministères du Travail et de l'Économie et des Finances : mon-interessement.urssaf.fr.

Par l'intermédiaire de ce service en ligne, les entreprises peuvent :
- planifier leur dispositif d'intéressement via un calendrier ;
- déterminer des formules de calcul conformes aux obligations légales (formule basée sur la progression du chiffre d'affaires ou formulée liée au résultat courant avant impôt) ;
- rédiger leur accord d'intéressement ou leur décision unilatérale, dans le respect des dispositions du code du travail et du code de la sécurité sociale.

Déroulement du contrôle

Combien de temps dure un contrôle URSSAF ?

POUR LES ENTREPRISES DE 20 SALARIÉS ET PLUS

PAS DE LIMITATION À LA DURÉE DU CONTRÔLE

EN PRATIQUE, LA DURÉE D'UN CONTRÔLE EST, À TITRE INDICATIF, DE 1 À 2 MOIS MINIMUM

POUR LES ENTREPRISES DE MOINS DE 20 SALARIÉS

+

LES TRAVAILLEURS INDÉPENDANTS

3 MOIS MAXIMUM

OU

6 MOIS MAXIMUM
SUR DEMANDE DU COTISANT OU DE L'URSSAF

LE DÉLAI DE 3 OU 6 MOIS COURT À COMPTER DU DÉBUT EFFECTIF DU CONTRÔLE JUSQU'À LA LETTRE D'OBSERVATIONS

CETTE LIMITATION DE LA DURÉE DU CONTRÔLE NE S'APPLIQUE PAS SI, AU COURS DE CETTE PÉRIODE, LE COTISANT SE TROUVE DANS L'UNE DES SITUATIONS SUIVANTES :

- TRAVAIL DISSIMULÉ
- OBSTACLE À CONTRÔLE
- ABUS DE DROIT
- CONSTAT DE COMPTABILITÉ INSUFFISANTE OU CONSTAT DE DOCUMENTATION INEXPLOITABLE OU TRANSMISE EN RETARD
- REPORT, À SA DEMANDE D'UNE VISITE DE L'AGEN CHARGÉ DU CONTRÔLE

Revue Fiduciaire

6 Information préalable du cotisant et durée du contrôle

§§

Un préalable obligatoire au contrôle : l'avis de contrôle

Champ d'application

▸ Principe

350 Tout cotisant est tenu de recevoir, à tout moment, le ou les agents chargés du contrôle (c. séc. soc. art. L. 243-11) *(voir § 420)*. Toutefois, le contrôle ne peut pas, sauf exception *(voir § 351)*, débuter sans que la personne contrôlée en ait été préalablement avisée. L'URSSAF doit, en effet, informer celle-ci du contrôle à venir en lui transmettant un avis de contrôle (c. séc. soc. art. R. 243-59, I).

L'absence de respect de cette formalité substantielle est de nature à entraîner, à la demande du cotisant, l'annulation de la totalité de la procédure de contrôle *(voir § 629)*. En effet, pour la Cour de cassation, l'envoi de l'avis de contrôle a pour objet d'assurer le respect du principe du contradictoire à peine de nullité du redressement, sans que soit exigée la preuve d'un préjudice de la part du cotisant (cass. civ., 2e ch., 10 juillet 2008, n° 07-18152, BC II n° 188).

▸ Exceptions

351 Il existe cependant trois exceptions à l'obligation de transmission de l'avis de contrôle.

Ainsi, cet avis n'a pas à être transmis à la personne contrôlée lorsque le contrôle est effectué dans le cadre de la lutte contre le travail dissimulé au sens de l'article L. 8221-1 du code du travail (c. séc. soc. art. R. 243-59, I) *(voir §§ 23 et 1149)*. Toutefois, si l'URSSAF entend poursuivre le contrôle initialement engagé dans le cadre de la lutte contre le travail dissimulé sur d'autres points de la réglementation que la recherche d'infractions au travail dissimulé, il lui incombe d'envoyer un avis de contrôle (c. séc. soc. art. R. 243-59, I).

L'URSSAF n'a pas non plus l'obligation d'adresser un avis de contrôle lorsqu'elle engage, dans une entreprise de moins de 11 salariés, un contrôle sur place dans le prolongement d'un contrôle sur pièces *(voir § 6)* (c. séc. soc. art. R. 243-59-3).

Enfin, la personne contrôlée n'a pas davantage à être destinataire d'un nouvel avis de contrôle lorsque la date de début de la vérification initialement fixée a été repoussée d'un commun accord avec elle (cass. civ., 2e ch., 12 mai 2011, n° 10-18116 D). Selon les juges, l'avis de contrôle a pour finalité d'informer l'employeur de la date de la première visite de l'inspecteur du recouvrement. Cette information de l'employeur résulte de l'envoi de l'avis de contrôle initial sans qu'il soit besoin d'en adresser un second en pareil cas.

→ **À NOTER** *À compter de la réception de l'avis de contrôle, l'employeur perd la faculté d'interroger son URSSAF dans le cadre du rescrit (voir § 268).*

Forme

352 L'avis de contrôle peut être adressé à l'employeur par tout moyen permettant de rapporter la preuve de sa date de réception (c. séc. soc. art. R. 243-59, I et R. 243-59-9). L'avis n'est donc pas nécessairement adressé sous la forme d'une lettre recommandée avec avis de réception, même si ce mode demeure en pratique très largement répandu pour des raisons évidentes de preuve.

Une remise en mains propres accompagnée d'une décharge constitue un mode envisageable même s'il est très théorique, sauf hypothèse dans laquelle le contrôle aurait débuté dans le cadre de la lutte contre le travail dissimulé.

Une transmission par mail est également possible, sous réserve que l'URSSAF puisse apporter la preuve de cette transmission.

Preuve. La preuve de la transmission de l'avis de contrôle pèse sur l'URSSAF. Cette preuve peut notamment être apportée par le récépissé remis par la poste de la lettre recommandée avec accusé de réception lorsque cette forme d'envoi a été choisie. Cette preuve est essentielle car, à défaut, c'est la totalité de la procédure de contrôle qui peut être annulée à la demande du cotisant, quel que soit le bien-fondé du redressement notifié à l'issue du contrôle. Pour la jurisprudence, c'est la violation du principe du caractère contradictoire de la procédure de contrôle URSSAF qui justifie cette solution *(voir § 350)*.

Contenu

▸ Mentions obligatoires

353 **Charte du cotisant contrôlé.** L'avis de contrôle doit faire état de l'existence de la charte du cotisant contrôlé, que le contrôle soit réalisé sur place *(voir § 3)* ou sur pièces *(voir § 4)*. Il doit préciser l'adresse électronique où ce document est consultable et qu'il est adressé au cotisant sur sa demande (c. séc. soc. art. R. 243-59, I).

Les dispositions de la charte sont opposables à l'URSSAF (c. séc. soc. art. R. 243-59, I).

Élaborée dans l'optique d'améliorer des relations entre les URSSAF et les usagers, la charte du cotisant contrôlé présente à la personne contrôlée la procédure de contrôle et les droits dont elle dispose pendant son déroulement et à son issue. Pour l'essentiel, cette charte reprend les dispositions légales et réglementaires relatives à la procédure de contrôle URSSAF en les rendant intelligibles pour les cotisants non-juristes. Elle peut toutefois contenir des indications supplémentaires, ce qui pose la question des conséquences de l'inobservation de ces dernières par les URSSAF.

Le modèle de charte est fixé par arrêté et est disponible sur www.urssaf.fr. Il est régulièrement actualisé pour tenir compte notamment des évolutions législatives et réglementaires. À l'heure où nous rédigeons ces lignes, la dernière version de la charte est en vigueur depuis le 1er janvier 2024 (arrêté du 30 janvier 2024, JO 6 février, texte 3, modifié par arrêté du 22 juillet 2024, JO du 23, texte 1).

La charte du cotisant contrôlé est reproduite en annexe 1 de cet ouvrage.

L'absence de mention faisant référence à la charte du cotisant contrôlé dans l'avis de contrôle emporte la nullité des opérations de contrôle (cass. civ., 2e ch., 18 septembre 2014, n° 13-17084 D).

354 **Assistance d'un conseil de son choix.** L'avis de contrôle doit également mentionner que l'employeur a le droit d'être assisté du conseil de son choix pendant le contrôle (c. séc. soc. art. R. 243-59, II).

Ce choix est totalement libre de la part du cotisant contrôlé. Il peut s'agir, par exemple, d'un avocat ou d'un cabinet d'expertise comptable.

→ **ATTENTION** *L'absence de la mention faisant référence à la possibilité pour l'employeur d'être assisté par un conseil de son choix emporte la nullité des opérations de contrôle* (cass. civ., 2e ch., 18 septembre 2014, n° 13-17084 D).

▸ **Mentions pratiques complémentaires**

355 **Mentions non prévues par le code de la sécurité sociale.** Au-delà des mentions obligatoires prescrites par l'article R 243-59 du code de la sécurité sociale *(voir §§ 353 et 354)*, l'avis de contrôle peut, en pratique, en comporter d'autres, dont certaines résultent de la charte du cotisant contrôlé.

356 **Date programmée.** L'avis de contrôle indique en pratique la date programmée, ainsi que l'heure du début de la vérification. L'absence de ces précisions peut entraîner la nullité du contrôle. Ainsi, alors que curieusement l'article R. 243-59 du code de la sécurité sociale ne prévoit pas expressément cette mention, la Cour de cassation a jugé qu'encourt l'annulation la vérification dont l'avis préalable de contrôle ne comportait pas la date de la première visite de l'agent de contrôle. Pour elle, cet avis a en effet pour objet d'informer le cotisant de la date de la première visite de l'inspecteur du recouvrement afin de lui permettre d'organiser sa défense et d'être, s'il l'estime utile, assisté du conseil de son choix (cass. civ., 2e ch., 25 avril 2013, n° 12-30049, BC II n° 84). Cette indication dans l'avis de contrôle participe ainsi du respect du principe du contradictoire.

357 **Lieu de réalisation du contrôle.** L'avis de contrôle mentionne, toujours du point de vue pratique, le lieu de réalisation des opérations de contrôle.

Périmètre du contrôle. Sauf précision contraire, l'avis de contrôle vaut pour l'ensemble des établissements de la personne contrôlée (c. séc. soc. art. R. 243-59, I).

358 **Documents examinés.** Même si cela n'est pas expressément prévu par les textes, l'avis de contrôle contient la plupart du temps, souvent sous forme d'annexe, une énumération indicative des documents et supports que l'inspecteur souhaite examiner lors du contrôle. Mais la liste de ces documents n'est pas exhaustive. L'inspecteur pourra, en effet, par la suite, demander la communication d'autres documents nécessaires au contrôle.

Contrôle sur pièces. La charte du cotisant contrôlé indique que l'avis de contrôle adressé au cotisant avant un contrôle sur pièces mentionne une liste de documents et d'informations nécessaires à l'exercice du contrôle ainsi que la date limite de mise à disposition, le cotisant disposant d'un délai minimum de 30 jours pour transmettre les documents (charte du cotisant contrôlé en vigueur au 1er janvier 2024, p. 13).

359 **Identité de l'inspecteur.** L'identité de l'inspecteur du recouvrement URSSAF est aussi indiquée sur l'avis de contrôle puisque, en pratique, il en est, la plupart du temps, signataire.

Auteur de l'avis de contrôle. L'avis de contrôle est, en principe, rédigé par l'agent de contrôle qui le met ensuite en œuvre. Les juges admettent que, dans l'hypothèse d'une délégation de contrôle consentie par une URSSAF au bénéfice d'une autre *(voir § 72)*, cet avis puisse être émis valablement par une personne appartenant à l'URSSAF délégante ou à l'URSSAF délégataire (cass. civ., 2e ch., 17 mars 2011, n° 10-30501 D).

360 **Pas d'autres mentions contraignantes.** L'avis de contrôle n'a pas, en revanche, à être motivé, ni à contenir d'informations quant à la nature des éléments contrôlés et à la période sur laquelle porte le contrôle. Il peut simplement indiquer, par exemple, que le contrôle vise à la « vérification de l'application de la législation de sécurité sociale et d'allocations familiales dans le cadre de la prescription triennale » (cass. civ., 2e ch., 2 octobre 2008, n° 07-17936, BC II n° 204).

L'avis reste, par ailleurs, valable même s'il ne mentionne pas la délégation générale conférée par une URSSAF à une autre URSSAF *(voir § 72)* (cass. civ., 2e ch., 4 février 2010, n° 08-21034 D).

De même, la circonstance que l'avis ne fasse pas mention du fait que le contrôle s'inscrivait dans le cadre d'un contrôle concerté décidé par l'URSSAF Caisse nationale *(voir § 203)* est sans incidence sur sa régularité (cass. civ., 2e ch., 16 février 2023, n° 21-17207, FSB, 1er moyen).

Destinataire

361 Lorsque la personne contrôlée est une personne physique, l'avis de contrôle est adressé à son domicile ou, à défaut, à son adresse professionnelle, telles que ces informations ont été préalablement déclarées par l'intéressée.

Lorsque la personne contrôlée est une personne morale, l'avis de contrôle est adressé à l'attention de son représentant légal et envoyé à l'adresse du siège social de l'entreprise ou le cas échéant à celle de son établissement principal, telles que ces informations ont été préalablement déclarées.

Sauf précision contraire, cet avis vaut pour l'ensemble des établissements de la personne contrôlée (c. séc. soc. art. R. 243-59, I).

→ **À NOTER** *Le protocole de versement en un lieu unique (VLU) des cotisations (voir § 71) ne prive pas les sociétés d'un groupe, si elles ont leur propre personnalité juridique, des garanties prévues en cas de contrôle, en particulier d'être avisées chacune de la survenance de celui-ci par un avis de contrôle. En l'espèce, l'URSSAF avait envoyé l'avis de contrôle à la maison mère, et pas à la société contrôlée* (cass. civ., 2e ch., 2 avril 2015, n° 14-14528, BC II n° 84).

Date de début du contrôle

Au moins 30 jours après l'envoi de l'avis de contrôle

362 L'avis de contrôle doit être envoyé au moins 30 jours avant :
– la première visite de l'agent chargé du contrôle, s'il s'agit d'un contrôle sur place (c. séc. soc. art. R. 243-59, I) ;
– le début des opérations de vérifications, s'il s'agit d'un contrôle sur pièces (charte du cotisant contrôlé en vigueur au 1er janvier 2024, p. 7).

En l'absence de précision, il convient de considérer qu'il s'agit d'un délai calendaire.

Respect de la date

363 L'URSSAF doit débuter le contrôle à la date indiquée sur l'avis de contrôle, sous peine d'annulation de la procédure. La mention de la date de visite sur l'avis de contrôle est impérative : l'absence de celle-ci entraîne la nullité du contrôle ultérieur *(voir § 356)*.

Ainsi, lorsque l'inspecteur du recouvrement ne se présente pas à la date indiquée sur l'avis de contrôle mais quelques jours plus tard, sans en avoir alerté la personne contrôlée, cette dernière peut faire annuler ce contrôle si l'URSSAF n'a pas renvoyé un nouvel avis de contrôle avec une nouvelle date ou si elle n'arrive pas à prouver que la modification de la date a été arrêtée avec l'accord du cotisant (cass. civ., 2e ch., 12 juillet 2012, n° 11-22895 D). En l'espèce, l'inspecteur URSSAF avait débuté le contrôle 2 jours après la date programmée par l'avis de contrôle.

Report de la date

364 La personne contrôlée peut demander un report de rendez-vous si la date fixée ne lui convient pas. La plupart du temps, ce report lui est accordé si elle invoque des motifs légitimes (ex. : fermeture de l'entreprise, nécessité de récupérer certains documents auprès de l'expert-comptable, absence justifiée du dirigeant…). Dans ce cas, l'envoi d'un nouvel avis de contrôle n'est pas nécessaire *(voir § 351)*.

Si la demande de report n'est pas justifiée ou si elle est répétée indéfiniment, l'employeur s'expose à des sanctions pour obstacle à contrôle en raison du caractère dilatoire de sa demande *(voir encadré § 447)*.

De son côté, si l'URSSAF entend reporter la date du contrôle, elle doit en informer le cotisant en temps utile par tout moyen approprié et être en mesure d'apporter la preuve de la réception de l'information en cas de recours contentieux. Le fait que le report de la date du contrôle n'ait pas donné lieu à un nouvel avis de contrôle n'emporte pas la nullité du redressement (cass. civ., 2e ch., 15 mars 2018, n° 17-13409, BC II n° 50). En l'espèce, l'URSSAF avait informé le cotisant du report du contrôle par un mail confirmant un entretien téléphonique.

Durée du contrôle

Pas de durée maximum, sauf exceptions

365 Le code de la sécurité sociale ne fixe une durée maximum que pour les contrôles URSSAF concernant les entreprises de moins de 20 salariés et les travailleurs indépendants *(voir § 366)*.

En dehors de ces cas, il n'existe pas de limitation à la durée du contrôle. En fonction notamment de l'activité, de l'effectif ou de l'organisation de l'entreprise, cette durée peut ainsi aller de quelques jours à plusieurs mois. La charte du cotisant contrôlé précise, à titre indicatif, que la durée des différentes étapes du contrôle est au minimum de 1 à 2 mois (charte du cotisant contrôlé en vigueur au 1er janvier 2024, p. 8).

→ **À NOTER** *Les opérations de contrôle prennent fin à la réception par le cotisant de la lettre d'observations adressée par l'agent URSSAF (voir § 571).*

Durée de contrôle limitée pour les petites entreprises et les travailleurs indépendants

▸ Principe : 3 mois, renouvelables une fois

366 Pour les entreprises qui versent des rémunérations à moins de 20 salariés ou pour les travailleurs indépendants, la durée des contrôles URSSAF est limitée à 3 mois (c. séc. soc. art. L. 243-13, I), qu'il s'agisse de contrôles dits « sur place » ou « sur pièces ».

Cette période de 3 mois court du début effectif du contrôle jusqu'à la lettre d'observations *(voir § 571)*. Le début effectif du contrôle correspond à la première visite de l'inspecteur en cas de contrôle sur place et à la date de début des vérifications indiquée sur l'avis de contrôle en cas de contrôle sur pièces (c. séc. soc. art. L. 243-13, I et R. 243-59-6-A). La date de la lettre d'observations à prendre en compte s'entend comme étant la date de son envoi (charte du cotisant contrôlé en vigueur au 1er janvier 2024, p. 8).

Toutefois, à la demande expresse de la personne contrôlée ou de l'URSSAF, la durée de 3 mois peut être prorogée une fois, pour porter la durée maximale du contrôle à 6 mois (c. séc. soc. art. L. 243-13, I). Cette demande de prorogation doit naturellement être formalisée par écrit, et ce qu'elle émane du cotisant contrôlé ou de l'URSSAF.

Motif de la prorogation. La demande de prorogation peut être liée, par exemple, à la fermeture de l'entreprise pour une durée prolongée ou un accident subi par l'inspecteur du recouvrement.

▸ Exceptions

367 **Travail dissimulé ou mauvaise volonté du cotisant.** La limitation de la durée du contrôle à 3 ou 6 mois ne s'applique pas s'il est établi, au cours de cette même période, que la personne contrôlée se trouve dans l'une des situations suivantes (c. séc. soc. art. L. 243-13, I) :
- travail dissimulé (c. trav. art. L. 8221-3 et L. 8221-5) *(voir § 1100)* ;
- obstacle à contrôle (c. séc. soc. art. L. 243-12-1) *(voir § 447)* ;
- abus de droit (c. séc. soc. art. L. 243-7-2) *(voir § 540)* ;
- constat de comptabilité insuffisante ou de documentation soit inexploitable, soit transmise ou remise plus de 15 jours après la réception de la demande faite par l'agent chargé du contrôle ;
- report, à la demande de la personne contrôlée, d'une visite de l'agent chargé du contrôle.

En synthèse, la durée limitée ne concerne ni les hypothèses de travail dissimulé ni celles de mauvaise volonté manifeste du cotisant contrôlé.

→ **À NOTER** *Du point de vue théorique, la mesure d'encadrement de la durée du contrôle paraît favorable aux entreprises. Il convient néanmoins de souligner qu'elle ne fait que confirmer la pratique constatée. En effet, les contrôles URSSAF dans ces entreprises n'atteignent déjà que très rarement les 3 mois.*

368 **Filiales d'un groupe d'au moins 20 personnes.** La limitation de la durée du contrôle URSSAF ne concerne pas les entreprises qui sont en réalité les filiales d'un groupe employant un nombre de personnes au moins égal à 20. Ainsi, est écartée de la limitation de la durée du contrôle « une personne appartenant à un ensemble de personnes entre lesquelles il existe un lien de dépendance ou de contrôle au sens des articles L. 233-1 et L. 233-3 du code de commerce » lorsque l'effectif de cet ensemble est égal ou supérieur à 20 (c. séc. soc. art. L. 243-13, II).

Pour ces entreprises, comme pour celles qui atteignent ou dépassent le seuil de 20, aucune disposition ne limite la durée du contrôle. Dans ce contexte, la durée réelle dépendra de nombreux facteurs dont ceux de l'effectif des salariés employés ou des difficultés d'exploitation des documents.

→ **À NOTER** *Le seuil d'effectif doit tenir compte des salariés de l'entreprise contrôlée mais aussi des autres personnes auxquelles celle-ci verse des rémunérations.*

▸ **Fin du contrôle pour dépassement du délai**

369 Lorsque les opérations de contrôle prennent fin du fait du dépassement du délai de 3 ou 6 mois *(voir § 366)*, l'agent chargé du contrôle informe la personne contrôlée, par courrier donnant date certaine à sa réception, des manquements constatés le cas échéant. Dans ce cas, il ne peut être procédé une nouvelle fois à un contrôle portant sur tout ou partie de la période antérieure à la date d'envoi de l'avis de contrôle ayant donné lieu à l'information de clôture du contrôle (c. séc. soc. art. R. 243-59-6, II et R. 243-59-9).

Contrôle sur place : quels sont les principaux pouvoirs et moyens d'investigation de l'URSSAF ?

ACCÈS AUX LOCAUX DE L'ENTREPRISE

LE COTISANT **DOIT RECEVOIR L'INSPECTEUR DU RECOUVREMENT**

+

LA PRÉSENCE DU COTISANT — NON OBLIGATOIRE LORS DES OPÉRATIONS DE CONTRÔLE — **EST QUAND MÊME SOUHAITÉE AU MOINS EN DÉBUT ET FIN DE CONTRÔLE**

+

LE COTISANT **PEUT SE FAIRE ASSISTER PAR UN CONSEIL** DE SON CHOIX PENDANT LE CONTRÔLE

AUDITION DES SALARIÉS

L'INSPECTEUR URSSAF PEUT INTERROGER TOUTE PERSONNE RÉMUNÉRÉE PAR LE COTISANT CONTRÔLÉ
— SANS AVOIR À RECUEILLIR SON CONSENTEMENT —
(EX. : SALARIÉS, PERSONNES PAYÉES EN HONORAIRES)

! DANS LE CADRE D'UNE PROCÉDURE DE RECHERCHE D'INFRACTIONS DE TRAVAIL DISSIMULÉ, LE CONSENTEMENT DES PERSONNES AUDITIONNÉES EST REQUIS

L'AUDITION DOIT AVOIR LIEU DANS LES LOCAUX DE L'ENTREPRISE OU SUR LES LIEUX DE TRAVAIL

ACCÈS AUX DOCUMENTS

L'AGENT URSSAF PEUT DEMANDER TOUT DOCUMENT NÉCESSAIRE AU CONTRÔLE
(EX. : BULLETINS DE PAYE, CONTRATS DE TRAVAIL, DONNÉES TRANSMISES VIA LA DSN, LIVRES COMPTABLES)

IL DOIT

PASSER PAR LE COTISANT CONTRÔLÉ
IL NE PEUT DONC PAS DEMANDER LES DOCUMENTS À UN TIERS (EX. : EXPERT-COMPTABLE)
— SANS LES AVOIR RÉCLAMÉS AU PRÉALABLE AU COTISANT —

EXPLOITER LES DOCUMENTS DANS LES LOCAUX DE L'ENTREPRISE
— SAUF SI LE COTISANT L'AUTORISE À EXPLOITER DES COPIES HORS DE SES LOCAUX —

LORSQUE LES DOCUMENTS SONT DÉMATÉRIALISÉS, L'AGENT URSSAF PEUT LES EXPLOITER EN UTILISANT SON PROPRE MATÉRIEL INFORMATIQUE,
— SAUF SI LE COTISANT S'Y OPPOSE —

DROIT DE COMMUNICATION

DANS CERTAINS CAS, L'URSSAF PEUT OBTENIR DES INFORMATIONS DIRECTEMENT **AUPRÈS DE PERSONNES QUI ENTRETIENNENT OU ONT ENTRETENU DES RELATIONS PROFESSIONNELLES AVEC LA PERSONNE CONTRÔLÉE**
(EX : FOURNISSEURS, CLIENTS, ÉTABLISSEMENTS BANCAIRES, ADMINISTRATION FISCALE),
— SANS QUE PUISSE LUI ÊTRE OPPOSÉ LE SECRET PROFESSIONNEL —

POSSIBILITÉ DE REQUALIFIER LES FAITS SOUMIS PAR LE COTISANT

LES AGENTS URSSAF PEUVENT REQUALIFIER DES FAITS EN CAS DE DIVERGENCE D'INTERPRÉTATION AVEC LE COTISANT CONTRÔLÉ, SANS POUR AUTANT SE PLACER SUR LE TERRAIN DE L'ABUS DE DROIT

Revue Fiduciaire

7 Pouvoirs et modes d'investigation de l'URSSAF

Accès aux locaux professionnels

Obligation d'accueillir l'inspecteur

▸ Principe

420 Dans le cadre d'un contrôle sur place, les cotisants contrôlés, qu'ils soient employeurs ou travailleurs indépendants, sont tenus de recevoir les inspecteurs du recouvrement (c. séc. soc. art. L. 243-11). Même si aucune disposition ne le précise, cette obligation vaut de jour comme de nuit si le travail est organisé la nuit.

Le contrôle a en effet lieu principalement au sein de l'entreprise ou sur les lieux de l'activité professionnelle, même si l'agent URSSAF peut aussi réaliser certaines vérifications et opérations de contrôle au sein de l'organisme dont il relève, hors la présence du cotisant.

Alors que le code de la sécurité sociale ne le prévoit pas, la charte du cotisant contrôlé *(voir § 353)* précise que l'inspecteur du recouvrement peut aussi proposer à l'employeur ou au travailleur indépendant que le contrôle se déroule, non pas dans ses locaux professionnels, mais chez son tiers déclarant (ex. : expert-comptable). Le cotisant contrôlé peut aussi être à l'origine de cette proposition (charte du cotisant contrôlé en vigueur au 1er janvier 2024, p. 10).

Les cotisants contrôlés peuvent vérifier l'identité de l'inspecteur en lui demandant de présenter sa carte d'identité professionnelle *(voir § 75)*.

Tout refus de droit d'entrée de l'inspecteur du recouvrement constitue un cas d'obstacle à contrôle et expose aux sanctions prévues à ce titre *(voir encadré § 447)*.

→ **À NOTER** *Le versement en un lieu unique (VLU) des cotisations (voir § 71) ne permet pas de déroger à la règle selon laquelle l'employeur est tenu de recevoir les représentants de l'URSSAF dans tous les établissements* (cass. civ., 2e ch., 3 avril 2014, n° 13-16021, BC II n° 87).

▸ **Modalités de l'accueil**

421 **Conditions matérielles.** Bien qu'aucun texte ne l'impose, une gestion intelligente des opérations de contrôle doit inciter le cotisant contrôlé à réserver le meilleur accueil à l'inspecteur du recouvrement. Dans ce contexte, il doit lui permettre de travailler dans de bonnes conditions matérielles en mettant à sa disposition, notamment, un bureau, une chaise, un accès Internet et une ligne téléphonique avec l'extérieur.

422 **Interlocuteurs de l'agent URSSAF.** Le cotisant a aussi tout intérêt à présenter à l'inspecteur URSSAF ceux qui seront ses interlocuteurs pendant la phase de contrôle (ex. : responsable paye, DRH, etc.).

L'entreprise a pu en amont désigner un interlocuteur privilégié de l'inspecteur du recouvrement, ou en désigner un au moment où le contrôle s'est annoncé *(voir § 262)*. Cet interlocuteur principal de l'agent chargé du contrôle a comme mission, entre autres, de faire en sorte qu'il soit répondu dans les meilleurs délais aux demandes de l'agent. S'il est possible de différer de quelques jours une réponse (par exemple, parce que tel document demandé n'est pas immédiatement disponible), cette faculté peut difficilement être utilisée de manière répétée. Différer une réponse doit être explicable, correspondre à une difficulté réelle. De fait, les réponses aux points liés à la « technique paye », à sa pratique habituelle ou à des options RH peuvent plus difficilement entrer dans cette catégorie, sauf lorsqu'elles sont d'ordre stratégique et du ressort du seul dirigeant ou d'un niveau de direction au sein de l'entreprise. Comme les rubriques classiques de paye recouvrent normalement des réalités connues, il est normal de pouvoir répondre sans délai excessif aux questions qui s'y rapportent.

423 **Comportements à proscrire.** Tout comportement irrespectueux et a fortiori violent doit être proscrit.

Le risque pénal n'est pas à exclure. Les sanctions prévues par le code pénal réprimant les actes de résistance, les outrages et les violences contre les officiers de police judiciaire sont en effet applicables à ceux qui se rendent coupables de faits de même nature à l'égard des agents de l'URSSAF (c. séc. soc. art. L. 243-12-3).

À l'inverse, le déroulement du contrôle ne doit pas troubler le bon fonctionnement de l'entreprise.

Présence du cotisant contrôlé

▸ **Pas d'obligation**

424 La charte du cotisant contrôlé *(voir § 353)* indique que, le contrôle sur place constituant une occasion d'échanges et de dialogue, la présence du cotisant contrôlé est importante et souhaitée, au moins en début et en fin de contrôle (charte du cotisant contrôlé en vigueur au 1er janvier 2024, p. 8).

Mais aucune disposition n'impose à l'employeur ou au travailleur indépendant d'être présent lors des opérations de contrôle, y compris lors de l'audition par l'agent URSSAF des personnes qu'ils rémunèrent *(voir § 427)*. En conséquence, son absence n'entraîne pas, en elle-même, la nullité des opérations de contrôle et de l'éventuel redressement qui en découle (cass. soc. 7 novembre 1997, n° 95-15148 D). En l'absence du cotisant contrôlé, il est néanmoins recommandé qu'un interlocuteur soit à même de répondre aux demandes de l'agent.

Dans certains cas particuliers, les juges ont pu toutefois exiger la présence du cotisant contrôlé, considérant que son absence révèle alors la violation du caractère contradictoire du contrôle. Il en a été jugé ainsi pour un redressement opéré par un inspecteur après sa visite d'un établissement secondaire d'une entreprise sans entendre les explications du gérant ou d'un salarié de l'entreprise, absents ce jour-là, et qui avait conclu à l'emploi fictif de salariés dans l'établissement en raison de l'exiguïté des lieux (cass. civ., 2e ch., 10 juin 2003, n° 01-20850 D).

En tout état de cause, « le bon sens » préconise au chef d'entreprise de s'impliquer dans le contrôle, sans pour autant se montrer trop « envahissant ». Faire des points réguliers avec l'agent de contrôle est conseillé, et faire appel au responsable paye de l'entreprise peut aussi s'avérer très utile.

425 DÉDRAMATISER LE CONTRÔLE

Relativiser le contrôle

Un contrôle n'est pas un moment anodin dans la vie d'une entreprise, mais il ne faut pas le surestimer. Il est normal que les URSSAF aient un droit de regard sur l'application faite par les entreprises de la législation sociale : les prélèvements sociaux financent la protection sociale (santé, retraite, politique familiale, prévention des accidents du travail) et les allégements de charges ont vocation à promouvoir des politiques d'emploi.

Même si le contrôle ne constitue jamais un moment agréable pour l'entreprise, mettre trop « d'affect » dans un contrôle peut conduire à ne pas bien le mener.

Rôle du chef d'entreprise ou de son représentant

Le chef d'entreprise, ou son représentant selon la taille de celle-ci, doit s'impliquer lors d'un contrôle. Il doit s'enquérir du déroulement et des résultats de celui-ci ; il peut aussi, préalablement, rappeler aux personnes concernées qu'elles doivent veiller à répondre avec diligence et précision aux demandes transmises par la personne en charge des relations directes avec l'agent de contrôle *(voir §§ 262 et 422)*. Il doit pouvoir se mettre aussi quelque peu en retrait dans la mesure où un contrôle URSSAF périodique fait partie de la vie normale de son entreprise.

Rôle de l'interlocuteur paye

Si le chef d'entreprise peut penser, au travers du contrôle, que ce sont ses décisions de gestion qui sont évaluées, le responsable paye voit souvent, dans le contrôle, une évaluation de son travail. On ne saurait nier totalement cette dimension : effectivement, comme il est responsable, au quotidien, de la paye, des principales cotisations sociales et de leurs bases, le contrôle est aussi l'examen d'une partie essentielle de son travail.

Toutefois, si le responsable en charge de la paye, interne ou externe à l'entreprise, a, au quotidien, préparé en amont un contrôle, il est en principe prêt lorsque celui-ci survient. Trop investir émotionnellement dans le contrôle ne pourra que nuire à sa sérénité et donc à la qualité des réponses et des arguments présentés à l'agent de contrôle. Le contrôle doit donc être abordé avec la tranquillité d'esprit de celui qui est sûr de son fait et de son travail. Cette mise à distance est plus difficile dans les petites entreprises dans lesquelles le responsable paye est celui qui « produit » réellement la paye chaque mois et donc procède à la détermination de l'assiette et au calcul des cotisations. Dans les plus grandes, aux équipes paye plus étoffées, son rôle est davantage celui d'un organisateur et d'un référent pour les points techniques, ce qui facilite une distanciation par rapport à ces questions.

▸ Droit de se faire assister

426 Le cotisant peut demander à un conseil de son choix de l'assister pendant le contrôle (c. séc. soc. art. R. 243-59, II).

Il peut s'agir, par exemple, de son expert-comptable. Mais un employeur peut aussi décider de s'entourer de l'un de ses salariés. À ce titre, avoir choisi et désigné en amont de tout contrôle une personne qui soit l'interlocuteur privilégié du contrôleur prend tout son sens *(voir §§ 262 et 422)*.

→ **EN PRATIQUE** *Certains agents de contrôle URSSAF peuvent ne pas apprécier d'être mis face à des tiers qu'ils peuvent estimer non légitimes. Ce n'est généralement pas le cas si le tiers est l'expert-comptable qui tient la comptabilité et/ou la paie de l'entreprise. En revanche, ce sentiment peut naître si la personne qui intervient en soutien semble plus éloignée du dossier. Dans ce cas, l'entreprise peut avoir intérêt à ne pas la mentionner et à ne pas la faire intervenir « en direct ». Mais si l'entreprise ne peut ni faire appel à son expert-comptable, ni recourir à un salarié qu'elle a préparé, en amont du contrôle, à être l'interlocuteur du contrôleur, par exemple parce que cette mission mettrait ce salarié en difficulté, une telle assistance, même frontale, peut être une bonne solution dans la mesure où elle procure un apport technique réel et permet, parfois, de mieux appréhender les questions du contrôleur.*

Le droit d'être assisté au cours du contrôle doit être expressément indiqué dans l'avis de contrôle *(voir § 354)* (c. séc. soc. art. R. 243-59, II).

Audition des salariés

Personnes pouvant être interrogées

▸ Personnes rémunérées par le cotisant contrôlé

427 Les inspecteurs du recouvrement peuvent, dans le cadre d'un contrôle sur place, interroger toute personne rémunérée par le cotisant contrôlé pour connaître, notamment (c. séc. soc. art. R. 243-59, II) :
– leurs nom et adresse ;
– la nature des activités exercées ;
– le montant des rémunérations afférentes à ces activités (y compris les avantages en nature).

Contrôle sur pièces. Une interprétation littérale du code de la sécurité sociale limite l'audition des personnes rémunérées par le cotisant contrôlé aux seuls contrôles sur place et l'interdit dans le cadre des contrôles sur pièces. L'article R. 243-59-3 dudit code prévoit, en effet, dans ce dernier cas, la seule demande par l'URSSAF de transmission de documents complémentaires *(voir § 5)*.

Les inspecteurs URSSAF ne sont pas obligés de recueillir préalablement le consentement des personnes auditionnées.

Travail dissimulé. Dans le cadre de la recherche d'infractions liées au travail dissimulé, en revanche, l'URSSAF doit prouver qu'elle a bien recueilli le consentement des salariés pour leur audition. Si tel n'est pas le cas, l'employeur peut obtenir l'annulation du redressement URSSAF (cass. civ., 2e ch., 9 octobre 2014, n° 13-19493, BC II n° 204) *(voir § 1142)*.

La notion de personne rémunérée s'entend de façon assez large. Elle désigne non seulement les salariés, mais également toutes les personnes percevant une rétribution de quelque nature que ce soit, notamment sous forme d'honoraires (ex. : un agent commercial) (lettre-circ. ACOSS 96-32 du 26 mars 1996).

▸ Salariés du GIE auquel appartient l'entreprise contrôlée

428 Il a été jugé que les agents de contrôle pouvaient auditionner deux personnes non salariées de la société contrôlée mais occupant des « postes clés » au sein du groupement d'intérêt économique (GIE) auquel elle appartenait (cass. civ., 2e ch., 22 février 2005, n° 03-30442, BC II n° 41).

Dans cette affaire, les deux personnes, respectivement responsables de la comptabilité et de la paie du groupement, étaient seules à établir et détenir les documents sociaux et comptables du groupement. En outre, elles s'étaient spontanément présentées, pendant toute la durée du contrôle, auprès des agents de recouvrement, sans qu'ils les aient sollicitées ; ce dont on pouvait déduire qu'elles avaient été désignées à cette fin par le représentant légal de la société auquel l'avis de contrôle de l'URSSAF avait été adressé.

Cette solution est une exception à la règle selon laquelle les auditions ne peuvent pas, en principe, concerner des salariés d'une entreprise autre que celle contrôlée (cass. civ., 2e ch., 7 juillet 2022, n° 20-18471 FB) *(voir § 429)*.

▸ Personnes exclues des auditions

429 Pour la Cour de cassation, il résulte de l'article R. 243-59 du code de la sécurité sociale, dont les dispositions sont d'interprétation stricte, que les agents de contrôle URSSAF ne peuvent recueillir des informations qu'auprès de la personne contrôlée et des personnes rémunérées par celle-ci (cass. civ., 2e ch., 7 juillet 2022, n° 20-18471 FB). Par conséquent, l'audition d'une personne tierce à la société contrôlée (en l'espèce, le responsable du service comptable d'une société appartenant au même groupe) n'est pas régulière, même si elle n'a apporté aux agents de contrôle aucun élément significatif de nature à modifier leur position sur le chef de redressement contesté.

Il a aussi été jugé que l'audition par un agent de contrôle de plusieurs salariés d'une société mettant en cause son président du conseil d'administration ne peut pas servir de fondement au redressement de ce dernier pour une activité qu'il exerce dans une autre société, qu'il exploite individuellement (cass. soc. 26 octobre 2000, n° 98-18578 D)

Une personne rémunérée par un prestataire de services de l'entreprise contrôlée ne peut pas non plus être auditionnée par l'agent de contrôle URSSAF (cass. civ., 2e ch., 20 septembre 2018, n° 17-24359 FPB).

Lieu et modalités de l'audition

▸ Audition dans les locaux de l'entreprise

430 Selon la Cour de cassation, l'article R. 243-59 du code de la sécurité sociale, qui confère aux agents de contrôle des pouvoirs d'investigation, est d'application stricte. Par conséquent, les auditions des salariés ne sont valables que si elles sont réalisées dans les locaux de l'entreprise ou sur les lieux de travail (cass. soc. 28 novembre 1991, n° 89-11287, BC V n° 548).

La Cour de cassation a ainsi annulé un contrôle au cours duquel l'inspecteur URSSAF :

– s'est rendu au domicile des salariés pour les interroger et a recueilli, en leur absence, les déclarations de leur épouse (cass. soc. 28 novembre 1991, n° 89-11287, BC V n° 548) ;

– a auditionné des salariés à leur domicile (cass. soc. 6 juin 1996, n° 94-14202, BC V n° 234) ;

– a auditionné dans les bureaux de l'URSSAF un salarié venu dénoncer son employeur (cass. soc. 25 mars 1999, n° 97-14680, BC V n° 139) ;
– a envoyé un questionnaire au domicile des salariés (cass. soc. 27 février 2003, n° 01-21149, BC V n° 76 ; cass. civ., 2e ch., 10 mai 2005, n° 04-30046 D) ;
– a contacté puis entendu directement un sous-traitant, en dehors donc des locaux de l'entreprise contrôlée (cass. civ., 2e ch., 28 janvier 2021, n° 19-16263 D).

À l'inverse, une audition réalisée sur le lieu de travail est valable alors même que l'avis de contrôle évoquait un contrôle au siège de l'entreprise (cass. civ., 2e ch., 5 juin 2008, n° 06-21494, BC II n° 134).

• **Travail dissimulé.** Dans le cadre de la recherche du travail dissimulé, l'audition peut, en revanche, se dérouler en quelque lieu que ce soit *(voir § 1 141)*.

• **Présence de la personne contrôlée.** La jurisprudence considère que la présence de la personne contrôlée pendant les auditions n'est pas exigée (cass. soc. 7 novembre 1997, n° 95-15148 D).

▸ Sans gêner l'activité de l'entreprise

431 Le fait que l'audition doit avoir lieu dans les locaux de l'entreprise implique, à notre sens, qu'elle doit se faire sur le temps de travail des personnes auditionnées.

Toutefois, l'audition ne doit perturber ni l'activité des personnes interrogées ni celle de l'entreprise. Dans ce contexte, bien que les textes ne l'imposent pas, il paraît souhaitable que l'employeur soit au préalable informé. De la sorte, il pourra, si besoin, remplacer temporairement le salarié auditionné (ex. : recours à un autre salarié de l'entreprise, modification des horaires).

En outre, aucun texte n'interdit à l'employeur de demander que l'audition ait lieu sur le temps de pause des salariés.

▸ Rémunération du salarié

432 Il ressort d'une ancienne réponse ministérielle que le temps passé à répondre aux questions de l'inspecteur du recouvrement est rémunéré par l'employeur, qui ne peut en demander le remboursement à l'URSSAF (rép. min. Richards n° 13308, JO AN quest. 27 mars 1965, p. 550).

▸ Consignation de l'audition

433 Aucun texte ne prévoit expressément que l'audition des personnes rémunérées doit être consignée dans un procès-verbal (PV). Et dans le cas où un PV d'audition est dressé, rien n'oblige l'URSSAF à en communiquer un double aux personnes auditionnées, ni au cotisant contrôlé, ce qui peut sembler contestable au regard du principe du contradictoire. En pratique, le cotisant contrôlé ne pourra en obtenir communication au plus tard que devant les juridictions de la sécurité sociale *(voir §§ 848 à 858)*.

→ **À NOTER** *Lorsque le contrôle est engagé dans le cadre de la lutte contre le travail dissimulé, la réglementation prévoit en revanche que les auditions font l'objet d'un procès-verbal (voir § 1142).*

Conséquences du non-respect des règles d'audition

434 L'irrégularité de l'audition entraîne la nullité uniquement des chefs de redressement décidés à partir de l'audition non conforme aux principes la régissant.

La Cour de cassation estime en effet que la méconnaissance par l'URSSAF des garanties prévues par l'article R. 243-59 du code de la sécurité sociale au bénéfice du cotisant n'emporte la nullité de l'ensemble de la procédure de contrôle et de redressement que si l'irrégularité affecte chacun des chefs de redressement envisagés (cass. civ., 2e ch., 8 juillet 2021, n° 20-16846 FB) *(voir aussi § 627)*.

Accès aux documents

Principaux documents demandés

▸ Type de documents

435 Les agents de contrôle URSSAF peuvent demander la présentation de tout document nécessaire au contrôle (c. séc. soc. art. L. 243-12 et R. 243-59, II), même ceux déjà transmis à l'URSSAF (ex. : informations de la déclaration sociale nominative).

Ils doivent également avoir accès à tout support d'information (fichiers informatiques, logiciels, bases de données…) utile à leur contrôle *(voir aussi § 442)*.

Peuvent notamment être réclamés par l'inspecteur URSSAF (liste non exhaustive) :
– les doubles des bulletins de paye (c. séc. soc. art. L. 243-12) et les livres de paye ;
– les doubles des contrats de travail ;
– tout document ou support permettant de reconstituer les éléments de paye intégrés dans la déclaration sociale nominative (DSN) ;
– les déclarations préalables à l'embauche ;
– les documents justifiant l'application d'une exonération de cotisations ;
– les documents relatifs à la prévoyance (ex. : contrats de prévoyance ; demandes de dispense d'adhésion à la complémentaire santé) ;
– les documents relatifs à la retraite supplémentaire ;
– le registre unique du personnel ;
– la convention collective ou l'accord d'entreprise, les accords de salaires, de réduction du temps de travail, de participation, d'intéressement… ;
– les factures des sous-traitants et honoraires, ou les factures émises par un travailleur indépendant justifiant de son chiffre d'affaires ou de ses recettes ;
– les justificatifs de remboursement de frais (notes de restaurant, carte grise des véhicules…) ;
– les transactions, les jugements de conseils de prud'hommes… ;
– les bilans et comptes d'exploitation ;
– les livres comptables, les balances comptables, les fichiers des écritures comptables… ;
– les doubles des déclarations à l'administration fiscale et avis d'imposition ;
– les statuts de la société ;
– les notes de service, livrets d'accueil ou tout autre support d'information remis aux salariés ;
– l'extrait d'inscription au registre du commerce et/ou au répertoire national des entreprises.

Ces documents peuvent être mentionnés dans l'avis de contrôle préalable *(voir § 350)*, mais pas nécessairement. Dans tous les cas, la liste des documents qui figure dans l'avis de contrôle préalable n'est qu'indicative. L'agent chargé du contrôle adapte sa demande à l'organisation de l'entreprise et à son système d'information, et peut donc être amené, au cours du contrôle, à demander tout document et tout support d'informations supplémentaires (c. séc. soc. art. R. 243-59, II ; charte du cotisant contrôlé en vigueur au 1er janvier 2024, p. 10).

Contrôle sur pièces. Dans le cadre d'un contrôle sur pièces *(voir §§ 3 et 4)*, l'agent de contrôle URSSAF peut aussi demander à la personne contrôlée, par échanges écrits, téléphoniques ou électroniques, des documents et/ou informations complémentaires nécessaires à la réalisation du contrôle, notamment en ce qui concerne certaines factures et les justificatifs de frais (charte du cotisant contrôlé en vigueur au 1er janvier 2024, p. 13).

▸ Notion de documents utiles

436 Les documents doivent présenter un intérêt pour le contrôle.

Ainsi, l'agent de contrôle URSSAF ne peut pas demander à la personne contrôlée de lui remettre des documents qui portent sur des faits anciens sans rapport avec la période contrôlée. En revanche, le cotisant doit bien transmettre des documents anciens présentant un lien avec l'actuel contrôle (ex. : accord de réduction du temps de travail, accord d'intéressement ou de participation).

L'agent de contrôle ne peut pas non plus réclamer des documents personnels (un agenda personnel, par exemple) et/ou se rapportant à des questions complètement étrangères au contrôle.

▸ Présentation et forme des documents

437 L'agent chargé du contrôle peut demander que les documents qu'il souhaite consulter lui soient présentés selon un classement nécessaire au contrôle, dont il aura au préalable informé la personne contrôlée (c. séc. soc. art. R. 243-59, II). Cette demande est effectuée par tout moyen donnant date certaine à sa réception (c. séc. soc. art. R. 243-59-9).

Afin de limiter le nombre de documents et données collectées, l'agent URSSAF peut aussi choisir de ne demander que des données et documents partiels (sur une partie des salariés, des thèmes de contrôle ou de la période contrôlée, par exemple). Cela ne l'empêche pas, par la suite, de faire des demandes de documents complémentaires ni de recourir à la méthode d'évaluation du redressement par échantillonnage et extrapolation *(voir § 452)* (c. séc. soc. art. R. 243-59, II ; charte du cotisant contrôlé en vigueur au 1er janvier 2024, p. 11 et 11).

Modalités d'obtention des documents

▸ Transmission par le cotisant contrôlé

438 **Principe.** L'agent de contrôle doit forcément passer par le cotisant contrôlé pour obtenir les documents dont il a besoin (c. séc. soc. art. R. 243-59, II). Il ne peut donc pas rechercher lui-même les documents dans les locaux de l'entreprise et les saisir. Il doit les demander au cotisant contrôlé, qui doit les lui mettre à disposition (c. séc. soc. art. R. 243-59, II).

→ **À NOTER** *Depuis le 14 avril 2023, l'agent URSSAF peut toutefois utiliser les documents obtenus lors du contrôle d'une autre entreprise appartenant au même groupe que l'entreprise qu'il contrôle* (c. séc. soc. art. L. 243-7-4 et R. 243-59-10) *(pour plus de détails, voir § 440)*.

L'agent de contrôle n'est pas non plus autorisé à solliciter des documents d'un salarié de l'employeur qui n'a pas reçu délégation à cet effet (cass. civ., 2e ch., 28 septembre 2023, n° 21-21633 FB, 1er moyen).

De même, il ne peut pas demander à un tiers communication de documents sans les avoir réclamés au préalable au cotisant contrôlé (cass. civ., 2e ch., 20 mars 2008,

n° 07-12797, BC II n° 76). Il a ainsi été jugé que l'agent de contrôle URSSAF ne peut pas se procurer lui-même les documents directement auprès :
– de l'expert-comptable du cotisant contrôlé (cass. civ., 2e ch., 20 mars 2008, n° 07-12797, BC II n° 76 ; cass. civ., 2e ch., 9 mai 2018, n° 17-17352 D) ;
– d'un organisme chargé de la sécurité sociale des auteurs (en l'espèce, l'ex-AGESSA) (cass. civ., 2e ch., 31 mars 2016, n° 15-14683 D) ;
– de l'ancien Syndicat des transports d'Île-de-France (STIF) (cass. civ., 2e ch., 7 avril 2022, n° 20-17655 FD).

L'agent de contrôle URSSAF n'est pas autorisé à solliciter d'un tiers (en l'espèce, le comptable de la société) des documents qui n'avaient pas été demandés au cotisant contrôlé même si le contrôle, engagé sur le fondement de la procédure de droit commun prévue à l'article L. 243-7 du code de la sécurité sociale, a conduit à la constatation d'une infraction de travail dissimulé (cass. civ., 2e ch., 22 octobre 2020, n° 19-18335 FPBI).

439 **Moment de la transmission.** Le cotisant contrôlé n'est pas « enfermé » dans un délai pour présenter les documents demandés par l'agent URSSAF. Mais il lui est conseillé de les transmettre rapidement.

Si l'employeur ne produit pas les justificatifs nécessaires pour permettre le contrôle, l'inspecteur du recouvrement peut lui réclamer des documents supplémentaires tout au long du contrôle et jusqu'à l'envoi de la lettre d'observations (laquelle clôture les opérations de contrôle ; *voir § 571*). En l'espèce, l'agent URSSAF avait réclamé des documents supplémentaires après son dernier passage dans les locaux de l'entreprise (cass. civ., 2e ch., 13 février 2014, n° 13-14132, BC II n° 47).

→ **À NOTER** *La Cour de cassation a jugé que le cotisant contrôlé ne peut pas produire pour la première fois devant le juge un document qui lui a été expressément demandé par l'URSSAF lors des opérations de contrôle (pour plus de détails, voir § 853).*

▸ Obtention au cours du contrôle d'une autre entreprise du même groupe

440 Depuis le 14 avril 2023, les agents URSSAF sont autorisés à utiliser les documents et informations obtenus lors du contrôle de toute personne appartenant au même groupe que l'entreprise qu'ils contrôlent (c. séc. soc. art. L. 243-7-4 et R. 243-59-10).

L'agent de contrôle URSSAF est tenu d'informer la personne contrôlée de la teneur et de l'origine des documents ou informations ainsi obtenus et sur lesquels il se fonde (c. séc. soc. art. L. 243-7-4). Il doit pour cela en faire mention dans la lettre d'observations qui est adressée au cotisant au terme du contrôle *(voir § 580)* (c. séc. soc. art. R. 243-59-10).

Sur demande de la personne contrôlée, l'agent URSSAF doit lui communiquer une copie de ces documents (c. séc. soc. art. L. 243-7-4). Cette possibilité doit aussi être mentionnée dans la lettre d'observations (c. séc. soc. art. R. 243-59-10).

Notion de groupe. Le groupe est entendu comme l'ensemble des personnes entre lesquelles existe un lien de détention ou de contrôle au sens des articles L. 233-1 et L. 233-3 du code du commerce (c. séc. soc. art. L. 243-7-4). Ainsi, un tel lien existe lorsqu'une société possède plus de la moitié du capital d'une autre société, la seconde étant alors considérée comme filiale de la première (c. com. art. L. 233-1). En outre, toute personne, physique ou morale, est considérée comme en contrôlant une autre (c. com. art. L. 233-3) :
– lorsqu'elle détient directement ou indirectement une fraction du capital lui conférant la majorité des droits de vote dans les assemblées générales de cette société ;
– lorsqu'elle dispose seule de la majorité des droits de vote dans cette société en vertu d'un accord conclu avec d'autres associés ou actionnaires et qui n'est pas contraire à l'intérêt de la société ;

– lorsqu'elle détermine en fait, par les droits de vote dont elle dispose, les décisions dans les assemblées générales de cette société ;
– lorsqu'elle est associée ou actionnaire de cette société et dispose du pouvoir de nommer ou de révoquer la majorité des membres des organes d'administration, de direction ou de surveillance de cette société.

Elle est aussi présumée exercer ce contrôle lorsqu'elle dispose, directement ou indirectement, d'une fraction des droits de vote supérieure à 40 % et qu'aucun autre associé ou actionnaire ne détient directement ou indirectement une fraction supérieure à la sienne.

441 **RÈGLES DE CONSERVATION DES DOCUMENTS**

Durée de conservation

Les documents ou pièces justificatives nécessaires à l'établissement de l'assiette ou au contrôle des cotisations et contributions de sécurité sociale doivent être conservés pendant au moins 6 ans. Ce délai s'apprécie à compter de la date à laquelle les documents ou pièces ont été établis ou reçus (c. séc. soc. art. L. 243-16).

Certains autres documents, eux, doivent être conservés sans limitation de durée. C'est le cas, notamment, des contrats de travail, des statuts de l'entreprise ou encore des accords collectifs.

Numérisation

Lorsque les documents ou pièces justificatives nécessaires à l'établissement de l'assiette ou au contrôle des cotisations et contributions de sécurité sociale sont établis ou reçus sur support papier, ils peuvent être conservés sur support informatique (c. séc. soc. art. L. 243-16).

Le transfert des pièces justificatives et documents établis originairement sur support papier vers un support informatique, et leur archivage numérique, doivent être réalisés dans les conditions et garanties prévues pour la numérisation des documents en matière fiscale (arrêté du 23 mai 2019, JO du 29, texte 20 ; LPF art. A. 102 B-2).

Ainsi, la numérisation doit être réalisée dans des conditions garantissant leur reproduction à l'identique. Le résultat de cette numérisation doit donc être la copie conforme à l'original en image et en contenu, y compris, le cas échéant, s'agissant des couleurs. Et les dispositifs de traitements sur l'image sont interdits. En cas de recours à la compression de fichier, cette dernière doit s'opérer sans perte.

Quant à l'archivage numérique, il peut être effectué par l'assujetti ou par un tiers mandaté à cet effet. Les opérations d'archivage numérique des documents établis à l'origine sur support papier doivent être définies selon une organisation documentée, faisant l'objet de contrôles internes, permettant d'assurer la disponibilité, la lisibilité et l'intégrité des documents ainsi numérisés durant toute la durée de conservation. Afin de garantir l'intégrité des fichiers issus de la numérisation, chaque document numérisé doit être conservé sous format PDF ou sous format PDF A/3 (ISO 19005-3), dans le but de garantir l'interopérabilité des systèmes et la pérennisation des données. Il doit en outre être assorti :
- d'un cachet serveur fondé sur un certificat conforme, au moins, au référentiel général de sécurité (RGS) de niveau une étoile ;
- d'une empreinte numérique ;
- d'une signature électronique fondée sur un certificat conforme, au moins, au RGS de niveau une étoile ;
- ou de tout dispositif sécurisé équivalent fondé sur un certificat délivré par une autorité de certification figurant sur la liste de confiance française (Trust-service Status List-TSL).

Chaque fichier doit être horodaté, au moins au moyen d'une source d'horodatage interne, afin de dater les différentes opérations réalisées.

Si la pièce justificative ou le document n'est pas numérisé selon les modalités prévues, le cotisant devra présenter l'original sous format papier. À défaut, cette situation sera assimilée à une absence de documents ou de pièces justificatives nécessaires à l'établissement de l'assiette ou au contrôle des cotisations et contributions sociales, et pourra déboucher sur un redressement par taxation forfaitaire *(voir § 522)*.

Accès aux documents dématérialisés

▸ Utilisation du matériel informatique de l'agent URSSAF

442 Depuis le 14 avril 2023, lorsque les documents et données nécessaires au contrôle sont disponibles sous formes dématérialisées, l'agent URSSAF peut procéder aux opérations de contrôle en mettant en œuvre des traitements automatisés sur son propre matériel professionnel. S'il opte pour cette méthode, il doit simplement en informer le cotisant par tout moyen donnant date certaine à cette information (c. séc. soc. art. R. 243-59-1, I et R. 243-59-9).

→ **À NOTER** *Dans le cas où le contrôle est effectué pour rechercher des infractions de travail dissimulé, l'agent URSSAF n'a pas à informer le cotisant contrôlé (voir § 1146).*

Le cotisant contrôlé doit alors mettre à sa disposition les copies numériques des documents, des données et des traitements nécessaires à l'exercice du contrôle sous forme de fichiers, dans des formats informatiques indiqués par l'agent (c. séc. soc. art. R. 243-59-1, I).

→ **À NOTER** *Les copies des fichiers transmis devront être détruites au plus tard à la date soit de l'envoi de la mise en demeure (voir § 691), soit de la communication des observations pour l'avenir (voir § 710) ou de la notification d'un solde créditeur (voir § 695)* (c. séc. soc. art. R. 243-59-1, III).

▸ Opposition du cotisant contrôlé ou impossibilité technique

443 Le cotisant peut, dans les 15 jours qui suivent l'information par l'URSSAF, refuser par écrit, par tout moyen donnant date certaine à son opposition, que les opérations de contrôle soient réalisées sur le matériel de l'agent de contrôle (c. séc. soc. art. R. 243-59-1, I et R. 243-59-9) *(voir modèle de courrier, § 444)*.

Dans cette hypothèse, la personne contrôlée doit (c. séc. soc. art. R. 243-59-1, I) :
– soit réaliser elle-même les traitements sur le matériel de l'entreprise et produire les résultats au format et dans les délais indiqués par l'agent chargé du contrôle ;
– soit autoriser l'agent à procéder lui-même, ou par l'intermédiaire d'un utilisateur qu'elle aura habilité, aux opérations de contrôle sur le matériel de l'entreprise.

Le cotisant doit procéder de la même façon en cas d'impossibilité technique avérée d'utiliser le matériel de l'agent URSSAF.

→ **EN PRATIQUE** *Si la personne contrôlée entend s'opposer à l'utilisation du matériel de l'inspecteur URSSAF, elle ne doit pas sous-estimer la charge que constituent la confection des traitements automatisés et la production des résultats au format et dans les délais indiqués par celui-ci, même si, le cas échéant, cela peut être effectué par le prestataire de services gérant les payes de l'entreprise. Le plus simple semble être, dans ce cas-là, d'autoriser l'agent URSSAF à procéder lui-même, ou par l'intermédiaire d'un utilisateur que la personne contrôlée aura habilité, aux opérations de contrôle sur le matériel de l'entreprise.*

MODÈLE

444 *Opposition du cotisant contrôlé à l'utilisation du matériel informatique de l'agent URSSAF*

À … *(lieu)*, le … *(date)*

Lettre recommandée avec accusé de réception (1)

Objet : refus de l'utilisation du matériel informatique de l'agent de contrôle URSSAF à des fins de contrôle

Madame, Monsieur,

Les documents, données et informations qui doivent être mis à votre disposition durant le contrôle URSSAF effectué dans notre entreprise sont conservés sous forme dématérialisée, sur du matériel informatique appartenant à l'entreprise.

Comme le permet l'article R. 243-59-1 du code de la sécurité sociale, nous nous opposons à ce que les opérations de contrôle s'effectuent par la mise en œuvre de traitements automatisés sur votre matériel professionnel. Nous refusons donc de mettre à votre disposition, sous forme de fichiers informatiques, les copies numériques des documents, des données et des traitements nécessaires au contrôle.

Nous vous autorisons cependant à procéder, par l'intermédiaire de M. … (nom, qualité) habilité à cet effet, aux opérations de contrôle sur le matériel informatique de l'entreprise par la mise en place de traitements automatisés.

Veuillez agréer, Madame, Monsieur, l'expression de nos salutations distinguées.

(Signature et cachet de l'entreprise)

(1) La réglementation exige en effet d'adresser son opposition par tout moyen donnant date certaine à sa réception (c. séc. soc. art. R. 243-59-9).

Sanctions en cas de non remise des documents

445 Si le cotisant contrôlé refuse de transmettre à l'inspecteur du recouvrement les documents demandés, il a tout intérêt à motiver son refus afin d'éviter qu'il ne soit interprété comme constitutif d'un obstacle à contrôle *(voir encadré § 447)*.

L'URSSAF peut, dans ce cas, décider de recourir à la taxation forfaitaire *(voir § 522)*, qui est d'un maniement plus simple pour elle. En effet, cette taxation peut être utilisée lorsque la personne contrôlée ne met pas à disposition les documents ou justificatifs nécessaires à la réalisation du contrôle ou, mieux encore, lorsque leur présentation n'en permet pas l'exploitation *(voir § 523)*.

Par ailleurs, l'employeur qui a refusé de communiquer des documents pendant le contrôle ne peut ensuite se plaindre de la fixation d'un redressement sur la base des seuls documents exploités par l'URSSAF (cass. civ., 2e ch., 25 juin 2009, n° 08-17156, BC II n° 173).

Lieu d'exploitation des documents

446 Sauf autorisation de la personne contrôlée, seules des copies des documents remis à l'agent chargé du contrôle peuvent être exploitées hors de ses locaux (c. séc. soc. art. R. 243-59, II).

Autrement dit, l'inspecteur du recouvrement ne peut vérifier les documents que lui a remis le cotisant contrôlé que dans les locaux de ce dernier. S'il souhaite procéder à cette vérification ailleurs, par exemple dans les bureaux de l'URSSAF, il doit obligatoirement en faire des copies (y compris lorsqu'il s'agit de fichiers dématérialisés), sauf si le cotisant l'autorise à exploiter les originaux hors de ses locaux professionnels (c. séc. soc. art. R. 243-59, II ; charte du cotisant contrôlé en vigueur au 1er janvier 2024, p. 10).

447 **LES OBSTACLES À CONTRÔLE**

Situations concernées

L'obstacle à contrôle se caractérise par des actions ou omissions ayant pour objet de faire obstacle ou de se soustraire aux opérations de contrôle exercées par les agents URSSAF, quel que soit leur cadre d'action, et consistant notamment (c. séc. soc. art. L. 243-12-1) :

- à refuser l'accès à des lieux professionnels ;
- à refuser de communiquer une information formellement sollicitée, quel qu'en soit le support, y compris dématérialisé ;
- à ne pas répondre ou à apporter une réponse fausse, incomplète ou abusivement tardive à toute demande de pièce justificative, d'information, d'accès à une information ;
- à ne pas répondre à une convocation.

La sollicitation, demande ou convocation doit être nécessaire à l'exercice du contrôle.

Procédure

L'agent qui constate un obstacle à contrôle en informe par écrit la personne contrôlée, lui notifie le délai dans lequel elle peut satisfaire à la demande et l'informe que, à défaut, le directeur de l'URSSAF peut engager une procédure de sanction. Si la personne contrôlée ne satisfait pas à la demande dans le délai imparti, l'agent dresse un procès-verbal motivé de constat d'obstacle à contrôle qu'il transmet au directeur de l'URSSAF (c. séc. soc. art. R. 243-59-4-1, I et II).

Sanctions

Les sanctions sont administratives : le fait de faire obstacle à l'accomplissement des fonctions des agents chargés du contrôle peut entraîner l'application par le directeur de l'URSSAF d'une pénalité financière. Le montant maximum de la pénalité varie en fonction notamment de la catégorie de cotisant (c. séc. soc. art. L. 243-12-1) :

- 7 500 € par salarié, dans la limite de 750 000 € pour un employeur ;
- 7 500 € pour un travailleur indépendant.

Ce plafond est doublé en cas de nouveau manquement constaté dans un délai de 5 ans à compter du jour où la pénalité concernant un précédent manquement est devenue définitive.

Pour fixer le montant de la pénalité, le directeur de l'URSSAF prend en compte les circonstances, parmi lesquelles le respect des obligations déclaratives et des versements des cotisations et contributions de sécurité sociale sur la période contrôlée, ainsi que la gravité du manquement (c. séc. soc. art. R. 243-59-4-1, II).

Il notifie le montant envisagé de la pénalité et les faits reprochés à la personne contrôlée, qui dispose d'un délai de 30 jours pour présenter ses observations écrites. À l'issue de ce délai et après avoir répondu auxdites observations, le directeur de l'URSSAF prononce, le cas échéant, la pénalité et la notifie à l'intéressé via une mise en demeure *(voir § 691)* adressée par lettre recommandée, en lui indiquant les voies et délais de recours applicables. L'action en recouvrement de la pénalité se prescrit par 3 ans à compter de l'expiration d'un délai d'un mois suivant la notification de la mise en demeure (c. séc. soc. art. L. 243-12-1 et R 243-59-4-1, II).

Droit de communication de l'URSSAF

Recueil d'informations auprès de personnes tierces

448 Dans le cadre de la lutte contre la fraude, les agents de contrôle URSSAF disposent d'un droit de communication leur permettant d'obtenir des informations et des documents auprès d'un certain nombre de personnes, d'organismes, d'administra-

tions ou d'entreprises, sans que puisse leur être opposé le secret professionnel y compris bancaire (c. séc. soc. art. L. 114-19, 2°, L. 114-20 et L. 114-21).

Dans une circulaire un peu ancienne, la direction de la sécurité sociale a précisé la mise en œuvre du droit de communication des URSSAF (circ. DSS 2011-323 du 21 juillet 2011, BO Santé n° 8 du 15 septembre 2011).

Concrètement, le droit de communication offre aux agents de l'URSSAF la possibilité d'obtenir des informations directement auprès de personnes physiques (à l'exception des particuliers) ou morales qui entretiennent ou ont entretenu des relations professionnelles avec la personne contrôlée (ex : fournisseurs de biens ou de services, clients, établissements bancaires, administration fiscale, direction régionale de l'économie, de l'emploi, du travail et des solidarités, etc.) (circ. DSS 2011-323 du 21 juillet 2011 précitée, § 2).

Ainsi, les agents de contrôle peuvent rechercher des informations complémentaires auprès de tiers si les éléments relevés en comptabilité sont insuffisants et si les informations recueillies auprès d'autres organismes ou administrations ne permettent pas de lever cette incertitude (par exemple, demande d'informations auprès d'un organisme bancaire après consultation du fichier national des comptes bancaires) (circ. DSS 2011-323 du 21 juillet 2011 précitée, § 4.2).

Le droit de communication s'exerce quel que soit le support utilisé pour la conservation des documents et peut s'accompagner de la prise immédiate d'extraits et de copies (c. séc. soc. art. L. 114-19).

Personnes non identifiées. Le droit de communication des agents de contrôle URSSAF peut porter sur des informations relatives à des personnes non identifiées (c. séc. soc. art. L. 114-19 et R. 114-35). Concrètement, il s'agit de permettre aux agents de contrôle de vérifier, auprès des opérateurs de plateformes en ligne, la régularité des formalités sociales des personnes qui ont recours à de telles plateformes pour réaliser la vente d'un bien, la fourniture d'un service, l'échange ou le partage d'un bien ou d'un service.

Les documents et informations doivent, sous peine de pénalité, être communiqués à titre gratuit à l'agent URSSAF dans les 30 jours qui suivent la réception de la demande. Cette communication doit être faite par voie dématérialisée si l'agent de contrôle en fait la demande (c. séc. soc. art. L. 114-19).

En principe, les agents URSSAF ne peuvent exercer leur droit de communication qu'après avoir sollicité préalablement le cotisant contrôlé. Par conséquent, ils ne peuvent le faire jouer que dans les cas suivants (circ. DSS 2011-323 du 21 juillet 2011 précitée, § 4.1) :
– refus exprès du cotisant contrôlé de répondre à une demande d'informations complémentaires ;
– non-présentation des pièces justificatives demandées ;
– doute sur la validité ou l'authenticité des justificatifs présentés ;
– caractère contradictoire des pièces présentées avec les pièces ou les éléments du dossier.

Par exception, l'agent de contrôle URSSAF peut se dispenser de solliciter l'intéressé si l'exigence d'une demande préalable est de nature à compromettre les investigations engagées en vue de détecter une fraude (circ. DSS 2011-323 du 21 juillet 2011 précitée, § 4.1).

→ **À NOTER** *Les URSSAF peuvent aussi utiliser leur droit de communication en matière de lutte contre le travail dissimulé (voir § 1147).*

Information du cotisant contrôlé

449 Lorsque l'agent de contrôle URSSAF a usé de son droit de communication et décide d'un redressement, il est tenu d'informer le cotisant contrôlé de la teneur et de l'origine des informations et documents obtenus auprès de tiers sur lesquels il s'est fondé pour prendre sa décision (c. séc. soc. art. L. 114-21).

Cette obligation d'information constitue une formalité substantielle dont le non-respect entraîne la nullité de la procédure de contrôle. Il doit y être satisfait avec une précision suffisante pour mettre la personne contrôlée en mesure de disposer d'un accès effectif aux informations et documents obtenus auprès des tiers (cass. civ., 2e ch., 7 juillet 2022, n° 22-11484 FB).

L'obligation d'information du cotisant contrôlé doit être satisfaite avant la mise en recouvrement des cotisations en litige, sous peine d'entraîner la nullité de la procédure de contrôle (cass. civ., 2e ch., 21 juin 2018, n° 17-20227 FPB). Cette condition est remplie si l'information apparaît dans la lettre d'observations envoyée par l'URSSAF à la fin du contrôle *(voir § 571)* (circ. DSS 2011-323 du 21 juillet 2011 précitée, § 5.2 ; cass. civ. 2e ch., 12 mars 2020, n° 19-11399 FPBI).

L'agent de contrôle URSSAF doit en outre communiquer, avant la mise en recouvrement, une copie de ces documents au cotisant contrôlé si ce dernier en fait la demande (c. séc. soc. art. L. 114-21).

Requalification des faits soumis par le cotisant

450 Depuis le 1er janvier 2024, le code de la sécurité sociale prévoit expressément que, dans le cadre de leurs missions, les agents de contrôle URSSAF ne sont pas tenus par la qualification donnée par la personne contrôlée aux faits qui leur sont soumis (c. séc. soc. art. L. 243-7).

Ils peuvent donc requalifier des faits en cas de divergence d'interprétation avec le cotisant contrôlé sans pour autant se placer sur le terrain de l'abus de droit. Pour rappel, la procédure de l'abus de droit leur permet d'écarter certains actes comme ne leur étant pas opposables (ex. : actes fictifs) afin de procéder au redressement des sommes normalement dues si celui-ci n'avait pas été accompli *(voir § 540)*.

Contrecarrer la jurisprudence de la Cour de cassation. La possibilité pour les agents de contrôle URSSAF de requalifier les faits qui leur sont soumis par les cotisants a été intégrée dans le code de la sécurité sociale par la loi de financement de la sécurité sociale pour 2024 afin de contrecarrer une jurisprudence de la Cour de cassation (loi 2023-1250 du 26 décembre 2023, art. 5, I, 10°, JO du 27). La complexité de la procédure d'abus de droit avait en effet parfois conduit les URSSAF à s'attaquer aux actes présentant les caractéristiques d'un abus de droit en se fondant toutefois sur d'autres dispositions du code de la sécurité sociale que celles qui y sont consacrées. Une pratique condamnée par la Cour de cassation qui, dans plusieurs arrêts, a jugé que lorsqu'une URSSAF écarte un acte juridique répondant à la définition de l'abus de droit, elle se place nécessairement sur ce terrain, même si cela ne ressort pas explicitement de la lettre d'observations adressée au cotisant contrôlé *(voir § 571)* et même si elle n'a pas appliqué la pénalité de 20 % attachée à l'abus de droit *(voir § 542)* (cass. civ., 2e ch., 16 février 2023, n° 21-17207 FSB, n° 21-18322 FSB et n° 21-11600 FSB). En considérant que, même en l'absence de qualification d'abus de droit, l'URSSAF qui démontre le caractère fictif de certains actes se place nécessairement dans le champ de l'abus de droit, la Cour de cassation imposait en pratique aux agents de contrôle de qualifier d'abus de droit toute situation dans laquelle ils remettent en cause la réalité d'une décision prise par un cotisant, requalifient un avantage ou ont une interprétation divergente de celle du cotisant sur la nature de la somme versée. C'est pourquoi le législateur a souhaité lever tout doute sur les prérogatives des agents de contrôle URSSAF en affirmant leur droit de requalifier les faits qui leur sont soumis par le cotisant contrôlé.

Méthodes de vérification

Principe : contrôle sur la base réelle

451 Le contrôle URSSAF s'effectue, en principe, sur la base réelle, c'est-à-dire qu'il doit concerner tous les salariés et être réalisé à partir d'une analyse approfondie de l'ensemble des documents jugés nécessaires aux vérifications *(voir § 520)*.

Mais l'inspecteur du recouvrement peut aussi proposer au cotisant contrôlé de recourir à une méthode plus « légère » : la méthode de vérification par échantillonnage et extrapolation *(voir § 452)*.

Pour la Cour de cassation, en dehors des procédures dérogatoires de l'échantillonnage/extrapolation *(voir § 452)* et de la taxation forfaitaire *(voir § 522)*, prévues respectivement par les articles R. 243-59-2 et R 243-59-4 du code de la sécurité sociale, un redressement doit obligatoirement être établi sur des bases réelles lorsque la comptabilité de l'employeur permet à l'agent de recouvrement de calculer le chiffre exact des rémunérations à réintégrer dans l'assiette des cotisations, et cela même avec l'accord contraire du cotisant. Il s'agit pour elle d'une règle d'ordre public (cass. civ. 2e ch., 9 janvier 2025, n° 22-13480 FB) *(voir aussi § 520)*.

Méthode par échantillonnage et extrapolation

▸ Les grands principes de la méthode

452 Afin de réduire la durée du contrôle et d'alléger les contraintes liées à la fourniture de très nombreuses pièces justificatives, l'agent chargé du contrôle URSSAF peut proposer au cotisant contrôlé d'utiliser la méthode de vérification par échantillonnage et extrapolation (c. séc. soc. art. R. 243-59-2, al. 1 ; charte du cotisant contrôlé en vigueur au 1er janvier 2024, p. 12), quelle que soit la taille de l'entreprise (cass. civ., 2e ch., 9 février 2017, n° 16-10971 D).

→ **ATTENTION** *Dans la mesure où l'utilisation de cette méthode est dérogatoire au droit commun, en application duquel un redressement doit être établi sur des bases réelles (voir § 451), la procédure d'échantillonnage et d'extrapolation doit être scrupuleusement respectée par l'URSSAF. À défaut, les redressements opérés suite à une irrégularité encourent l'annulation* (cass. civ., 2e ch., 5 janvier 2023, n° 21-14706 FB).

La méthode par échantillonnage et extrapolation est une méthode statistique qui peut être utilisée pour procéder au contrôle d'un point de législation et permet de déterminer le montant des redressements à partir de l'examen d'une partie seulement de la population contrôlée.

L'échantillonnage consiste en effet à extraire une population supposée représentative de la population totale et, sur cette base réduite, à tirer des conclusions qui seront extrapolées à l'ensemble de la population source.

La population sélectionnée peut servir d'échantillon pour tout le contrôle ou n'être supposée représentative que pour une ou plusieurs problématiques particulières (ex : avantages en nature).

La définition de l'échantillon est de la responsabilité de l'agent de contrôle URSSAF. Il agit de concert avec le représentant de l'entreprise dans cette définition.

La personne contrôlée peut refuser la méthode par échantillonnage et extrapolation *(voir § 454)*, auquel cas le contrôle mis en œuvre est un contrôle exhaustif qui porte sur toute la population de l'entreprise, toutes les pièces, etc. *(voir § 451)*.

→ **À NOTER** *Toutes les formalités liées à la mise en œuvre de la méthode de vérification par échantillonnage et extrapolation peuvent être effectuées, par la personne contrôlée comme par l'URSSAF, par tout moyen donnant date certaine à leur réception (ex : LRAR ; mail)* (c. séc. soc. art. R. 243-59-9).

▸ Information préalable de la personne contrôlée

453 L'agent URSSAF qui souhaite mettre en œuvre la méthode par échantillonnage et extrapolation doit en informer le cotisant contrôlé au moins 15 jours avant le début de la vérification, en lui indiquant l'adresse électronique à laquelle sont consultables (c. séc. soc. art. R. 243-59-2, al. 1) :

– le document lui indiquant les différentes phases de cette méthode de vérification ;
– les formules statistiques utilisées pour son application ;
– le texte officiel (arrêté) qui définit la méthode de vérification par échantillonnage et extrapolation *(voir § 456)*.

▸ Droit d'opposition de la personne contrôlée

454 Le cotisant contrôlé peut s'opposer par écrit à l'utilisation de la méthode proposée dans un délai de 15 jours suivant la notification des documents expliquant la méthode envisagée *(voir § 453)* (c. séc. soc. art. R. 243-59-2, al. 2).

Respect du délai de 15 jours. La vérification par échantillonnage et extrapolation est engagée dès que l'URSSAF sollicite des documents nécessaires à la constitution d'une base de sondage, quelle que soit l'utilisation qui est faite ensuite de cet échantillon par l'agent de contrôle. Si cette demande intervient avant la fin du délai de 15 jours laissé à la personne contrôlée pour s'opposer à cette méthode, la procédure n'est pas respectée. L'URSSAF ne peut pas prétendre qu'il s'agissait juste d'une étape « préliminaire » devant lui permettre ensuite de décider ou non de recourir à cette méthode (cass. civ., 2e ch., 14 mars 2019, n° 18-10409 FPBI).

Si le cotisant contrôlé s'oppose à la méthode par échantillonnage et extrapolation, l'agent chargé du contrôle lui fait alors connaître (c. séc. soc. art. R. 243-59-2, al. 2) :

– le lieu dans lequel les éléments nécessaires au contrôle doivent être réunis. Ce lieu ne peut être extérieur aux locaux de la personne contrôlée, sauf si cette dernière donne son autorisation ;
– les critères, conformes aux nécessités du contrôle, selon lesquels les éléments nécessaires au contrôle doivent être présentés et classés.

La personne contrôlée dispose de 15 jours après notification de cette information pour faire valoir, le cas échéant, ses observations en réponse. À l'issue de ce délai, l'agent chargé du contrôle lui notifie le lieu et les critères qu'il a définitivement retenus. La mise à disposition des éléments ainsi définis doit se faire dans un délai déterminé d'un commun accord entre l'agent chargé du contrôle et le cotisant contrôlé, et qui ne peut dépasser 60 jours. Lorsque ces conditions ne sont pas remplies, l'opposition du cotisant à l'utilisation des méthodes de vérification par échantillonnage et extrapolation ne peut être prise en compte (c. séc. soc. art. R. 243-59-2, al. 3).

MODÈLE

455 *Opposition à la méthode de l'échantillonnage-extrapolation*

Lettre LRAR (1)

Objet : opposition à la méthode de l'échantillonnage-extrapolation

M... (civilité, éventuellement le prénom, nom),

En date du... vous nous avez informés que vous souhaitiez recourir à la méthode de l'échantillonnage-extrapolation dans le cadre de votre contrôle.

Comme le permet l'article R. 243-59-2 du code de la sécurité sociale, nous nous opposons au recours à cette méthode (2).

Veuillez agréer, M...., l'expression de nos salutations distinguées.

Signature et cachet de l'entreprise

(1) La réglementation exige que l'opposition à la méthode de vérification par échantillonnage et extrapolation soit effectuée par tout moyen donnant date certaine à sa réception (c. séc. soc. art. R. 243-59-2 et R. 243-59-9). L'idéal est donc que le courrier soit envoyé par lettre recommandée avec accusé de réception ou par mail avec accusé de réception.
(2) L'employeur dispose d'un délai de 15 jours pour s'opposer à la méthode de l'échantillonnage-extrapolation à partir du moment où l'agent chargé du contrôle lui a indiqué les différents documents expliquant la méthode (c. séc. soc. art. R. 243-59-2) *(voir § 454)*.

▸ Protocole de mise en œuvre

456 **Quatre phases.** La méthode de vérification par échantillonnage et extrapolation suit un protocole composé de quatre phases, fixées par arrêté (arrêté du 11 avril 2007, JO du 13, texte 52) :
- la constitution d'une base de sondage *(voir § 457)* ;
- le tirage d'un échantillon *(voir § 458)* ;
- la vérification exhaustive de l'échantillon *(voir § 459)* ;
- l'extrapolation à la population ayant servi de base à l'échantillon *(voir § 460)*.

457 **Phase 1 : constitution d'une base de sondage.** À partir des informations détenues par l'entreprise et des déclarations produites, l'inspecteur du recouvrement définit la population soumise à investigation et détermine un ensemble d'individus statistiques (arrêté du 11 avril 2007, JO du 13, texte 52).

Il exclut de cet ensemble les cas atypiques au regard du point de législation examiné. Le cotisant contrôlé est invité à lui signaler les cas atypiques.

La population ainsi déterminée constitue la base de sondage, c'est-à-dire une liste exhaustive et sans répétition des unités susceptibles d'être tirées.

→ **À NOTER** *Le cotisant contrôlé doit, sur ce point, se montrer vigilant, car la constitution de la base de sondage est, en pratique, ce qui détermine la pertinence du redressement à venir (voir encadré § 466).*

La base de sondage peut faire l'objet d'une stratification plus fine permettant la formation de sous-populations plus homogènes que la population initiale (arrêté du 11 avril 2007, JO du 13, texte 52). Le cotisant contrôlé doit donc fournir tous les éléments d'information sur l'entreprise permettant de déterminer des sous-populations homogènes si la population de base est caractérisée par une dispersion importante au regard du point de législation examiné.

458 **Phase 2 : tirage aléatoire d'un échantillon.** Un échantillon est défini et mis en œuvre par l'inspecteur du recouvrement, en présence du cotisant contrôlé ou de son représentant, et son tirage est opéré aléatoirement par informatique. La per-

sonne contrôlée est invitée à commenter l'échantillon obtenu (arrêté du 11 avril 2007, JO du 13, texte 52).

Le nombre d'individus statistiques constituant l'échantillon ne peut être inférieur à 50.

Seuil de 50. Il vise à garantir la qualité de l'échantillon retenu, qui doit être représentatif. Il ne signifie pas que la méthode par échantillonnage et extrapolation est réservée aux entreprises d'au moins 50 salariés. En effet, la notion « d'individus statistiques » ne doit pas être confondue avec celle « d'individus personnes physiques ». En statistique, l'« individu » se définit comme un élément de l'ensemble, généralement appelé « population », que l'on est amené à étudier. Ainsi, schématiquement, dans une entreprise de moins de 50 salariés comptant des commerciaux bénéficiant d'un remboursement des frais professionnels au réel, un agent chargé du contrôle peut estimer pertinent, compte tenu du volume des pièces justificatives, de proposer à l'employeur d'examiner les frais professionnels des commerciaux par la méthode de l'échantillonnage (selon l'approche jugée la plus appropriée : examen exhaustif d'un échantillon de 50 pièces justificatives, examen des frais remboursés sur un échantillon de 50 journées…).

En cas de tirage opéré sur une base de sondage stratifiée, la représentation de chacune des strates dans l'échantillon constitué ne peut être inférieure à 15 individus statistiques.

La liste des individus constituant l'échantillon retenu est communiquée à la personne contrôlée afin que celle-ci puisse produire l'ensemble des pièces justificatives nécessaires à l'examen du point de législation vérifié.

Dans le cas où l'entreprise contrôlée utilise plusieurs logiciels de paye, un échantillon doit être déterminé pour chacune des populations gérées par un logiciel différent.

459 **Phase 3 : examen de l'échantillon au regard du point de législation vérifié.** À l'issue de l'examen exhaustif des pièces justificatives, l'inspecteur du recouvrement informe la personne contrôlée des résultats des vérifications effectuées sur chaque individu composant l'échantillon et des régularisations envisagées.

Il l'invite à faire part de ses remarques et rectifie, le cas échéant, les régularisations envisagées (arrêté du 11 avril 2007, JO du 13, texte 52).

460 **Phase 4 : extrapolation à la population ayant servi de base à l'échantillon.** Les résultats obtenus sur l'échantillon sont extrapolés à l'ensemble des individus constituant la base de sondage à l'origine de l'échantillon (arrêté du 11 avril 2007, JO du 13, texte 52).

▸ Information et association du cotisant contrôlé

461 Lorsque la personne contrôlée ne s'oppose pas à la mise en œuvre des méthodes de l'échantillonnage et de l'extrapolation, l'agent chargé du contrôle doit l'informer des critères utilisés pour définir les populations examinées, le mode de tirage des échantillons, leur contenu et la méthode d'extrapolation envisagée pour chacun d'eux (c. séc. soc. art. R. 243-59-2, al. 4).

Au-delà d'être informé, le cotisant contrôlé doit aussi être associé à chacune des 4 phases du protocole pour que le caractère contradictoire de la procédure soit respecté. À défaut, le contrôle est nul (arrêté du 11 avril 2007, JO du 13, texte 52 ; cass. civ., 2e ch., 19 juin 2014, n° 13-19150, BC II n° 149).

Ainsi, la personne contrôlée peut présenter à l'agent URSSAF ses observations tout au long de la mise en œuvre des méthodes de vérification par échantillonnage. Elle est invitée à faire part, le cas échéant, de ses observations sur la constitution de la base de sondage, sur l'échantillon obtenu et sur les résultats des vérifications effectuées sur chaque individu composant cet échantillon (c. séc. soc. art. R. 243-59-2, al. 5).

Les échanges entre l'agent de contrôle et le cotisant peuvent être oraux. Lorsque la personne contrôlée décide d'exprimer un désaccord par écrit, l'agent URSSAF doit répondre de manière motivée par écrit aux observations de l'intéressée (c. séc. soc. art. R. 243-59-2, al. 5).

• **Pas de délai pour formuler des observations.** La procédure de vérification par échantillonnage et extrapolation n'est régulière que si la personne contrôlée a pu faire valoir utilement ses observations à chaque phase du contrôle. Pour autant, aucun délai d'analyse ou de réflexion spécifique n'est prévu. L'agent de contrôle peut donc tout à fait, à l'issue de la deuxième phase (tirage de l'échantillon, *voir § 458*), demander au cotisant d'indiquer immédiatement si, selon lui, il y a des individus atypiques dès l'instant où, en l'espèce, l'échantillon a été tiré au sort en présence de deux directeurs et qu'il a été demandé au cotisant si les individus statistiques résultant du tirage aléatoire appelaient des observations, lequel n'a émis aucun commentaire. Cela ne remet pas en cause le caractère contradictoire de la procédure (cass. civ., 2e ch., 7 juillet 2016, n° 15-21497 D).

• **Procédure irrégulière.** Lorsque l'URSSAF n'a pas respecté la procédure d'échantillonnage et d'extrapolation, elle ne peut pas la régulariser a posteriori en communiquant au cotisant contrôlé, après l'envoi de la lettre d'observations (*voir § 571*), les résultats de l'analyse des pièces justificatives de chacun des échantillons effectuée pendant la troisième phase du protocole (*voir § 458*) (cass. civ., 2e ch., 5 janvier 2023, n° 21-14706 FB). Par ailleurs, il a été jugé qu'en cas de procédure irrégulière, les éléments recueillis par l'agent de contrôle ne peuvent fonder, même dans la limite des bases effectivement vérifiées, un redressement (cass. civ., 2e ch., 15 mars 2018, n° 17-11891, BC II n° 58). Autrement dit, le redressement doit être annulé dans sa totalité, y compris la partie qui a, le cas échéant, été établie sur des bases réelles.

▸ Issue de la procédure de contrôle

462 **Lettre d'observations.** Comme dans toute procédure de contrôle, à l'issue des opérations de vérification par échantillonnage et extrapolation, l'agent de contrôle URSSAF envoie au cotisant contrôlé une lettre d'observations (*voir § 571*) lui indiquant, le cas échéant, les anomalies constatées sur l'échantillon retenu (c. séc. soc. art. R. 243-59-2, al. 6). Cette lettre d'observations comporte des mentions spécifiques (*voir § 587*).

463 **Faculté pour le cotisant de calculer lui-même les régularisations.** Dans les 30 jours suivant la réception de la lettre d'observations, le cotisant contrôlé peut indiquer à l'URSSAF son souhait de procéder lui-même, à partir de son système de paye, aux régularisations des anomalies constatées. Ces régularisations se substitueront aux propositions d'extrapolation, après vérification de leur exactitude par l'agent chargé du contrôle (c. séc. soc. art. R. 243-59-2, al. 7).

Pour ce faire, le cotisant informe l'URSSAF de sa décision de procéder au calcul des sommes dont il est redevable ou qu'il a indûment versées pour la totalité des salariés concernés par chacune des anomalies constatées sur chacun des échantillons utilisés (c. séc. soc. art. R. 243-59-2, al. 7).

Dans le délai de 30 jours courant à compter de la réception par l'URSSAF de la décision de régularisation du cotisant contrôlé, ce dernier doit adresser à l'inspecteur du recouvrement les résultats de ses calculs accompagnés des éléments permettant de s'assurer de leur réalité et de leur exactitude. L'agent URSSAF peut s'assurer de l'exactitude de ces calculs, notamment en procédant à l'examen d'un nouvel échantillon. La mise en recouvrement des cotisations, des majorations et pénalités faisant l'objet du redressement ne peut intervenir avant l'expiration de ce délai de 30 jours et avant la réponse motivée de l'agent chargé du contrôle aux éventuelles observations de la personne contrôlée. La motivation de cette réponse est appréciée par observation (c. séc. soc. art. R. 243-59-2, al. 9).

464 **Absence de calcul spontané des régularisations par le cotisant.** Lorsque le cotisant contrôlé n'a pas fait connaître son intention de procéder lui-même au calcul des sommes dont il est redevable dans les 30 jours suivant la réception de la lettre d'observations *(voir § 463)*, la proposition d'extrapolation est mise en œuvre par l'agent chargé du contrôle lui-même. La mise en recouvrement des cotisations, des majorations et pénalités faisant l'objet du redressement ne peut intervenir ni avant l'expiration du délai de 30 jours suivant la lettre d'observations, ni avant la réponse de l'agent chargé du contrôle aux éventuelles observations de la personne contrôlée (c. séc. soc. art. R. 243-59-2, al. 8).

465 **Procès-verbal de contrôle.** L'agent chargé du contrôle transmet à l'URSSAF le procès-verbal (PV) de contrôle faisant état de ses observations, accompagné, s'il y a lieu, de l'ensemble des courriers et documents transmis par le cotisant et de sa propre réponse (c. séc. soc. art. R. 243-59-2, al. 10).

466 ÉCHANTILLONNAGE-EXTRAPOLATION : AVANTAGES, INCONVÉNIENTS ET DANGERS

Méthode utile, voire indispensable, à l'URSSAF car beaucoup moins chronophage (notamment dans le cas de contrôles lourds), la vérification par échantillonnage et extrapolation est régulièrement mise en avant et pratiquée par les agents chargés du contrôle. L'avantage du temps réduit invoqué, aussi bien au niveau de la durée du contrôle que de l'allégement des contraintes liées à la fourniture des pièces justificatives, est réel, mais il ne doit pas cacher les dangers que cette méthode peut présenter.

Fausse impression

Les méthodes d'échantillonnage sont des méthodes théoriquement éprouvées statistiquement ; la constitution et le traitement des échantillons font l'objet d'écrits nombreux en mathématiques.

Si le caractère technique et scientifique peut sembler rassurant, il ne faut toutefois pas le surestimer, ni qu'il impressionne plus que de raison.

Les méthodes d'échantillonnage ont été instituées en supposant des séries longues en termes de durée et de nombre de données à traiter. Les conditions nécessaires pour mener ces études, pour en tirer des enseignements dont la pertinence et la validité sont traditionnellement représentées au travers de courbes de Gauss, ne sont en effet pas toujours vérifiées dans le cadre d'une entreprise.

Attention : le cotisant contrôlé ne doit pas se laisser impressionner, ni se faire imposer l'échantillonnage s'il pense mal le maîtriser lui-même. Néanmoins, le refuser entraînera un contrôle exhaustif, sur une base réelle *(voir § 451)* ; aussi doit-il bien connaître sa population, les enjeux et les risques pour estimer si le contrôle exhaustif peut lui être plus favorable que l'échantillonnage.

Mauvaise définition de l'échantillon : un risque majeur

La méthode de l'échantillon suppose que celui-ci représente exactement et de manière réduite la population totale. L'extrapolation d'un échantillon peu ou pas représentatif pourra se traduire par un redressement plus important que ce qu'il devrait être en réalité. La personne contrôlée doit donc veiller à ce que la constitution soit la plus représentative possible.

L'employeur est celui qui connaît le plus finement les populations qu'il emploie, l'importance numérique de chacune, les rémunérations qui leur sont appliquées et leurs particularités. Il ne peut donc se dispenser de travailler avec l'agent de contrôle URSSAF dans la définition des divers échantillons, en faisant en sorte de présenter ses arguments pour que, notamment :
- des éléments spécifiques ou accidentels ne soient pas surreprésentés ;
- les sous-populations soient présentes à la juste proportion de leur importance.

Cette discussion est également souhaitée par l'agent URSSAF, car elle contribue à rendre son contrôle plus pertinent et évite que ses conclusions ne soient par la suite contestées. En pratique, cette discussion doit être menée dès le début du contrôle. Elle permet, en outre, d'établir une relation de confiance entre les deux parties et au contrôle de se dérouler le plus harmonieusement et sereinement possible.

Le cotisant peut ne pas se sentir à l'aise dans l'analyse préalable à mener pour définir ses propres critères constitutifs des échantillons et pour défendre la pertinence de ces critères. S'il a le moindre doute, et l'enjeu étant majeur pour la suite du contrôle, il ne doit pas hésiter à se faire assister dans cette phase.

Tout comme le cotisant contrôlé doit participer à la définition de l'échantillon, il doit aussi suivre régulièrement les conclusions qui résultent des traitements opérés. Il ne s'agit pas ici de remettre en cause la méthode, pas plus que le fond des conclusions, puisque ces dernières résultent d'un échantillon validé par l'entreprise et donc supposé représentatif. Mais les échanges doivent permettre d'apporter des éléments d'information, de réflexion, qui pourront amener l'agent de contrôle URSSAF à revoir ses conclusions et à les amender. Le cotisant contrôlé peut notamment indiquer pourquoi tel élément peut revêtir, dans le cas spécifique du point étudié, un caractère exceptionnel, ou pourquoi telle situation peut s'expliquer par telle raison. Encore une fois, les informations et remarques doivent porter exclusivement sur le point contrôlé, sur ce qui fait que telle conclusion particulière peut surestimer une problématique. Il n'est pas question de remettre en cause la définition même de l'échantillon.

L'extrapolation, une phase à ne pas négliger

La dernière phase est souvent théorique ; l'extrapolation, par l'agent de contrôle URSSAF, à l'ensemble de la population des conclusions partielles issues de l'échantillon s'avère souvent exacte. Néanmoins, le cotisant contrôlé doit s'en assurer en reprenant bien les critères définis préalablement à la constitution de l'échantillon pour vérifier si une erreur ne s'est pas glissée dans les calculs finaux.

Comment l'URSSAF calcule le redressement ?

PRINCIPE

REDRESSEMENT CALCULÉ SUR LES BASES RÉELLES,
À PARTIR DE TOUTES LES INFORMATIONS OBTENUES LORS DES OPÉRATIONS DE CONTRÔLE (DOCUMENTS, AUDITIONS, ETC.)

> SI LE REDRESSEMENT PEUT ÊTRE ÉTABLI SUR DES BASES RÉELLES, L'URSSAF NE PEUT PAS RECOURIR À UNE AUTRE MÉTHODE D'ÉVALUATION, MÊME D'UN COMMUN ACCORD AVEC LE COTISANT
> —
> LA PRATIQUE DES « CONVENTIONS DE CHIFFRAGE » EST DONC INTERDITE !

DEUX EXCEPTIONS

MÉTHODE DE L'ÉCHANTILLONNAGE - EXTRAPOLATION

— PLUS « LÉGÈRE » —

=

MÉTHODE STATISTIQUE QUI PERMET DE CONTRÔLER UN POINT DE LÉGISLATION À PARTIR DE L'EXAMEN D'UN ÉCHANTILLON

PUIS D'EXTRAPOLER LES RÉSULTATS À L'ENSEMBLE DE DE LA POPULATION CONCERNÉE

À SAVOIR : LE COTISANT PEUT S'OPPOSER À CETTE MÉTHODE

TAXATION FORFAITAIRE

=

L'ASSIETTE DU REDRESSEMENT EST FIXÉE FORFAITAIREMENT DANS 2 CAS

- ABSENCE OU INSUFFISANCE DE COMPTABILITÉ
- ABSENCE DE DOCUMENTS JUSTIFICATIFS OU PRÉSENTATION INEXPLOITABLE

LE CHIFFRAGE EST EFFECTUÉ PAR TOUT MOYEN D'ESTIMATION PROBANT

8 Calcul du redressement

En principe, redressement sur les bases réelles

520 En principe, l'agent de contrôle URSSAF calcule le redressement sur des bases réelles.

Les bases réelles sont, en pratique, les informations que l'URSSAF a obtenues dans le cadre de sa vérification. L'origine de ces informations diffère selon le type de contrôle :

– lors d'un contrôle sur place *(voir § 3)*, le redressement est déterminé grâce aux informations obtenues lors des investigations menées par l'inspecteur dans les locaux de l'entreprise et, le cas échéant, les auditions des personnes rémunérées par celle-ci ;

– lors d'un contrôle sur pièces *(voir § 4)*, le redressement est établi via les informations dont l'URSSAF dispose, mais également via des informations complémentaires obtenues auprès du cotisant.

L'agent de contrôle URSSAF peut aussi proposer au cotisant d'utiliser la méthode de l'échantillonnage-extrapolation, plus « légère » *(voir § 452)*.

Enfin, lorsque le calcul sur des bases réelles n'est pas possible, parce que la personne contrôlée ne met pas à disposition les documents nécessaires ou que sa comptabilité ne le permet pas, le redressement peut être opéré par taxation forfaitaire *(voir § 522)*.

Interdiction des conventions dites de « chiffrage ». Dès lors que l'URSSAF dispose des éléments de comptabilité permettant d'établir le redressement sur des bases réelles, une convention conclue entre l'URSSAF et le cotisant contrôlé, même d'un commun accord, ne peut pas prévoir une autre méthode d'évaluation, sous peine de nullité du contrôle et des actes subséquents. Un tel arrangement contrevient en effet aux règles d'ordre public et est donc nul. Seules deux méthodes d'évaluation dérogatoires au principe du redressement sur des bases réelles existent donc : la méthode de l'échantillonnage-extrapolation *(voir § 452)* et la taxation forfaitaire *(voir § 522)* (cass. civ., 2e ch., 9 janvier 2025, n° 22-13480 FB) *(voir aussi § 451)*.

521 **L'URSSAF NE DOIT PAS RECONSTITUER EN BRUT LES SOMMES REDRESSÉES**

Le 24 septembre 2020, la Cour de cassation a rendu un arrêt, destiné à une large diffusion, qui devrait mettre un terme à une pratique de certaines URSSAF : reconstituer en brut les sommes et avantages versés aux salariés et réintégrés dans l'assiette des cotisations sociales à la suite d'un contrôle, avant de calculer les cotisations et contributions dues (cass. civ., 2e ch., 24 septembre 2020, n° 19-13194 FPBI).

Le recours à cette méthode de « rebrutalisation » des sommes redressées prenait appui sur une précédente décision de la Cour de cassation datant du 16 septembre 2010, dans laquelle elle avait estimé que les avantages litigieux avaient été versés nets de cotisations sociales et que c'était donc à juste titre que l'URSSAF, à partir de cette base nette, avait reconstitué une base brute afin d'y appliquer les taux de cotisations en vigueur (cass. civ., 2e ch., 16 septembre 2010, n° 09-10346, D). C'est donc un revirement de jurisprudence qu'a opéré la 2e chambre civile de la Cour de cassation avec son arrêt du 24 septembre 2020.

Se basant sur une lecture combinée des articles L. 242-1 et L. 243-1 du code de la sécurité sociale, elle explique que, sauf dispositions particulières contraires, les cotisations de sécurité sociale et d'allocations familiales sont calculées sur le montant brut des sommes et avantages compris dans l'assiette des cotisations, avant précompte, s'il y a lieu, de la part des cotisations et contributions supportée par le salarié. Or, dans cette affaire, la société n'avait pas procédé au précompte de la part des cotisations et contributions due par les salariés. Par conséquent, la réintégration des sommes relatives aux avantages litigieux correspondait à leur montant brut. En d'autres termes, les sommes en question étant déjà exprimées en brut (et pas en net), l'URSSAF n'avait pas à opérer une reconstitution en brut pour procéder au calcul du redressement.

Redressement par taxation forfaitaire

Principe

522 La taxation forfaitaire constitue un mode exceptionnel de fixation des cotisations dues par le cotisant contrôlé (c. séc. soc. art. R. 243-59-4).

→ **ATTENTION** *La taxation forfaitaire ne doit pas être confondue avec la fixation provisionnelle des cotisations utilisée en dehors de tout contrôle URSSAF lorsque les données nécessaires au calcul des cotisations et contributions n'ont pas été transmises par l'employeur. Dans ce cas, l'URSSAF fixe à titre provisionnel le montant des cotisations (calcul spécifique selon que les rémunérations sont connues ou non) et notifie à l'employeur la taxation déterminée dans un délai de 1 mois suivant la date limite de déclaration (3 mois pour les employeurs de moins de 11 salariés). Si l'employeur effectue sa déclaration après cette notification, le montant des cotisations et contributions dues est régularisé en conséquence et le montant des majorations de retard applicable est porté à 8 % du montant des cotisations et contributions régularisées* (c. séc. soc. art. R. 243-15).

Deux cas de recours à la taxation forfaitaire

▸ Absence ou insuffisance de comptabilité

523 L'agent chargé du contrôle est autorisé à fixer forfaitairement le montant de l'assiette des cotisations servant à calculer le redressement lorsque la comptabilité de la personne contrôlée ne permet pas d'établir le chiffre exact des rémunérations, ou le cas échéant des revenus, servant de base au calcul des cotisations dues (c. séc. soc. art. R. 243-59-4, I, 1°).

Il en est ainsi si le cotisant ne dispose pas de comptabilité, ou si cette dernière est inexacte, incomplète ou non sincère.

Par exemple, le recours à la taxation forfaitaire a été admis lorsque :
– le cotisant a été dans l'incapacité de produire une comptabilité quelconque établie dans les formes légales (cass. soc. 9 octobre 1980, n° 78-16506, BC V n° 729) ;
– l'agent de contrôle URSSAF a relevé des anomalies comptables, notamment la minoration des horaires de travail, qui ne lui ont pas permis de déterminer le montant réel des rémunérations servant de base aux cotisations (cass. soc. 2 février 1995, n° 92-18835, BC V n° 74) ;
– la comptabilité de l'employeur était incomplète car elle ne permettait pas, sans investigation personnelle sur le lieu de résidence du salarié et le lieu de son travail effectif, d'établir le montant réel de l'assiette des cotisations dues au titre des indemnités de nourriture et de logement (cass. soc. 1er juin 1995, n° 92-20688, BC V n° 173) ;
– la comptabilité de l'employeur était irrégulière, incomplète et non fiable dans la mesure où l'agent de contrôle avait relevé diverses anomalies dans la tenue du livre de paye et du registre des entrées et sorties du personnel, et avait observé des discordances entre, d'une part, ce registre et les bulletins de paye, et, d'autre part, entre ces derniers et les déclarations d'emploi (cass. soc. 22 février 1990, n° 87-12480 D) ;
– la comptabilité de l'employeur était sciemment inexacte (fraude) et ne permettait pas d'établir le montant réel des rémunérations servant de base au calcul des cotisations (cass. soc. 27 novembre 1975, n° 74-12181, BC V n° 576 ; cass. soc. 23 avril 1986, n° 84-13162, BC V n° 168).

L'URSSAF doit apporter la preuve de l'absence ou de l'insuffisance de la comptabilité (cass. civ., 2e ch., 17 décembre 2009, n° 08-21405 D). Toutefois, il n'est pas nécessaire qu'elle apporte la preuve d'une faute de l'employeur (cass. soc. 5 mars 1986, n° 84-11819, BC V n° 69).

▸ Absence de documents justificatifs ou présentation insuffisante

524 Le recours à la taxation forfaitaire est également possible dans l'hypothèse où la personne contrôlée ne met pas à disposition les documents ou justificatifs nécessaires à la réalisation du contrôle ou lorsque leur présentation n'en permet pas l'exploitation (c. séc. soc. art. R. 243-59-4, I, 2°).

Avant même que ce cas de recours à la taxation forfaitaire ne soit intégré dans le code de la sécurité sociale par un décret de 2016, la jurisprudence avait admis que l'obstacle à contrôle pouvait, par exemple, être reconnu lorsque la personne contrôlée :
– refuse de dévoiler l'identité des bénéficiaires de rémunérations et procède par de simples affirmations ou des mentions comptables non assorties de justifications (cass. soc. 13 janvier 1988, n° 85-14505, BC V n° 30) ;
– refuse de communiquer l'intégralité de sa comptabilité et transmet des factures et des devis anonymes (cass. soc. 9 novembre 1978, n° 77-13723, BC V n° 760).

→ **À NOTER** *L'URSSAF ne peut pas recourir à la taxation forfaitaire par simplicité. Le recours à ce mode de fixation des cotisations est ainsi impossible lorsque l'inspecteur URSSAF admet avoir reçu l'intégralité des documents demandés et n'indique pas en quoi les documents fournis sont insuffisants pour établir le redressement* (cass. civ., 2e ch., 17 décembre 2009, n° 08-21405 D).

Fixation du forfait

525 La taxation forfaitaire est effectuée par tout moyen d'estimation probant permettant le chiffrage des cotisations et contributions sociales (c. séc. soc. art. R. 243-59-4, I, al. 4).

Lorsque la personne contrôlée est un employeur et que le recours à la taxation forfaitaire s'appuie sur l'absence ou l'insuffisance de comptabilité permettant de chiffrer les rémunérations, l'assiette des cotisations est établie en tenant compte notamment des conventions collectives en vigueur ou, à défaut, des salaires pratiqués dans la profession ou la région considérée. La durée de l'emploi, elle, est déterminée d'après les déclarations des intéressés ou par tout autre moyen de preuve (c. séc. soc. art. R. 243-59-4, I, al. 4).

L'URSSAF peut établir la taxation sur des bases supérieures à celles résultant de la convention collective s'il existe des présomptions sérieuses selon lesquelles, dans la région considérée, la profession ou encore l'entreprise, les rémunérations versées sont habituellement plus élevées (cass. soc. 5 mars 1986, n° 84-11819, BC V n° 69).

Travail dissimulé. La taxation forfaitaire est également applicable en cas de constat de travail dissimulé *(voir § 1223)* (c. séc. soc. art. R. 243-59-4, I, al. 5).

Contestation de la taxation forfaitaire

▸ Pour non-respect du contradictoire

526 La procédure de taxation forfaitaire doit nécessairement être contradictoire. Ainsi, le cotisant contrôlé peut demander l'annulation d'un redressement établi sur la base d'une taxation forfaitaire dès lors que l'URSSAF ne lui a pas permis de se défendre. C'est le cas, par exemple, lorsqu'il n'a pas été invité à répondre à la lettre d'observations de l'URSSAF dans le délai imparti *(voir § 571)* (cass. civ., 2e ch., 27 janvier 2004, n° 02-30706, BC II n° 29).

▸ Pour inexactitude de l'évaluation

527 La personne contrôlée peut aussi apporter la preuve de l'inexactitude ou du caractère excessif de l'évaluation (cass. soc. 13 octobre 1977, n° 76-11311, BC V n° 538).

→ **À NOTER** *Une jurisprudence ancienne avait admis que cette preuve pouvait être apportée même si la personne contrôlée n'avait pas fourni les justificatifs comptables lors du contrôle ou de son recours devant la commission de recours amiable de l'URSSAF (voir § 835)* (cass. soc. 19 juin 1997, n° 95-21380 D). *Mais, depuis une décision du 4 septembre 2025, la Cour de cassation estime que le cotisant ne peut pas produire pour la première fois devant le juge une pièce qui lui a été expressément demandée par l'URSSAF lors des opérations de contrôle ou de la période contradictoire* (cass. civ., 2e ch., 4 septembre 2025, n° 22-17437 FSB) *(pour plus de détails, voir § 853).*

Une évaluation erronée entraîne une régularisation de l'assiette des cotisations (cass. soc. 17 juin 1993, n° 91-12181 D).

▸ **Pour recours injustifié à la taxation forfaitaire**

528 Le recours injustifié à la taxation forfaitaire entraîne la nullité du redressement : un redressement établi sur une base forfaitaire alors que la comptabilité de l'entreprise permettait d'établir le chiffre exact des sommes dues doit être annulé (cass. soc. 23 novembre 2000, n° 98-22035, BC V n° 389).

Majorations de retard pouvant être réclamées

Principe

529 Au montant de la régularisation des cotisations proprement dit s'ajoutent des majorations de retard. En effet, le cotisant qui ne s'acquitte pas auprès de l'URSSAF de la totalité de ses cotisations et contributions à leurs dates limites d'exigibilité est redevable de majorations de retard (c. séc. soc. art. R. 243-16). Ces majorations s'appliquent automatiquement (cass. soc. 11 juillet 1991, n° 89-14025, BC V n° 358).

Les majorations de retard commencent à courir dès le lendemain de la date d'exigibilité des cotisations et contributions (cass. soc. 11 janvier 1984, n° 82-14066, BC V n° 11), et jusqu'à leur paiement complet. L'existence d'une contestation sur le montant des cotisations dues ne dispense pas du paiement des majorations de retard à la date d'échéance, quand bien même la juridiction aurait d'ores et déjà reconnu le bien-fondé partiel de la contestation (cass. soc. 12 juillet 1988, n° 86-15146, BC V n° 436).

→ **À NOTER** *Les majorations de retard peuvent faire l'objet d'une demande de remise auprès du directeur de l'URSSAF (voir § 762).*

530 **PÉNALITÉS LIÉES À LA DSN**

Au-delà des majorations de retard *(voir § 529)*, le code de la sécurité sociale prévoit également toute une série de pénalités applicables en cas de non-respect par le cotisant des règles de déclaration en DSN des cotisations et contributions sociales (ex. : pénalité pour défaut de production de la DSN).

Au plan juridique, les textes instituant ces pénalités (c. séc. soc. art. L. 133-5-4, R. 243-12 et R. 243 -13) ne prévoient pas expressément leur application à la suite d'un contrôle URSSAF, mais n'en interdisent pas non plus l'application dans ce cas. Ces sanctions sont toutefois attachées au dispositif déclaratif et ont vocation à être utilisées, le cas échéant, au fur et à mesure de la réception des DSN par les services de l'URSSAF et de la fiabilisation des données ainsi transmises *(voir § 9)*.

Par conséquent, la politique de l'URSSAF Caisse nationale (ex-ACOSS) ne vise pas à activer ces sanctions à l'occasion d'un contrôle comptable d'assiette qui fait l'objet de règles spécifiques : redressement d'assiette *(voir § 520)*, majorations de retard principale et complémentaire *(voir § 531)* et, le cas échéant, majoration de redressement pour absence de mise en conformité *(voir § 594)*.

Il en est de même pour la majoration applicable en cas de déclaration et de paiement des cotisations par une voie autre que la voie dématérialisée (c. séc. soc. art. L. 133-5-5, D. 133-10 et D. 133-11).

Taux

531 Le taux de la majoration principale de retard est fixé à 5 % du montant des cotisations et contributions non versées à la date limite d'exigibilité (c. séc. soc. art. R. 243-16, I).

→ **À NOTER** *Le cotisant contrôlé peut, sous certaines conditions, faire jouer le droit à l'erreur pour échapper à cette majoration de 5 %* *(voir § 534)*.

À la majoration de 5 % s'ajoute une majoration complémentaire de 0,20 % des cotisations et contributions dues par mois ou fraction de mois écoulé à compter de leur date d'exigibilité (c. séc. soc. art. R. 243-16, II).

Cette majoration complémentaire de 0,20 % n'est décomptée qu'à partir du 1er février de l'année qui suit celle au titre de laquelle les régularisations faisant suite au contrôle sont effectuées (c. séc. soc. art. R. 243-17, al. 4).

En outre, son taux est réduit à 0,10 % en cas de paiement dans les 30 jours suivant l'émission de la mise en demeure *(voir § 691)*. Cette réduction de taux n'est cependant pas applicable si le contrôle donne lieu à une pénalité pour abus de droit *(voir § 542)*, absence de mise en conformité avec de précédentes observations de l'URSSAF *(voir § 594)*, travail dissimulé *(voir § 1100)* ou obstacle à contrôle *(voir encadré § 447)*.

Pour les contrôles URSSAF engagés depuis le 1er mai 2023, la majoration complémentaire de 0,20 % n'est pas due pour la période comprise entre la date de la fin de la période contradictoire *(voir § 620)* et celle de l'envoi de la mise en demeure *(voir § 691)*, dès lors que cet envoi est réalisé plus de 2 mois après la fin de la période contradictoire. Toutefois, cette garantie ne joue pas si la personne contrôlée fait l'objet d'une pénalité ou d'une majoration prévue en cas d'absence de mise en conformité avec de précédentes observations de l'URSSAF *(voir § 594)*, de travail dissimulé *(voir § 1100)*, d'abus de droit *(voir § 542)* ou d'obstacle à contrôle *(voir § 447)* au titre de la période contrôlée (c. séc. soc. art. R. 243-17, al. 5).

En cas de travail dissimulé, le montant du redressement de cotisations et contributions URSSAF, qu'il fasse suite à un contrôle URSSAF dit « sur place » ou à la transmission à l'URSSAF d'un procès-verbal pour travail dissimulé, est majoré de 25 %, et même de 40 % en cas de travail dissimulé avec circonstances aggravantes *(voir § 1226)* (c. séc. soc. art. L. 243-7-7, I).

Paiement

532 Les majorations de retard, liquidées par le directeur de l'URSSAF, doivent être versées dans le mois de leur notification par mise en demeure de l'URSSAF *(voir § 691)* et sont recouvrées comme en matière de cotisations (c. séc. soc. art. R. 243-19).

Prescription

533 Les majorations de retard se prescrivent par 3 ans à compter de la fin de l'année au cours de laquelle a eu lieu le paiement ou l'exigibilité des cotisations et contributions qui ont donné lieu à l'application desdites majorations (c. séc. soc. art. L. 244-3).

Droit à l'erreur

534 S'il remplit les conditions du droit à l'erreur *(voir § 15)*, le cotisant peut, dans le cadre d'un contrôle URSSAF, échapper à la majoration principale de 5 % (c. séc. soc. art. R. 243-17). C'est le cas :
– si le montant du redressement est inférieur au montant du plafond annuel de la sécurité sociale (48 060 € en 2026) ;
– et si le cotisant ne fait pas l'objet d'une pénalité pour abus de droit *(voir § 542)*, pour absence de mise en conformité avec des observations notifiées par l'URSSAF lors d'un précédent contrôle *(voir § 594)*, pour travail dissimulé *(voir § 1100)* ou pour obstacle à contrôle *(voir encadré § 447)*.

En revanche, la majoration complémentaire de 0,20 % reste due.

Modulation du redressement (prévoyance complémentaire et retraite supplémentaire)

Principe : redressement au 1er euro

535 Les contributions des employeurs destinées au financement de prestations de prévoyance complémentaire et de retraite supplémentaire au bénéfice de leurs salariés, de leurs anciens salariés et des ayants droit de ceux-ci sont exclues de l'assiette des cotisations de sécurité sociale dans des limites réglementaires, sous diverses conditions, en particulier celle du respect du caractère collectif et obligatoire du régime de prévoyance complémentaire (c. séc. soc. art. L. 242-1, II, 4°).

Si ces critères ne sont pas réunis, les contributions patronales ne bénéficient pas de l'exclusion d'assiette. En cas de contrôle URSSAF, elles sont donc réintégrées en totalité dans l'assiette des cotisations, pour l'ensemble des salariés et pour l'ensemble de la période pendant laquelle les critères requis n'étaient pas réunis (c. séc. soc. art. L. 133-4-8, I ; BOSS, Protection sociale complémentaire, § 650, 01/01/2025).

Cette règle pouvant aboutir à des redressements assez importants, alors même que le non-respect des critères d'exonération de cotisations ne concerne qu'une petite partie des salariés, ne résulte pas d'une méconnaissance particulièrement grave de la réglementation ou ne trouve son origine que dans une erreur formelle (ex. : absence de production de justificatifs), l'URSSAF est autorisée à proportionner le montant du redressement à la nature du manquement qui en est la cause *(voir § 536)*.

→ **ATTENTION** *Si l'employeur est redressé au premier euro, il s'acquitte des parts patronales et salariales des cotisations éludées. Il ne peut pas demander aux salariés concernés le remboursement de la part salariale des cotisations redressées* (c. séc. soc. art. L. 133-4-8, IV).

Exception : calcul d'un redressement réduit

▸ **Principe**

536 Le redressement peut être réduit lorsque le régime de protection sociale complémentaire respecte partiellement les conditions d'un caractère obligatoire et collectif ou lorsque les anomalies constatées proviennent d'erreurs formelles

(ex. : absence de production d'une demande de dispense d'adhésion au régime ou de tout autre justificatif permettant de prouver le caractère collectif et obligatoire du régime) (BOSS, Protection sociale, §§ 660 et 680, 01/01/2025).

Le montant du redressement peut alors être réduit à hauteur d'un montant calculé sur la seule base des sommes faisant défaut ou bien excédant les contributions nécessaires pour que la couverture du régime revête bien un caractère collectif et obligatoire (c. séc. soc. art. L. 133-4-8, II). Autrement dit, le redressement peut être calculé sur une assiette correspondant à la situation des seuls salariés dont la couverture ne respecte pas les critères liés au caractère collectif et obligatoire, ou pour lesquels l'employeur n'est pas en mesure d'apporter les justificatifs demandés.

L'application d'un redressement réduit suppose que l'employeur reconstitue de manière probante les sommes concernées (c. séc. soc. art. L. 133-4-8, II ; BOSS, Protection sociale, § 660, 01/01/2025). S'il ne peut ni identifier ni chiffrer le montant des contributions au dispositif qu'il aurait dû acquitter au titre des salariés visés par le redressement, ce dernier est alors effectué au 1er euro.

▸ **Méthode de calcul**

537 En pratique, pour reconstituer de manière probante les sommes concernées, l'employeur doit identifier le montant des contributions au financement du dispositif qu'il aurait dû acquitter au titre des salariés concernés par le redressement afin de respecter le caractère collectif et obligatoire du régime (BOSS, Protection sociale, § 670, 01/01/2025).

→ **EXEMPLE** *Dans une affaire concernant un régime de prévoyance « frais de santé », la Cour de cassation a jugé insuffisante la production d'un document sous forme de tableau se limitant à présenter l'identité des salariés, le financement patronal « garantie frais de santé » et la régularisation base 100 plafonnée, mais ne comportant pas les sommes faisant défaut, ni l'identité de son auteur, d'autant qu'aucun justificatif ne permettait d'étayer les éléments qu'il contenait. Le redressement au premier euro était donc justifié* (cass. civ., 2e ch., 1er février 2024, n° 22-12207 FB).

En cas d'accord sur le différentiel proposé par l'employeur, l'inspecteur URSSAF procède au redressement des contributions dues au titre des salariés concernés, sur la base d'un montant correspondant à la reconstitution effectuée par l'employeur (BOSS, Protection sociale, § 670, 01/01/2025).

Le redressement réduit est alors fixé à hauteur (c. séc. soc. art. L. 133-4-8, II) :
– de 1,5 fois les sommes en cause lorsque le motif du redressement repose sur l'absence de production d'une demande de dispense d'adhésion au régime ou de tout autre document ou justificatif nécessaire à l'appréciation du caractère obligatoire et collectif ;
– de 3 fois ces sommes lorsque le manquement à l'origine du redressement résulte d'une autre cause et ne révèle pas une méconnaissance d'une particulière gravité de la réglementation.

En tout état de cause, l'agent de contrôle URSSAF ne peut pas établir un montant de redressement supérieur à celui résultant de l'assujettissement de l'ensemble des contributions patronales au financement du régime (c. séc. soc. art. L. 133-4-8, II). Autrement dit, le redressement réduit ne sera appliqué que s'il est plus favorable au cotisant que la réintégration de la totalité des contributions versées dans l'assiette des cotisations (BOSS, Protection sociale, § 690, 01/01/2025).

Redressement réduit impossible

538 Lorsque le manquement à l'origine du redressement révèle une méconnaissance d'une particulière gravité des règles liées au caractère obligatoire et collectif des systèmes de prévoyance complémentaire et de retraite supplémentaire, la réduction du redressement est impossible et celui-ci porte alors sur l'intégralité des contributions patronales versées au titre du régime concerné. Dans ce cas, l'agent chargé du contrôle en informe l'employeur, en justifiant sa décision dans le cadre de la procédure contradictoire préalable à la fin du contrôle (c. séc. soc. art. L. 133-4-8, II ; BOSS, Protection sociale, § 700, 01/01/2025).

D'autres situations empêchent également l'application de la réduction du montant du redressement. Il en va ainsi (c. séc. soc. art. L. 133-4-8, III) :

– lorsque le redressement procède d'un cas d'octroi d'un avantage personnel ou d'une mesure discriminatoire ;

– lorsque l'irrégularité en cause a déjà fait l'objet d'une observation à l'occasion d'un précédent contrôle réalisé dans les 5 années civiles précédant l'année où le contrôle est initié ;

– en cas de situation de travail dissimulé *(voir § 1100)*, d'obstacle à contrôle *(voir encadré § 447)* ou d'abus de droit *(voir § 540)* constatée dans les 5 années civiles précédant l'année où le contrôle est initié.

Si l'employeur ne peut pas fournir les éléments permettant de reconstituer de façon probante les sommes manquantes, il ne peut pas non plus y avoir de redressement réduit *(voir § 536)*.

Exemples

539 Le Bulletin officiel de la sécurité sociale (BOSS) donne des exemples d'application ou non du redressement réduit (BOSS, Protection sociale, § 710, 01/01/2025).

L'hypothèse est la suivante : un employeur d'une entreprise de 100 salariés en couvre 96 au titre de la prévoyance santé, à hauteur d'un montant annuel de 600 € par salarié. Cependant, du fait de l'absence de couverture de 4 salariés, le régime ne satisfait pas les critères d'exonération de cotisations pendant 1 exercice.

Cas n° 1 : l'anomalie provient d'une erreur formelle (absence de fourniture de justificatif).

Dans ce cas, dès lors que l'employeur reconstitue le montant qu'il aurait dû verser au titre des 4 salariés non couverts, le redressement est égal au montant des contributions qui auraient été dues multiplié par 1,5 (soit une majoration de 50 %).

La couverture par salarié étant de 600 €, et 4 salariés n'étant pas couverts, la contribution nécessaire pour aboutir à une couverture complète de tous les salariés s'élève à 2 400 € (600 € x 4). Le montant redressé sera alors de 3 600 € (2 400 € x 1,5).

Cas n° 2 : l'anomalie provient d'une erreur qui n'est ni formelle ni d'une particulière gravité.

Dans ce cas, dès lors que l'employeur reconstitue le montant qu'il aurait dû verser au titre des 4 salariés non couverts, le redressement est égal au triple des contributions qui auraient été dues.

Ainsi, la couverture par salarié étant de 600 €, et 4 salariés n'étant pas couverts, la contribution nécessaire pour aboutir à une couverture complète de tous les salariés s'élève à 2 400 € (600 € x 4). Le montant redressé sera alors de 7 200 € (2 400 € x 3).

Cas n° 3 : l'anomalie provient, par exemple, d'une erreur d'une particulière gravité, d'une discrimination, d'une absence de fourniture des éléments permettant à l'inspecteur de reconstituer les sommes manquantes, ou d'une absence de mise en conformité à la suite à un précédent contrôle.

Dans ce cas, il ne peut y avoir de redressement réduit. L'intégralité du régime est remise en cause et l'employeur devra acquitter des cotisations sur la totalité des contributions versées à ce régime, soit un redressement de l'assiette de cotisations de 96 x 600 € = 57 600 €.

Redressement pour abus de droit

Objet

540 Les URSSAF peuvent écarter, comme ne leur étant pas opposables, les actes constitutifs d'un abus de droit afin d'en restituer le véritable caractère (c. séc. soc. art. L. 243-7-2). Une fois ces actes requalifiés, l'URSSAF procède au redressement des sommes normalement dues.

Sont des actes constitutifs d'un abus de droit les actes qui (c. séc. soc. art. L. 243-7-2) :
– soit ont un caractère fictif ;
– soit visent à rechercher l'application littérale de textes, à l'encontre des objectifs poursuivis par leur auteur, dans le seul but pour le cotisant d'éviter de payer ou de minorer le paiement des cotisations et contributions dont il est redevable ou qu'il aurait dû acquitter, au regard de sa situation ou de ses activités réelles, s'il n'avait pas réalisé ces actes.

Toutefois, le recours à l'abus de droit n'est pas possible à l'encontre des actes pour lesquels le cotisant aurait préalablement recouru à l'arbitrage de l'URSSAF Caisse nationale (ex-ACOSS) *(voir § 288)* ou au rescrit social *(voir § 263)*, en ayant fourni aux organismes concernés tous les éléments utiles pour apprécier la portée véritable des actes en cause et alors que ces organismes n'ont pas répondu dans les délais requis (c. séc. soc. art. L. 243-7-2).

Procédure

541 La décision de mettre en œuvre la procédure d'abus de droit est prise par le directeur de l'URSSAF, qui contresigne à cet effet la lettre d'observations adressée au cotisant contrôlé à la fin du contrôle *(voir § 570)* (c. séc. soc. art. R. 243-60-3, I).

Depuis le 1er janvier 2024, si le cotisant contrôlé veut contester les rectifications notifiées par l'URSSAF sur le fondement de l'abus de droit, il dispose des voies de recours de droit commun : il doit donc saisir la commission de recours amiable (CRA) de l'URSSAF *(voir § 835)*, puis éventuellement engager un recours contentieux devant le tribunal judiciaire *(voir § 848)*.

Avant le 1er janvier 2024, en cas de désaccord sur les rectifications notifiées sur le fondement de l'abus de droit, le cotisant contrôlé pouvait soumettre le litige au comité des abus de droit, selon des règles procédurales strictes. Ce comité a été supprimé par la loi de financement de la sécurité sociale pour 2024 (loi 2023-1250 du 26 décembre 2024, art. 5, I, 9° et 12°, JO du 27). Cette suppression a été justifiée par la lourdeur de la procédure qui, ajoutée au fait que les membres du comité des abus de droit n'avaient pas été renouvelés depuis 2015, avait conduit à ce qu'elle ne soit pratiquement jamais mise en œuvre et qu'elle apparaissait au final comme un frein à la sanction des abus de droit.

C'est l'URSSAF qui supporte la charge de la preuve en cas de réclamation (c. séc. soc. art. L. 243-7-2).

Sanctions

542 L'abus de droit entraîne l'application d'une pénalité, égale à 20 % des cotisations et contributions dues (c. séc. soc. art. L. 243-7-2).

Que doit contenir la lettre d'observations ?

MENTIONS OBLIGATOIRES

LA LETTRE D'OBSERVATIONS DOIT OBLIGATOIREMENT MENTIONNER

- **L'OBJET DU CONTRÔLE**
- **LES DOCUMENTS CONSULTÉS** PAR L'AGENT DE CONTRÔLE
- **LA PÉRIODE VÉRIFIÉE**
- **LA POSSIBILITÉ POUR LE COTISANT CONTRÔLÉ DE SE FAIRE ASSISTER** DU CONSEIL DE SON CHOIX POUR RÉPONDRE À LA LETTRE D'OBSERVATIONS
- **LA DATE DE FIN DE CONTRÔLE**
- **LE DÉLAI DONT DISPOSE LE COTISANT CONTRÔLÉ POUR RÉPONDRE** À LA LETTRE D'OBSERVATIONS (30 JOURS, VOIRE 60 JOURS SUR DEMANDE DU COTISANT)
- **LES OBSERVATION** FAITES AU COUR DU CONTRÔLE

  CONSTAT D'UNE BONNE APPLICATION DE LA LÉGISLATIO

  —

  OBSERVATIONS POUR L'AVENIR

  —

  RÉGULARISATION DE COTISATIONS FAVEUR DE L'URSS MOTIVÉES PAR CH DE REDRESSEMEN

  —

  CONSTAT D'UN SOLDE CRÉDITEU EN FAVEUR DU COTISANT

MENTIONS COMPLÉMENTAIRES

LA LETTRE D'OBSERVATIONS DOIT COMPORTER DES MENTIONS SPÉCIFIQUES SUPPLÉMENTAIRES DANS LES CAS SUIVANTS :

- **SI DES DOCUMENTS ONT ÉTÉ OBTENUS LORS DU CONTRÔLE D'UNE AUTRE ENTREPRISE APPARTENANT AU MÊME GROUPE**
- **EN CAS DE RECOURS À LA MÉTHODE PAR ÉCHANTILLONNAGE / EXTRAPOLATION**
- **EN CAS DE CONSTAT D'ABSENCE DE MISE EN CONFORMITÉ PAR RAPPORT À DES OBSERVATIONS FORMULÉES LORS D'UN PRÉCÉDENT CONTRÔLE**

9 Lettre d'observations de l'URSSAF

Entretien de fin de contrôle préalable à la lettre d'observations

570 L'agent chargé du contrôle doit, avant d'adresser la lettre d'observations qui clôt les opérations de contrôle (*voir § 571*), proposer à la personne contrôlée ou à son représentant légal un entretien afin de lui présenter le résultat de ses analyses et les suites éventuelles qu'il entend y donner (observation pour l'avenir et/ou redressement). En cas de contrôle sur pièces, cet entretien a lieu par téléphone (c. séc. soc. art. R. 243-59, II ; charte du cotisant contrôlé en vigueur au 1er janvier 2024, p. 14).

L'entretien de fin de contrôle doit être proposé au cotisant par l'agent URSSAF sauf si le contrôle est réalisé pour rechercher des infractions aux interdictions de travail dissimulé (*voir § 1100*) ou lorsqu'est constatée une situation d'obstacle à contrôle (*voir § 447*).

→ **EN PRATIQUE** *La proposition écrite d'entretien de fin de contrôle est souvent faite dès l'envoi de l'avis de contrôle (voir § 350), le cotisant étant invité à signer le document l'informant de cette proposition.*

Envoi de la lettre d'observations : une formalité obligatoire

Objet et nature de la lettre d'observations

▸ Invitation à répondre aux observations de l'inspecteur

571 **Obligation de l'URSSAF.** Au terme de tout contrôle URSSAF, même si aucune infraction ou irrégularité n'est relevée, l'agent chargé du contrôle doit adresser à la

personne contrôlée une lettre mentionnant, s'il y a lieu, les observations constatées au cours du contrôle et engageant la période contradictoire préalable à l'envoi de toute mise en demeure *(voir § 620)*. Cette lettre est dénommée « lettre d'observations » (c. séc. soc. art. L. 243-7-1 A et R. 243-59, III).

La communication des observations doit donc être suffisamment précise pour permettre au cotisant de connaître les points susceptibles de donner lieu à un redressement et/ou à des observations pour l'avenir *(voir §§ 588 à 593)*, et les raisons qui conduisent à une telle situation (cass. soc. 27 mai 1993, n° 90-14311, BC V n° 152).

Une lettre d'observations est également requise lorsque le redressement envisagé résulte de renseignements communiqués à l'URSSAF par une autre administration. La prise en compte par l'organisme de recouvrement de ces renseignements constitue en effet un contrôle au sens des articles L. 243-7 et R. 243-59 du code de la sécurité sociale. Il lui appartient donc d'informer le cotisant des erreurs ou omissions qui lui sont reprochées ainsi que des bases du redressement proposé, et de recueillir ses observations (cass. civ., 2e ch., 14 octobre 2003, n° 02-30429, BC II n° 298). En l'espèce, l'administration fiscale avait informé l'URSSAF que les revenus d'un expert-comptable étaient supérieurs à ceux qu'il avait déclarés à l'URSSAF.

• **Contrôle portant aussi sur un compte « travailleur indépendant ».** Lorsque le contrôle a porté à la fois sur le compte de l'entreprise et sur le(s) compte(s) du régime des cotisations personnelles « employeur et travailleur indépendant » des dirigeants ou associés, l'administration préconise d'adresser une lettre d'observations par compte contrôlé. L'objectif est d'isoler chacune des entités juridiques contrôlées, car la situation découlant du contrôle peut être différente d'un compte à l'autre et entraîner des conséquences variables (circ. DSS/SDFGSS/5 B 99-726 du 30 décembre 1999, BO Santé n° 00/2).

• **Travail dissimulé.** Une lettre d'observations doit également être adressée par l'URSSAF en cas de constat de travail dissimulé *(voir § 1154)*.

572 **Début de la période contradictoire.** La lettre d'observations n'est pas une décision de redressement ou d'observations pour l'avenir, mais une invitation faite au cotisant contrôlé de répondre aux observations de l'agent chargé du contrôle, en fonction des éléments qui y sont mentionnés (c. séc. soc. art. R. 243-59, III). Sa réception par la personne contrôlée marque en effet le début d'une période appelée « période contradictoire » pendant laquelle cotisant et agent URSSAF peuvent échanger, et qui est préalable à l'envoi de toute décision de mise en demeure ou d'observations pour l'avenir *(voir § 620)* (c. séc. soc. art. L. 243-7-1 A).

▸ Formalité substantielle

573 Adresser la lettre d'observations est une formalité substantielle destinée à assurer le caractère contradictoire du contrôle ainsi que la sauvegarde des droits de la défense du cotisant. Sa non-communication par l'URSSAF entraîne donc la nullité des opérations de contrôle et de la mise en demeure éventuelle qui s'ensuit *(voir § 691)* (cass. soc. 12 décembre 1996 n° 95-12881, BC V n° 442).

De même, le fait que l'agent de contrôle établisse, clôture et transmette à l'URSSAF son rapport de contrôle *(voir § 639)* avant d'avoir communiqué ses observations au cotisant contrôlé entraîne la nullité des mises en demeure postérieures (cass. soc. 12 mars 1992, n° 88-15420, BC V n° 184 ; cass. soc. 6 février 1997, n° 95-13685, BC V n° 56).

Délai et modalités d'envoi

▸ Destinataire de la lettre d'observations

574 Lorsque la personne contrôlée est une personne morale, la lettre d'observations est adressée à l'attention de son représentant légal et envoyée à l'adresse du siège social de l'entreprise ou le cas échéant à celle de son établissement principal, telles que ces informations ont été préalablement déclarées (c. séc. soc. art. R. 243-59, I et V).

Lorsque la personne contrôlée est une personne physique, la lettre est adressée à son domicile ou à défaut à son adresse professionnelle, telles que ces informations ont été préalablement déclarées (c. séc. soc. art. R. 243-59, I et V).

▸ Délai d'envoi

575 **Principe.** Dans le cas général, l'agent de contrôle URSSAF n'est pas tenu de délivrer la lettre d'observations dans un délai précis. En effet, aucun texte ne fixe de délai maximal qui peut s'écouler entre la fin du contrôle et la date d'envoi de la lettre d'observations.

De ce fait, la Cour de cassation a estimé qu'un délai de 15 mois entre la dernière opération de contrôle et l'envoi de la lettre d'observations était justifié du fait, dans cette affaire, de la complexité de la législation et de l'ampleur du redressement envisageable au titre de la réduction générale de cotisations patronales (cass. civ., 2e ch., 28 mai 2015, n° 14-17618, BC II n° 129).

La communication de la lettre d'observations au cotisant contrôlé n'étant soumise à aucun délai, il a aussi été jugé possible pour une URSSAF :
– après avoir envoyé une première lettre d'observations, suivie d'une mise en demeure qu'elle a annulée dans le délai de recours contentieux suite à la contestation du cotisant, de transmettre une seconde lettre d'observations produisant tous ses effets (cass. civ., 2e ch., 11 juillet 2005, n° 03-20898 D) ;
– après une première lettre d'observations qui n'a pas pu être notifiée valablement au cotisant, de procéder à une nouvelle notification de la lettre d'observations (cass. soc. 8 février 2001, n° 99-16305 D).

576 **Cas des petites entreprises et des travailleurs indépendants.** Pour les entreprises de moins de 20 salariés et les travailleurs indépendants, il faut tenir compte de la durée maximale du contrôle, fixée à 3 mois à compter du début effectif du contrôle jusqu'à l'envoi de la lettre d'observations *(voir § 366)*. Dans ce cas, l'agent URSSAF doit donc adresser la lettre d'observations dans les 3 mois suivant le début du contrôle (c. séc. soc. art. L. 243-13).

▸ Modalités et preuve de l'envoi

577 La lettre d'observations est envoyée par tout moyen donnant date certaine à sa réception (ex. : lettre recommandée avec accusé de réception) (c. séc. soc. art. R. 243-59-9).

C'est à l'URSSAF d'apporter la preuve de l'envoi de la lettre d'observations (cass. soc. 7 mai 1991, n° 88-16344, BC V n° 233).

Dans le cas où l'URSSAF ne peut pas prouver l'envoi et donc le respect de cette obligation, la mise en demeure *(voir § 691)* ainsi que le redressement y afférent seront déclarés nuls compte tenu de la violation du principe du contradictoire (cass. soc. 2 février 1995, n° 92-13806 D).

→ **ATTENTION** *La preuve de la réception de la lettre d'observations ne vaut en aucun cas acceptation du contenu de celle-ci* (lettre-circ. ACOSS 99-082 du 16 juillet 1999).

Contenu de la lettre d'observations

Mentions obligatoires

578 La lettre d'observations, datée et signée *(voir encadré § 585)*, doit mentionner (c. séc. soc. art. R. 243-59, III) :
– l'objet du contrôle *(voir § 579)* ;
– les documents consultés *(voir § 580)* ;
– la période vérifiée *(voir § 581)* ;
– la possibilité de se faire assister d'un conseil de son choix pour répondre à cette lettre *(voir § 582)* ;
– la date de fin de contrôle *(voir § 583)* ;
– le délai dont dispose le cotisant contrôlé pour répondre à la lettre d'observations *(voir § 584)* ;
– les observations faites au cours du contrôle, le cas échéant motivées par chef de redressement *(voir §§ 588 à 593)*.

En cas de recours à la méthode par échantillonnage et extrapolation *(voir § 452)*, la lettre d'observations comporte des mentions complémentaires spécifiques à cette méthode *(voir § 587)*.

Depuis le 14 avril 2023, la lettre d'observations doit aussi comporter certaines mentions spécifiques lorsque l'agent URSSAF utilise des documents et informations obtenus lors du contrôle d'une autre entreprise appartenant au même groupe que l'entreprise qu'il contrôle *(voir § 586)*.

Enfin, le cas échéant, la lettre d'observations précise les éléments caractérisant le constat d'absence de mise en conformité lorsque le cotisant n'a pas pris en compte de précédentes observations de l'URSSAF *(voir § 594)*.

→ **À NOTER** *La lettre comporte des mentions supplémentaires obligatoires en cas de constat de travail dissimulé (voir § 1154).*

Mentions de base

▸ Objet du contrôle

579 La lettre d'observations doit mentionner l'objet du contrôle, ce qui permet de délimiter précisément l'étendue de celui-ci. Cette mention est généralement formulée d'une manière large et générale pour couvrir l'ensemble des objets possibles de contrôle, et vise la plupart du temps les articles généraux du code de la sécurité sociale relatifs au contrôle (à savoir les articles L. 243-7 et R. 243-59).

La lettre d'observations permet d'informer le cotisant sur la nature des vérifications, mais aussi de garantir tant l'URSSAF que le cotisant en matière de portée du contrôle et d'accord tacite *(voir §§ 285 et 972)* (circ. ACOSS 99-82 du 16 juillet 1999).

▸ Documents consultés

580 Concrètement, le cotisant doit être informé quant à la nature des documents consultés.

Rappelons qu'il ne peut s'agir que des documents nécessaires à l'exercice du contrôle que l'agent de contrôle URSSAF a consultés *(voir §§ 435, 436 et 442)*.

→ **À NOTER** *Il a été jugé que la lettre d'observations doit mentionner l'ensemble des documents consultés par les inspecteurs du recouvrement ayant servi à établir le bien-fondé du redressement, y compris la liste des fichiers informatiques sollicités par eux, et copiés sur une clé USB que leur a remise le cotisant* (cass. civ., 2e ch., 24 juin 2021, n° 20-10136 FD et n° 20-10139 FD).

En cas d'utilisation de documents ou d'informations obtenus auprès d'une autre entreprise appartenant au même groupe que l'entreprise contrôlée, la lettre d'observations doit, en outre, comporter des mentions spécifiques *(voir § 586)*.

▸ **Période vérifiée**

581 La mention de la période vérifiée détermine si le contrôle entre bien dans le délai de prescription des cotisations (c. séc. soc. art. L. 244-3). Rappelons que les cotisations et contributions sociales se prescrivent par 3 ans à compter de la fin de l'année civile au titre de laquelle elles sont dues (5 ans en cas de travail dissimulé) *(voir § 135)*.

Ce délai de « reprise » ne fait toutefois pas obstacle à ce qu'un contrôle s'applique à des éléments de fait se rapportant à une période antérieure à la période vérifiée, si leur examen est nécessaire au contrôle des cotisations afférentes à celle-ci (cass. civ., 2e ch., 19 juin 2014, n° 13-20374, BC II n° 138).

→ **EXEMPLE** *Dans cette affaire, pour vérifier les conditions d'assujettissement de la société contrôlée au versement de transport (devenu depuis versement mobilité), à la contribution FNAL et à la taxe de prévoyance, l'agent URSSAF avait recherché l'évolution de ses effectifs au cours de périodes pourtant exclues d'un éventuel redressement.*

En outre, les investigations peuvent porter sur des documents antérieurs à la période vérifiée, tels que les statuts de l'entreprise ou un accord d'intéressement (lettre-circ. ACOSS 99-82 du 16 juillet 1999).

La mention de la période vérifiée dans la lettre d'observations permet aussi de vérifier que cette période n'a pas déjà fait l'objet d'un contrôle *(voir §§ 138 et 970)*.

Enfin, la mention de la période vérifiée permet de déterminer le taux de cotisations applicable aux rémunérations concernées.

→ **À NOTER** *Le fait générateur des cotisations est en principe constitué par la période d'activité au titre de laquelle les revenus sont attribués, y compris en cas de décalage de la paye* (c. séc. soc. art. L. 136-1 et L. 242-1 et R. 242-1, II). *Le taux de cotisation applicable est donc celui en vigueur au terme de la période d'emploi.*

▸ **Possibilité de se faire assister**

582 La lettre d'observations doit également indiquer au cotisant qu'il a la possibilité de se faire assister par un conseil de son choix pour répondre aux observations de l'URSSAF (c. séc. soc. art. R. 243-59, III). Cette mention permet de garantir l'exercice des droits de la défense, et constitue là encore une formalité substantielle dont dépend la validité de la procédure de contrôle (cass. civ., 2e ch., 10 octobre 2013, n° 12-26586 D ; cass. civ., 2e ch., 3 avril 2014, n° 13-11516, BC II n° 86).

▸ **Date de fin de contrôle**

583 La lettre d'observations doit indiquer la date de la fin du contrôle (c. séc. soc. art. R. 243-59, III), qui correspond, en pratique, à celle à laquelle la lettre d'observations est signée par l'agent chargé du contrôle.

▸ Droit de réponse du cotisant

584 La lettre d'observations doit mentionner le délai de 30 jours dont dispose la personne contrôlée pour formuler sa réponse à l'URSSAF, délai qui peut être porté à 60 jours à sa demande *(voir §§ 624 et 625)*.

Cette obligation ne figure plus dans le code de la sécurité sociale depuis le 28 septembre 2017 (c. séc. soc. art. R. 243-59, III modifié par décret 2017-1409 du 25 septembre 2017, art. 2, JO du 27). Toutefois, elle apparaît toujours dans la charte du cotisant contrôlé qui, pour mémoire, est opposable aux URSSAF *(voir § 353)*. Cette charte énonce en effet que la lettre d'observations doit mentionner « les modalités et délais de réponse » dont dispose la personne contrôlée (charte du cotisant contrôlé en vigueur au 1er janvier 2024, p. 17).

La jurisprudence considère, quant à elle, que cette mention fait partie des formalités substantielles qui ont pour but de donner un caractère contradictoire au contrôle et de sauvegarder les droits de la défense. Dès lors, le manquement de l'URSSAF à cette obligation est sanctionné par la nullité du contrôle (cass. soc. 18 juillet 1996, n° 94-17174, BC V n° 306 ; cass. civ., 2e ch., 10 mai 2005, n° 04-30059 D).

En revanche, la lettre d'observations n'a pas besoin d'indiquer le point de départ du délai de 30 jours. Dès lors qu'elle indique au cotisant contrôlé qu'il a 30 jours pour faire part de sa réponse, l'information sur ce délai est régulière (cass. civ., 2e ch., 15 mars 2018, n° 17-14755 D). Rappelons que, depuis les faits de l'espèce, le délai de 30 jours peut être porté à 60 jours *(voir §§ 624 et 625)*.

585

DATE ET SIGNATURE DE LA LETTRE D'OBSERVATIONS

La lettre d'observations doit être datée et signée par les agents chargés du contrôle (c. séc. soc. art. R. 243-59, III).

La date portée sur le document est la date à laquelle la lettre est signée par l'agent chargé du contrôle. Cette date est toutefois sans incidence sur la suite de la procédure ; en effet, seule la date de réception de la lettre d'observations sert de point de départ au délai de réponse du cotisant *(voir § 624)*.

Dans la mesure où la lettre d'observations est un élément essentiel de la procédure, l'absence de signature peut être sanctionnée par la nullité de la mise en demeure subséquente *(voir § 691)* et du redressement y afférent. La lettre doit être signée par chacun des inspecteurs ayant procédé au contrôle, sous peine de nullité (cass. civ., 2e ch., 6 novembre 2014, n° 13-23990, BC II n° 220). Toutefois, cette règle doit être écartée dès lors qu'au moment de la signature du document, l'un des inspecteurs n'a plus qualité ou n'est plus compétent pour intervenir (cass. civ., 2e ch., 1er février 2024, n° 22-13420 FD).

De plus, en cas de contrôles concertés et simultanés de plusieurs sociétés d'un même groupe, la lettre d'observations adressée à chaque société doit être signée par l'inspecteur ayant personnellement procédé à la vérification de la situation individuelle de chacune (cass. civ., 2e ch., 20 mars 2025, n° 23-10061 FB).

Lorsque la procédure de redressement pour abus de droit est mise en œuvre à l'encontre de la personne contrôlée, la lettre d'observations doit en outre être contresignée par le directeur de l'URSSAF *(voir § 541)*.

Mentions complémentaires en cas de documents obtenus lors du contrôle d'une autre entreprise du même groupe

586 Lorsque l'agent de l'URSSAF a utilisé des documents et informations obtenus lors du contrôle d'une entreprise appartenant au même groupe que l'entreprise contrôlée *(voir § 440)*, il doit préciser dans la lettre d'observations (c. séc. soc. art. R. 243-59-10) :
– la nature de ces documents ou informations ;
– leur contenu ou les éléments d'information sur lesquels il s'appuie pour fonder son redressement ;
– la référence au contrôle et l'identité de la ou des personnes du même groupe d'où proviennent ces documents ou informations.

La lettre d'observations doit aussi mentionner la possibilité offerte au cotisant contrôlé de demander à l'agent URSSAF de lui communiquer une copie des documents ainsi obtenus.

Mentions complémentaires en cas de recours à l'échantillonnage/extrapolation

587 En cas de recours à la méthode par échantillonnage et extrapolation *(voir § 452)*, la lettre d'observations précise (c. séc. soc. art. R. 243-59-2, al. 6) :
– les populations faisant l'objet des vérifications ;
– les critères retenus pour procéder au tirage des échantillons, leur contenu, les cas atypiques qui en ont été exclus ;
– les résultats obtenus pour chacun des échantillons ;
– la méthode d'extrapolation appliquée et les résultats obtenus par application de cette méthode aux populations ayant servi de base au tirage de chacun des échantillons.

Elle mentionne aussi la faculté reconnue au cotisant de procéder lui-même au calcul de la régularisation *(voir § 463)* (c. séc. soc. art. R. 243-59-2, al. 6).

Observations et redressements envisagés

▸ Quatre hypothèses possibles

588 À l'issue des opérations de contrôle, la lettre d'observations peut conclure (charte du cotisant contrôlé en vigueur au 1er janvier 2024, p. 17) :
– au constat d'une bonne application de la législation (absence d'observations) *(voir § 589)* ;
– à des observations pour l'avenir *(voir § 590)* ;
– à des régularisations de cotisations et/ou de contributions en faveur de l'URSSAF *(voir §§ 591 et 592)* ;
– à un solde créditeur en faveur du cotisant *(voir § 593)*.

▸ Absence d'observations

589 La réglementation exige de l'agent de l'URSSAF qu'il mentionne les observations faites au cours du contrôle (c. séc. soc. art. R. 243-59, III) mais rien, à la lettre du texte, ne lui impose pas de faire état de leur absence. Toutefois, selon l'administration, même si le contrôle n'a révélé aucune irrégularité ou infraction à la législation, l'agent chargé du contrôle doit néanmoins adresser une lettre d'observations au cotisant mentionnant expressément l'absence d'observation (circ. DSS/SDFGSS/5B 99-726 du 30 décembre 1999, BO Santé n° 00/2).

Cette absence d'observation peut caractériser un accord tacite sur les pratiques du cotisant contrôlé, qui pourra, sous certaines conditions, s'en prévaloir lors d'un futur contrôle *(voir §§ 285 et 972)* (c. séc. soc. art. R. 243-59-7).

▸ **Observations pour l'avenir (ou observations sans redressement)**

590 L'agent de contrôle URSSAF peut, sans pour autant envisager de redresser le cotisant, formuler des observations pour l'avenir, en lui demandant de modifier celles de ses pratiques qui ne lui semblent pas conformes à la législation.

Si ces observations ne sont pas suivies d'une mise en conformité, le cotisant s'expose, lors d'un contrôle ultérieur, à une majoration du redressement pour absence de mise en conformité *(voir § 594)*.

→ **À NOTER** *Les observations pour l'avenir peuvent être contestées devant la commission de recours amiable de l'URSSAF et les tribunaux si elles sont confirmées par l'URSSAF à l'issue de la période contradictoire (voir aussi § 710)* (c. séc. soc. art. R. 243-59, IV).

▸ **Observations avec redressement envisagé**

591 **Motivation par chef de redressement.** Lorsqu'un redressement est envisagé, la lettre indique les observations faites au cours du contrôle, lesquelles doivent être motivées par chef de redressement. À ce titre, les observations comprennent (c. séc. soc. art. R. 243-59, III) :

– les considérations de droit et de fait (textes et jurisprudence applicables) qui constituent leur fondement ;
– le cas échéant, l'indication du montant des assiettes correspondant ;
– ainsi que, pour les cotisations et contributions sociales, l'indication du mode de calcul et du montant des redressements et des éventuelles majorations et pénalités envisagées pour absence de mise en conformité *(voir § 594)*, travail dissimulé *(voir § 1100)* ou abus de droit *(voir § 540)*.

Le cotisant pourra ainsi avoir une connaissance exacte des causes et de l'étendue du redressement envisagé et, à partir des omissions et des erreurs qui lui sont reprochées, formuler une réponse à la lettre d'observations *(voir §§ 622 à 634)*.

Jurisprudence antérieure. L'obligation de motiver les observations par chef de redressement a été introduite dans le code de la sécurité sociale par un décret du 8 juillet 2016 (décret 2016-941 du 8 juillet 2016, JO du 10). Mais elle était déjà requise, sous une autre forme, par la jurisprudence. En effet, avant même ce décret, les juges estimaient que les observations étaient valables lorsqu'elles précisaient la nature de chaque chef de redressement envisagé, le contenu et les modalités d'application des textes législatifs et réglementaires invoqués ou la jurisprudence applicable, les assiettes et montants des redressements par année ainsi que les taux de cotisation appliqués (cass. civ., 2e ch., 12 juillet 2006, n° 05-10661, BC II n° 197 ; cass. civ., 2e ch., 20 janvier 2012, n° 10-24026 D).

La mention du mode de calcul des redressements envisagés est impérative, sous peine d'annulation de la procédure (cass. civ., 2e ch., 18 septembre 2014, n° 13-21682, BC II n° 187).

En revanche, il a été jugé, avant toutefois l'actuelle rédaction de l'article R. 243-59, III du code de la sécurité sociale, que dès lors que la lettre d'observations mentionne avec précision, pour chaque chef de redressement, les anomalies constatées, l'année, les bases du redressement et les cotisations correspondantes avec un tableau détaillant le calcul des cotisations pour chacun des redressements opérés, il n'y a pas lieu de joindre aux observations une liste nominative des salariés concernés (cass. soc. 24 octobre 2002, n° 01-20035, BC V n° 318), ni d'indiquer le nombre de salariés concernés pour chaque chef de redressement envisagé (cass. civ., 2e ch., 9 juillet 2015, n° 14-17752, BC II n° 76).

De même, avant l'actuelle rédaction de l'article R. 243-59, III du code de la sécurité sociale, il a été jugé que l'agent chargé du contrôle n'a pas à communiquer au cotisant son rapport complet accompagné de toutes ses annexes. Il suffit qu'il lui adresse ses observations pour provoquer éventuellement, dans le délai requis, ses explications sur les irrégularités relevées, afin qu'il puisse en être tenu compte lors de l'établissement, à l'issue de ce délai, du rapport de contrôle transmis à l'organisme de recouvrement *(voir § 639)* (cass. civ., 2e ch., 16 février 2012, n° 11-12166, BC II n° 33). Dans cette affaire, les juges ont considéré que, pour chaque chef de redressement, la lettre d'observations permettait à la société contrôlée de connaître la nature, le mode de calcul et le montant des redressements opérés, indépendamment de ses annexes.

Travail dissimulé. Le montant des redressements indiqué dans la lettre d'observations peut être différent du montant évalué le cas échéant dans le document lié au constat de travail dissimulé (c. séc. soc. art. R. 243-59, III) *(voir § 1154)*.

592 **Prise en compte des déclarations faites à la date d'envoi de l'avis de contrôle.** Les observations doivent être faites au regard des éléments déclarés à la date d'envoi de l'avis de contrôle *(voir § 350)* (c. séc. soc. art. R. 243-59, III).

Toutefois, dans sa réponse à la lettre d'observations de l'URSSAF *(voir § 623)*, le cotisant pourra justifier, le cas échéant, avoir corrigé, pendant le contrôle, les déclarations afférentes à la période contrôlée et avoir acquitté les sommes correspondantes pour qu'il en soit tenu compte (c. séc. soc. art. R. 243-59, III).

▸ Constat d'un solde créditeur en faveur du cotisant

593 La lettre d'observations de l'URSSAF peut aussi constater qu'un solde créditeur en faveur de la personne contrôlée résulte de l'ensemble des points vérifiés lors du contrôle.

Sur le remboursement de ce solde créditeur, *voir encadré § 695*.

Constat d'absence de mise en conformité

594 Lorsque l'employeur n'a pas pris en compte les observations notifiées lors d'un précédent contrôle, que ces observations aient donné lieu à redressement ou non, il y a absence de mise en conformité (c. séc. soc. art. L. 243-7-6). La lettre d'observations doit alors préciser les éléments caractérisant le constat d'absence de mise en conformité (c. séc. soc. art. R. 243-59, III).

→ **À NOTER** *Le constat d'absence de mise en conformité ne peut intervenir que si la réitération de la pratique ayant déjà fait l'objet d'une observation ou d'un redressement lors d'un précédent contrôle est postérieure soit à la mise en demeure (voir § 691), soit à la réception des observations pour l'avenir (voir § 710)* (c. séc. soc. art. R. 243-59, III).

Le constat d'absence de mise en conformité donne lieu à une pénalité de 10 % applicable à la part du montant du redressement résultant du manquement réitéré aux obligations en cause (c. séc. soc. art. L. 243-7-6 et R. 243-18).

Cette pénalité est appliquée si les observations effectuées à l'occasion d'un précédent contrôle ont été notifiées moins de 6 ans avant la date de notification des nouvelles observations constatant le manquement aux mêmes obligations. Le délai de 6 ans court à compter, selon le cas, soit de la date de la mise en demeure *(voir § 691)*, soit de la date de réception des observations pour l'avenir *(voir § 710)* (c. séc. soc. art. R. 243-18-1).

→ **À NOTER** *La majoration de 10 % est due sur le seul constat que les observations notifiées lors d'un précédent contrôle n'ont pas été respectées par la personne contrôlée. Peu importe que la lettre d'observations, établie à l'issue de ce contrôle, ne mentionnait pas la nécessité d'une mise en conformité et qu'une contestation sur le bien-fondé du redressement avait été formée* (cass. civ., 2e ch., 16 novembre 2023, n° 22-14638 FB).

La pénalité ne peut faire l'objet d'aucune remise gracieuse (c. séc. soc. art. R. 243-20, al. 3).

→ **À NOTER** *Pour les contrôles engagés depuis le 1er janvier 2020, le constat d'absence de mise en conformité n'a plus à être contresigné par le directeur de l'URSSAF* (décret n° 2019-1050 du 11 octobre 2019, JO du 13).

En quoi consiste la période contradictoire ?

QU'EST-CE QUE LA PÉRIODE CONTRADICTOIRE ?

PÉRIODE PENDANT LAQUELLE LE COTISANT CONTRÔLÉ ET L'AGENT URSSAF PEUVENT ÉCHANGER SUR LE CONTENU DE LA LETTRE D'OBSERVATIONS ADRESSÉE PAR L'URSSAF À LA FIN DU CONTRÔLE

À SAVOIR : AUCUNE MISE EN DEMEURE NE PEUT ÊTRE NOTIFIÉE AU COTISANT PENDANT LA PÉRIODE CONTRADICTOIRE

QUAND DÉBUTE-T-ELLE ?

AVEC LA RÉCEPTION DE LA LETTRE D'OBSERVATIONS

QUAND SE TERMINE-T-ELLE ?

SOIT AU TERME DU DÉLAI LAISSÉ AU COTISANT POUR RÉPONDRE À LA LETTRE D'OBSERVATIONS, SI CELUI-CI N'Y A PAS RÉPONDU

SOIT, SI LE COTISANT A RÉPONDU À LA LETTRE D'OBSERVATIONS, **À LA DATE D'ENVOI DE LA RÉPONSE DE L'AGENT URSSAF**

LE COTISANT CONTRÔLÉ EST-IL OBLIGÉ DE RÉPONDRE À LA LETTRE D'OBSERVATIONS ?

NON

MAIS CELA EST SOUHAITABLE S'IL ENTEND CONTESTER LE REDRESSEMENT OU LES OBSERVATIONS POUR L'AVENIR ENVISAGÉS PAR L'URSSAF

À NOTER : LE COTISANT PEUT SE FAIRE ASSISTER DU CONSEIL DE SON CHOIX

COMMENT ET DANS QUEL DÉLAI RÉPONDRE À LA LETTRE D'OBSERVATIONS ?

PAR ÉCRIT, PAR TOUT MOYEN PERMETTANT DE PROUVER LA DATE DE RÉCEPTION DE LA RÉPONSE (EX. : LRAR)

DANS LES 30 JOURS À COMPTER DE LA RÉCEPTION DE LA LETTRE D'OBSERVATIONS (OU 60 JOURS SUR DEMANDE DU COTISANT)

QUELLES SUITES SONT DONNÉES À LA RÉPONSE DU COTISANT ?

L'URSSAF EST OBLIGÉE

DE RÉPONDRE DE FAÇON MOTIVÉE À CHAQUE OBSERVATION DU COTISANT EXPRIMÉE DE MANIÈRE CIRCONSTANCIÉE

+

DE DÉTAILLER, PAR MOTIF DE REDRESSEMENT

LES MONTANTS QUI, LE CAS ÉCHÉANT, NE SONT FINALEMENT PAS RETENUS

LES REDRESSEMENTS QUI DEMEURENT ENVISAGÉS

À NOTER : AVANT DE RÉPONDRE AU COTISANT, L'URSSAF PEUT LUI DEMANDER DES JUSTIFICATIFS COMPLÉMENTAIRES

Revue Fiduciaire

10 Suites de la lettre d'observations : la période contradictoire

§§

Définition et durée de la période contradictoire

620 Si, pour la Cour de cassation, la totalité de la procédure de contrôle doit respecter le principe du contradictoire, la période qui suit la lettre d'observations de l'URSSAF *(voir § 571)* est expressément dénommée « période contradictoire » par les textes (c. séc. soc. art. L 243-7-1 A et R. 243-59, III). Il s'agit d'une période pendant laquelle le cotisant contrôlé et l'agent de contrôle URSSAF peuvent échanger sur le contenu de la lettre d'observations.

Cette période débute avec la réception de la lettre d'observations par la personne contrôlée et prend fin (c. séc. soc. art. R. 243-59, III) :

– soit au terme du délai laissé au cotisant pour répondre à la lettre d'observations *(voir § 624)*, lorsque celui-ci n'a pas répondu ;

– soit, si le cotisant a répondu aux observations de l'URSSAF, à la date d'envoi de la réponse de l'agent chargé du contrôle *(voir § 635)*.

Dans l'hypothèse où la personne contrôlée, dans le délai de 30 ou 60 jours qui lui est imparti pour répondre à la lettre d'observation *(voir §§ 624 et 625)*, demande à l'agent URSSAF de lui communiquer une copie des documents utilisés qu'il a obtenus lors du contrôle d'une autre entreprise du même groupe *(voir § 440)*, la période contradictoire ne prend fin qu'à la date d'envoi de la copie des documents, sauf si cette date est antérieure à celle de la réponse de l'agent de contrôle URSSAF au cotisant *(voir § 635)* (c. séc. soc. art. R. 243-59-10).

→ **À NOTER** *Un important arrêt du 4 septembre 2025 pose difficulté* (cass. civ., 2e ch., 4 septembre 2025, n° 22-22989, FSB, 3e moyen, 1re branche). *En effet, dans cette décision, la Cour de cassation permet à l'URSSAF de modifier le fondement juridique du redressement notifié jusqu'à la délivrance de la mise en demeure* (voir § 691). *Cela signifie que l'URSSAF peut modifier la motivation juridique de sa décision alors même que la période contradictoire aurait* *pris fin. La Cour de cassation précise toutefois qu'une telle modification n'est possible qu'à la condition que le cotisant en ait été informé et ait été en mesure de présenter ses observations et de fournir les pièces justificatives nécessaires. À notre sens, cela doit permettre au cotisant de présenter de nouvelles observations y compris après la fin de la période contradictoire s'il est en présence d'une modification, par l'URSSAF, du fondement juridique du redressement dont il pourrait faire l'objet.*

La période contradictoire est préalable à l'envoi de toute mise en demeure ou/et d'observations pour l'avenir (c. séc. soc. art. L. 243-7-1 A). Aucun redressement n'est donc possible pendant cette période *(voir encadré § 621)*.

→ **À NOTER** *Le délai de prescription des cotisations, majorations et pénalités de retard est suspendu pendant la période contradictoire* (c. séc. soc. art. L. 244-3).

621 **PAS DE REDRESSEMENT POSSIBLE PENDANT LA PÉRIODE CONTRADICTOIRE**

La période contradictoire est préalable à l'envoi de toute mise en demeure. Aucune action en recouvrement des cotisations ne peut donc avoir lieu avant la fin de cette période *(voir § 620)*, sinon la procédure est irrégulière. Cette période étant d'ordre public, le redressement qui s'ensuivrait pourrait être annulé. Un tel redressement prive en effet l'employeur de la possibilité de discuter du contenu de la lettre d'observations *(voir § 571)* et de parvenir éventuellement à un apurement souhaitable avant tout recours, de sorte que le principe du contradictoire n'est pas respecté (cass. soc. 2 juin 1994, n° 91-21360 D ; cass. soc. 11 octobre 2001, n° 00-11809 D).

Pendant la période contradictoire, le cotisant n'a pas l'obligation de régler les sommes visées par la lettre d'observations. Le règlement doit en effet avoir lieu dans le mois qui suit la réception de la mise en demeure qui intervient, le cas échéant, après la réponse de l'agent de contrôle aux observations du cotisant *(voir § 691)*.

Répondre ou non à la lettre d'observations

Silence possible

622 Le cotisant n'a aucune obligation de répondre à la lettre d'observations, quand bien même il serait en désaccord, en tout ou partie, avec le contenu de celle-ci. Une telle absence de réponse ne lui interdira nullement de contester ultérieurement le redressement et/ou les observations pour l'avenir qui lui seront notifiées par la suite (cass. civ., 2e ch., 9 février 2006, n° 04-30535 D).

Il nous semble toutefois souhaitable que la personne contrôlée, si elle est en désaccord avec le ou les projets contenus dans la lettre d'observations de l'URSSAF, utilise effectivement cette faculté de réponse à l'instar de ce que pourrait être son attitude, à l'oral, lors de l'entretien de clôture du contrôle que doit proposer l'agent URSSAF à l'issue de ses investigations *(voir § 570)*. Cette nouvelle période d'échanges directs entre la personne contrôlée et l'agent de l'URSSAF, quoiqu'écrite, constitue en effet la dernière opportunité, pour le cotisant, de faire valoir sa position à l'agent de contrôle. En fonction de la justesse de ses arguments, le cotisant peut donc obtenir une modification de la position de l'agent de l'URSSAF.

Après cette étape, et même si l'agent chargé du contrôle a l'obligation de répondre par écrit au cotisant *(voir § 635)*, un tel échange direct entre eux ne sera plus juridiquement possible. En effet, si un redressement ou des observations pour l'avenir sont ultérieurement notifiés au cotisant, les seules voies possibles de contestation seront portées devant le médiateur de l'URSSAF *(voir § 830)*, la commission de recours amiable de l'URSSAF *(voir § 835)* puis, le cas échéant, devant les tribunaux *(voir § 848)*.

Choix possibles dans la réponse

623 Le cotisant peut tout d'abord accepter toutes les observations sans contestation, ce qui, en pratique, rend inutile une réponse de sa part.

Il peut également contester tout ou partie du redressement ou des observations pour l'avenir envisagés par l'agent.

Dans cette dernière hypothèse, le contenu de la réponse relève de la libre appréciation du cotisant. L'article R 243-59 du code de la sécurité sociale n'aide guère le cotisant à ce sujet puisqu'il précise seulement que, dans sa réponse, la personne contrôlée peut :
– indiquer toute précision ou tout complément qu'elle juge nécessaire, notamment en proposant des ajouts à la liste des documents consultés par l'agent de contrôle *(voir § 580)* ;
– et justifier, le cas échéant, avoir corrigé pendant le contrôle les déclarations afférentes à la période contrôlée et acquitté les sommes correspondantes pour qu'il en soit tenu compte *(voir § 592)*.

S'il décide de répondre, le cotisant est donc entièrement libre du contenu de sa réponse. Il pourra faire valoir tous les arguments de droit et/ou de fait susceptibles de démontrer le bien-fondé de sa contestation, notamment en joignant à sa réponse les documents et pièces justificatives qui lui permettent d'étayer ses observations, et qui pourraient amener l'URSSAF à revoir sa position.

Délai de réponse

▸ En principe, 30 jours

624 Dès l'ouverture de la période contradictoire, le cotisant dispose de la faculté de répondre à la lettre d'observations *(voir § 571)* dans un délai de 30 jours.

Ce délai court à compter de la réception de la lettre d'observations par la personne contrôlée (c. séc. soc. art. R. 243-59, III).

Prise en compte de la réponse du cotisant aux observations de l'URSSAF. Si la personne contrôlée répond aux observations de l'agent chargé du contrôle dans le délai de 30 jours, éventuellement prolongé *(voir § 625)*, ce dernier peut modifier sa position, au vu des arguments du cotisant, et revenir totalement ou partiellement sur les projets de redressement et/ou d'observations pour l'avenir qu'il envisageait initialement *(voir § 637)*.

▸ Prolongation possible jusqu'à 60 jours

625 Le délai laissé au cotisant contrôlé pour répondre à lettre d'observations peut être prolongé sur sa demande, pour être portée à 60 jours au maximum. La demande, qui doit être reçue par l'URSSAF avant la fin du délai initial de 30 jours *(voir § 624)*, peut être effectuée par tout moyen donnant date certaine à sa réception. À défaut de réponse de l'URSSAF, la prolongation est tacitement acceptée (c. séc. soc. art. L. 243-7-1 A, R. 243-59-3 et R. 243-59-9).

→ **À NOTER** *En l'absence de précision du texte sur le moment à partir duquel la personne contrôlée peut estimer être en présence d'une acceptation tacite de ce report, on peut considérer qu'il en est ainsi dès lors que l'agent URSSAF n'a pas répondu dans le délai initial de 30 jours.*

La prolongation du délai de réponse n'est toutefois pas possible dans les situations suivantes :
– mise en œuvre de la procédure d'abus de droit *(voir § 540)* ;
– constat de travail illégal au sens des 1° à 4° de l'article L. 8211-1 du code du travail (travail dissimulé ; marchandage ; prêt illicite de main-d'œuvre ; emploi d'étranger non autorisé à travailler).

Forme de la réponse

626 Le cotisant qui use de son droit de réponse doit transmettre celle-ci à l'agent de l'URSSAF concernée par écrit, avant la fin du délai de 30 jours (ou de 60 jours en cas de prolongation) *(voir §§ 624 et 625)*. Cette réponse doit être envoyée par tout moyen permettant de prouver la date de sa réception, comme un courriel par exemple (c. séc. soc. art. R. 243-59-9, I ; cass. civ., 2e ch., 14 février 2007, n° 05-21106 D). C'est l'envoi de cette réponse qui doit être effectué avant la fin du délai, peu importe que la réception soit postérieure.

Arguments possibles du cotisant

▸ L'irrégularité du contrôle

627 **Non-respect du principe du contradictoire.** La procédure de contrôle doit obéir à certaines règles afin d'assurer le respect du contradictoire et des droits de la défense. La personne contrôlée peut, pour obtenir la nullité de la procédure, invoquer un manquement à ce principe, au travers par exemple du non-respect des règles applicables en matière d'avis de contrôle, d'audition des personnes rémunérées par le cotisant *(voir § 629)* ou de notification de la lettre d'observations *(voir § 630)*, du caractère injustifié ou inexact de la taxation forfaitaire *(voir § 631)*, ou de l'opposabilité de la charte du cotisant contrôlé *(voir § 632)*. Elle peut également soulever l'incompétence de l'URSSAF ou de l'agent de contrôle *(voir § 628)*.

→ **À NOTER** *Le non-respect du contradictoire n'entraîne pas forcément la nullité de toute la procédure de contrôle. Pour la Cour de cassation, la méconnaissance par l'URSSAF des droits du cotisant contrôlé n'emporte en effet la nullité de l'ensemble de la procédure de contrôle et de redressement que si l'irrégularité affecte chacun des chefs de redressement envisagés* (cass. civ., 2e ch., 8 juillet 2021, n° 20-16846 FB).

628 **Incompétence de l'URSSAF ou de l'agent de contrôle.** Sauf exception *(voir §§ 71 à 73)*, lorsque l'URSSAF qui a effectué le contrôle n'est pas celle en charge du recouvrement des cotisations, il y a irrégularité du contrôle (cass. soc. 31 octobre 2000, n° 99-13322 D). Il en est de même lorsque la délégation de compétences d'une URSSAF à une autre n'est pas intervenue avant l'envoi de l'avis de contrôle (cass. civ., 2e ch., 12 juillet 2006, n° 04-30844, BC II n° 191 ; cass. civ., 2e ch., 4 mai 2016, n° 15-18188, BC II n° 118) *(voir § 72)*.

L'employeur peut aussi soulever l'incompétence de l'inspecteur du recouvrement, si ce dernier n'est pas, par exemple, agréé et assermenté (cass. soc. 31 octobre 2000, n° 99-13322 D) *(voir § 75)*.

Par ailleurs, la personne contrôlée peut être amenée à soulever l'impossibilité pour l'URSSAF :
– de remettre en cause une décision de la caisse primaire devenue définitive prononçant une affiliation ou non au régime général (cass. soc. 26 mars 1992, n° 89-18793, BC V n° 215) *(voir § 133)* ;
– de contester la détermination d'un taux de cotisation « accidents du travail » notifié par la CARSAT (cass. civ., 2e ch., 14 février 2013, n° 12-13656, BC II n° 30).

629 **Non-respect des règles applicables en matière d'avis de contrôle ou d'audition.** Il y a irrégularité du contrôle lorsque celui-ci n'a pas débuté par un avis de contrôle (l'ensemble du redressement notifié est alors nul ; cass. civ., 2e ch., 10 juillet 2008, n° 07-18152, BC II n° 188), ou lorsque l'avis de contrôle :
– n'a pas été adressé par tout moyen permettant de rapporter la preuve de sa date de réception *(voir § 352)* ;
– ne comporte pas les mentions obligatoires garantes du respect d'une procédure contradictoire *(voir § 353)* ;
– ou n'a pas été envoyé au moins 30 jours avant la première visite de l'agent chargé du contrôle (c. séc. soc. art. R. 243-59) *(voir § 362)*.

De même, si l'agent, durant le contrôle, auditionne des personnes non rémunérées par le cotisant (ex. : conjoint), alors il y a nullité de cette audition (cass. civ., 2e ch., 11 octobre 2005, n° 04-30389 D ; c. séc. soc. art. R. 243-59) *(voir § 427)*.

630 **Non-respect des règles applicables en matière de notification de la lettre d'observations.** Le cotisant peut également invoquer l'irrégularité du contrôle lorsque celui-ci n'a pas été clôturé par la transmission par l'URSSAF d'une lettre d'observations indiquant le délai imparti pour répondre aux observations de l'agent de contrôle *(voir § 573)*.

631 **Caractère injustifié ou inexact de la taxation forfaitaire.** Le cotisant peut apporter la preuve du caractère injustifié du recours à la taxation forfaitaire *(voir § 528)* ou du caractère excessif de l'évaluation opérée *(voir § 527)*.

Si le recours à la taxation forfaitaire est reconnu comme injustifié, alors le redressement sera annulé (cass. soc. 23 novembre 2000, n° 98-2035, BC V n° 389). En revanche, en cas d'évaluation erronée, l'assiette des cotisations sera seulement modifiée (cass. soc. 17 juin 1993, n° 91-11977 D).

632 **Opposabilité de la charte du cotisant contrôlé.** Les dispositions contenues dans la charte du cotisant contrôlé sont opposables à l'URSSAF (c. séc. soc. art. R. 243-59, I) *(voir § 353)*. Dès lors, si ces dispositions n'étaient pas respectées, la personne contrôlée devrait pouvoir demander l'annulation du contrôle et du redressement qui s'ensuit.

▸ Autres arguments possibles

633 En réponse à la lettre d'observations de l'URSSAF, le cotisant peut aussi invoquer :
– l'opposabilité d'un précédent contrôle (décision implicite) *(voir 285)* ; toutefois, si le redressement est consécutif à un constat de travail dissimulé *(voir § 1100)*, le cotisant ne peut se prévaloir de l'approbation tacite de ses pratiques par l'URSSAF lors d'un contrôle antérieur (cass. civ., 2e ch., 4 avril 2019, n° 18-13786 FPBI) ;
– l'application d'une circulaire ou instruction ministérielle opposable *(voir § 283)* ; la demande, effectuée par tout moyen donnant date certaine à sa réception, est recevable tant que les sommes mises en recouvrement au titre d'une situation couverte par cette circulaire ou instruction n'ont pas un caractère définitif. L'URSSAF doit alors, dans un délai de 2 mois à compter de la réception de cette demande, informer la personne contrôlée, par motif de redressement, des montants qui, le cas échéant, sont annulés et de ceux dont elle reste redevable au titre de la mise en demeure *(voir § 691)* (c. séc. soc. art. R. 243-59-8 et R. 243-59-9) ;
– un arbitrage de l'URSSAF Caisse nationale *(voir § 288)* ;
– une décision de rescrit prise par l'URSSAF *(voir § 263)* ou France Travail *(voir § 278)* ;
– les conclusions émises par l'URSSAF à la suite de l'exercice par le cotisant de son droit à contrôle *(voir § 293)*.

634

Exemples d'irrégularités de procédure sources d'annulation du contrôle (jurisprudence)	
Objet	**Voir §**
Compétence de l'URSSAF	
La délégation de compétences d'une URSSAF à une autre doit être préalable aux opérations de contrôle sous peine d'irrégularité de la procédure (cass. civ., 2e ch., 12 juillet 2006, n° 04-30844, BC II n° 191 ; cass. civ., 2e ch., 4 mai 2016, n° 15-18188, BC II n° 118).	*72*
L'URSSAF ne peut vérifier un taux de cotisation « accidents du travail » notifié par la CARSAT (cass. civ., 2e ch., 14 février 2013, n° 12-13656, BC II n° 30).	*130*
L'URSSAF ne peut pas remettre en cause une décision de caisse primaire d'assurance maladie devenue définitive prononçant l'affiliation au régime général des salariés (cass. soc. 26 mars 1992, n° 89-18793, BC V n° 215).	*133*
L'irrégularité d'un contrôle est admise s'il est mené par un inspecteur du recouvrement non agréé et non assermenté (solution *a contrario* : cass. soc. 31 octobre 2000, n° 99-13322 D).	*75*
Avis de contrôle	
L'URSSAF doit être en mesure de prouver qu'elle a envoyé un avis de contrôle (anciennement dénommé avis de passage) (cass. civ., 2e ch., 10 juillet 2008, n° 07-18152, BC II n° 188).	*350*
L'absence de mention de la possibilité pour le cotisant contrôlé de se faire assister par le conseil de son choix entraîne l'irrégularité de la procédure (cass. civ., 2e ch., 18 septembre 2014, n° 13-17084 D).	*354*
L'absence de mention de la date programmée du contrôle entraîne l'irrégularité de la procédure (cass. civ., 2e ch., 25 avril 2013, n° 12-30049, BC II n° 84).	*356*
L'URSSAF doit avoir adressé l'avis de contrôle à chaque société visée du groupe, même en cas de versement des cotisations en un lieu unique (VLU) (cass. civ., 2e ch., 2 avril 2015, n° 14-14528, BC II n° 84).	*361*
Déroulement du contrôle	
Début du contrôle	
Le non-respect de la date du contrôle fixé par l'URSSAF entraîne l'irrégularité de la procédure (cass. civ., 2e ch., 12 juillet 2012, n° 11-22895 D).	*363*
Audition des salariés	
Nullité du contrôle du fait :	
- du recueil, au domicile de salariés absents, des déclarations de leurs épouses respectives (cass. soc. 28 novembre 1991, n° 89-11287, BC V n° 548) ;	*430*
- de l'audition de salariés à leur domicile (cass. soc. 6 juin 1996, n° 94-14202, BC V n° 234) ;	*430*
- de l'audition d'un salarié dans les bureaux de l'URSSAF (cass. soc. 25 mars 1999, n° 97-14680, BC V n° 139) ;	*430*
- de l'audition de personnes étrangères à l'entreprise (cass. soc. 26 octobre 2000, n° 98-18578 D) ;	*429*
- du recueil des réponses de salariés, rémunérées par le versement d'honoraires requalifiés en salaire, à un questionnaire envoyé à leur domicile par l'agent de contrôle (cass. soc. 27 février 2003, n° 01-21149, BC V n° 76 ; cass. civ., 2e ch., 10 mai 2005, n° 04-30046) ;	*430*
- de l'audition d'une personne rémunérée par un prestataire de services de l'entreprise contrôlée (cass. civ., 2e ch., 20 septembre 2018, n° 17-24359 FPB).	*429*
Échantillonnage et extrapolation	
La procédure est irrégulière si :	
- l'URSSAF demande des documents nécessaires à la constitution d'une base de sondage avant la fin du délai de 15 jours laissé au cotisant contrôlé pour s'opposer à la méthode (cass. civ., 2e ch., 14 mars 2019, n° 18-10409 FPBI) ;	*454*
- le cotisant contrôlé n'a pas été associé à chacune des phases du protocole des méthodes de vérification par échantillonnage et extrapolation (cass. civ., 2e ch., 19 juin 2014, n° 13-19150, BC II n° 149) ;	*461*

Exemples d'irrégularités de procédure sources d'annulation du contrôle (jurisprudence)	
Objet	**Voir §**
- l'URSSAF n'a pas mis en œuvre la procédure d'échantillonnage-extrapolation suivant le protocole fixé par le code de la sécurité sociale (cass. civ., 2e ch., 9 février 2017, n° 16-10971 D) ;	455
- le cotisant n'a pas été associé à la 3e phase du protocole des méthodes de vérification par échantillonnage et extrapolation, l'URSSAF ne pouvant régulariser la procédure en lui communiquant les résultats de l'analyse des pièces justificatives de chacun des échantillons après l'envoi de la lettre d'observations et en réponse aux observations du cotisant (cass. civ., 2e ch., 5 janvier 2023, n° 21-14706 FB).	461
Lettre d'observations	
La non-communication de la lettre d'observations (cass. soc. 12 décembre 1996, n° 95-12881, BC V n° 442) entraîne l'irrégularité de la procédure. Il en va de même de l'absence de preuve, par l'URSSAF, de l'envoi de la lettre d'observations (cass. soc. 7 mai 1991, n° 88-16344, BC V n° 233 ; cass. soc. 2 février 1995, n° 92-13806 D).	573 et 577
Entraîne l'irrégularité de la procédure l'absence de la mention :	
- de la possibilité de se faire assister par un conseil de son choix (cass. civ., 2e ch., 10 octobre 2013, n° 12-26586 D ; cass. civ., 2e ch., 3 avril 2014, n° 13-11516, BC II n° 86) ;	582
- de la possibilité de répondre aux observations de l'URSSAF dans un certain délai (cass. soc. 18 juillet 1996, n° 94-17174, BC V n° 306 ; cass. civ., 2e ch., 10 mai 2005, n° 04-30059 D) ;	584
- du mode de calcul des redressements envisagés (cass. civ., 2e ch., 18 septembre 2014, n° 13-21682, BC II n° 18) ;	591
- des assiettes et montants des redressements par année ainsi que des taux de cotisation appliqués (cass. civ., 2e ch., 12 juillet 2006, n° 05-10661, BC II n° 197 ; cass. soc. 14 mars 1996, n° 93-20698 D ; cass. civ., 2e ch., 20 janvier 2012, n° 10-24026 D).	591
L'absence de signature de la lettre d'observations par tous les inspecteurs du recouvrement ayant procédé au contrôle entraîne la nullité de la lettre d'observations, ainsi que de la mise en demeure et du redressement subséquents (cass. civ., 2e ch., 6 novembre 2014, n° 13-23990, BC II n° 220).	585
Taxation forfaitaire	
Le cotisant contrôlé peut demander l'annulation d'un redressement établi sur la base d'une taxation forfaitaire dès lors que l'URSSAF ne lui a pas permis de se défendre (cass. civ., 2e ch., 27 janvier 2004, n° 02-30706, BC II n° 29).	526
Le cotisant contrôlé peut faire valoir le recours injustifié à la taxation forfaitaire (cass. soc. 23 novembre 2000, n° 98-22035, BC V n° 389).	528 et 631
Le cotisant peut apporter la preuve de l'inexactitude ou du caractère excessif de l'évaluation (cass. soc. 13 octobre 1977, n° 76-11311, BC V n° 538).	526 et 631
Clôture du contrôle	
L'agent de contrôle ne peut pas établir et transmettre à l'URSSAF son rapport de contrôle avant d'avoir communiqué ses observations au cotisant contrôlé (cass. soc. 12 mars 1992, n° 88-15420, BC V n° 184 ; cass. soc. 6 février 1997, n° 95-13685, BC V n° 56).	639
Mise en recouvrement	
La mise en œuvre du recouvrement des cotisations avant la fin de la période contradictoire (par exemple, avant la fin du délai laissé au cotisant contrôlé pour répondre à la lettre d'observations) entraîne l'annulation du redressement (cass. soc. 2 juin 1994, n° 91-21360 D ; cass. soc. 11 octobre 2001, n° 00-11809 D).	621
Décision implicite de l'URSSAF	
Le cotisant peut faire valoir l'approbation implicite de l'URSSAF des pratiques de l'entreprise si l'URSSAF n'a formulé aucune observation au cours d'un précédent contrôle et a pu agir en connaissance de cause et à condition qu'aucun changement de fait ou de droit ne soit intervenu (cass. civ., 2e ch., 19 avril 2005, n° 03-30718, BC II n° 100 ; cass. civ., 2e ch., 28 janvier 2010, n° 08-21783, BC II n° 23 ; cass. civ., 2e ch., 18 novembre 2003, n° 02-30552 D).	285

Réponse de l'agent URSSAF au cotisant

Obligation pour l'URSSAF de répondre

635 Si la personne contrôlée a répondu à la lettre d'observations avant la fin du délai de 30 jours, éventuellement prolongé *(voir §§ 624 et 625)*, l'agent chargé du contrôle est tenu de répondre à son tour (c. séc. soc. art. R. 243-59, III).

Chaque observation exprimée de manière circonstanciée par la personne contrôlée doit faire l'objet d'une réponse motivée, adressée par tout moyen donnant date certaine à sa réception. Cette réponse doit détailler, par motif de redressement, les montants qui, le cas échéant, ne sont pas retenus et les redressements qui demeurent envisagés (c. séc. soc. art. R. 243-59, III et R. 243-59-9). Cette réponse motivée de l'agent doit également porter, à notre sens, sur les points de la réponse du cotisant qui concernent, le cas échéant, les observations pour l'avenir contenues dans la lettre d'observations.

Même si cela n'est pas prévu par les textes, l'agent de l'URSSAF peut, à la lecture de la réponse de la personne contrôlée, lui demander des justificatifs complémentaires avant de lui apporter sa réponse motivée. La Cour de cassation considère en effet que les dispositions de l'article R. 243-59 du code de la sécurité sociale ne font pas obstacle à ce que l'inspecteur du recouvrement, à réception de la réponse du cotisant dans le délai imparti *(voir §§ 624 et 625)*, puisse demander des justificatifs complémentaires (cass. civ., 2e ch., 20 mars 2008, n° 07-12797, BC II n° 76).

→ **À NOTER** *La lettre par laquelle l'inspecteur du recouvrement répond aux observations formulées par le cotisant à la suite de la notification de la lettre d'observations ne constitue pas une nouvelle lettre d'observations, et n'a donc pas à contenir les mentions requises par la réglementation pour la lettre d'observations* *(voir §§ 578 à 594)* (cass. civ., 2e ch., 7 janvier 2021, n° 19-20230 FPI). *Elle n'a pas besoin non plus d'être signée par tous les agents URSSAF ayant participé au contrôle* (cass. civ., 2e ch., 18 février 2021, n° 20-12328 FP).

Délai de réponse

636 L'agent de contrôle n'a aucun délai pour répondre à la personne contrôlée. Toutefois, aucune mise en recouvrement ne pourra intervenir avant cette réponse *(voir encadré § 621)*. À notre sens, aucune confirmation d'observations pour l'avenir ne pourra également intervenir avant cette même réponse, eu égard au nécessaire respect du caractère contradictoire de la procédure.

Conséquences de la réponse de l'agent de contrôle

▸ L'URSSAF revient totalement ou partiellement sur sa position

637 L'agent chargé du contrôle peut, compte tenu de la réponse de la personne contrôlée, décider de revenir sur tout ou partie de sa lettre d'observations. La pratique montre qu'il ne s'agit pas d'un « cas d'école ».

L'agent peut revenir sur sa position, par exemple, si le cotisant a mentionné des faits éclairant autrement ses pratiques mises en cause au cours du contrôle ou, hypothèse plus courante, s'il a pu produire des justificatifs appuyant sa position, d'où l'intérêt pour celui-ci, de prendre le plus grand soin à la réponse fournie à l'inspecteur dans le délai qui lui est imparti *(voir §§ 624 et 625)*.

▸ **L'URSSAF maintient sa position**

638 La réponse du cotisant peut aussi n'entraîner aucune modification de la position de l'agent de contrôle URSSAF.

Nouvelle réponse du cotisant. Si la personne contrôlée souhaite répondre à la réponse de l'agent URSSAF, ce dernier n'a nullement l'obligation d'y donner une nouvelle suite.

Le cotisant ne peut pas contester en justice le rejet de ses observations. Il ne peut que contester la mise en demeure que l'URSSAF lui notifie par la suite pour engager le recouvrement des cotisations dues (cass. civ., 2e ch., 14 février 2019, n° 17-27759 FPB).

Rapport de contrôle

Objet

639 À l'issue de la période contradictoire, un rapport de contrôle est établi par l'agent de l'URSSAF et transmis à l'organisme de recouvrement afin d'engager, par l'envoi d'une mise en demeure, la mise en recouvrement des cotisations, des majorations et pénalités faisant l'objet de redressement *(voir § 691)*. Il contient, outre la lettre d'observations transmise au cotisant *(voir § 571)*, les échanges intervenus le cas échéant entre la personne contrôlée et l'agent au cours de la période contradictoire (c. séc. soc. art. R. 243-59, IV). Ce rapport est donc essentiellement un document interne à l'organisme.

Observations pour l'avenir. En pratique, le rapport de contrôle est établi avant la mise en recouvrement mais aussi avant la notification des observations pour l'avenir *(voir § 710)*.

Le fait que l'agent de contrôle établisse, clôture et transmette à l'URSSAF son rapport de contrôle avant d'avoir communiqué ses observations au cotisant contrôlé entraîne la nullité des mises en demeure postérieures (cass. soc. 12 mars 1992, n° 88-15420, BC V n° 184 ; cass. soc. 6 février 1997, n° 95-13685, BC V n° 56).

En revanche, la nullité de la procédure de contrôle n'est pas encourue lorsque le rapport de contrôle, qui est destiné seulement à informer l'URSSAF de la mise en recouvrement, a été établi avant l'envoi de la réponse de l'inspecteur du recouvrement aux observations du cotisant, dès lors que la mise en recouvrement par mise en demeure, elle, a été engagée après cette réponse (cass. civ., 2e ch., 7 septembre 2023, n° 21-20524 FB).

Un rapport non transmis au cotisant

640 Si l'agent de contrôle a l'obligation, avant la clôture de son rapport, de porter à la connaissance du cotisant les omissions ou les erreurs qui lui sont reprochées via la lettre d'observations *(voir § 571)*, il n'est pas tenu de lui communiquer le rapport de contrôle du moment que la lettre d'observations permet à l'employeur, indépendamment de ses annexes, de connaître la nature, le mode de calcul et le montant des redressements opérés (cass. civ., 2e ch., 16 février 2012, n° 11-12166, BC II n° 33).

La personne contrôlée peut, pour sa part, souhaiter être en possession du rapport de contrôle même si, en pratique, le contenu de celui-ci présente peu d'intérêt. Si l'URSSAF refuse de le lui communiquer, elle peut en demander la communication en saisissant la Commission d'accès aux documents administratifs (CADA), conformément aux dispositions du code des relations entre le public et l'administration (CRPA, art. R. 343-1 à R. 343-5).

Déroulement du contrôle URSSAF

(Début de la phase du contrôle)

Avis de contrôle

↓ Au moins 30 jours

Opérations de contrôle

↓

Lettre d'observations*

↓ 30 jours (60 jours en cas de prolongation)

Réponse éventuelle du cotisant

↓

Réponse de l'agent chargé du contrôle

(Fin de la phase de contrôle)

* Début de la période contradictoire

Suites et portée du contrôle

Quelles sont les conditions de validité d'une mise en demeure ?

DÉFINITION

LA MISE EN DEMEURE EST

UNE INVITATION IMPÉRATIVE ADRESSÉE AU COTISANT DE PAYER SA DETTE DANS LE DÉLAI D'1 MOIS

ET

UN PRÉALABLE OBLIGATOIRE AVANT TOUTE MISE EN RECOUVREMENT FORCÉ DE LA DETTE

CONTENU

POUR ÊTRE VALABLE, LA MISE EN DEMEURE DOIT MENTIONNER

— SOUS PEINE DE NULLITÉ —

- LA CAUSE, LA NATURE ET LE MONTANT DES SOMMES RÉCLAMÉES + LES MAJORATIONS ET PÉNALITÉS DUES
- LES MONTANTS NOTIFIÉS PAR LA LETTRE D'OBSERVATIONS, CORRIGÉS LE CAS ÉCHÉANT À LA SUITE DES ÉCHANGES ENTRE LE COTISANT ET L'URSSAF PENDANT LA PÉRIODE CONTRADICTOIRE
- LA RÉFÉRENCE ET LES DATE DE LA LETTRE D'OBSERVATIONS
- LE DÉLAI IMPARTI AU COTISANT POUR PAYER SA DETTE
- LES DÉLAIS ET VOIES DE RECOURS

FORMALITÉS

LA MISE EN DEMEURE DOIT

- **ÊTRE SIGNÉE PAR LE DIRECTEUR DE L'URSSAF** (OU UN DÉLÉGATAIRE)
- **ÊTRE ENVOYÉE PAR TOUT MOYEN DONNANT DATE CERTAINE À SA RÉCEPTION** (EX. : LRAR)

! ELLE NE DOIT PAS ÊTRE ENVOYÉE AVANT LA FIN DE LA PÉRIODE CONTRADICTOIRE

11 Mise en demeure et observations pour l'avenir

Décisions possibles de l'URSSAF : mise en demeure de payer et/ou observations pour l'avenir

690 À l'issue de la période contradictoire *(voir § 620)*, l'URSSAF peut prendre plusieurs décisions :

– elle peut, après avoir déterminé les sommes qui lui sont dues au titre d'un redressement, procéder à leur recouvrement en adressant au cotisant une mise en demeure de régler ses dettes. Cette mise en demeure concerne les cotisations proprement dites, mais aussi les majorations de retard et les éventuelles pénalités ;

– elle peut également notifier au cotisant des observations pour l'avenir ne conduisant pas à un redressement mais appelant celui-ci à se mettre en conformité pour les périodes postérieures aux exercices contrôlés et lui précisant que, à défaut, il s'expose à des pénalités *(voir § 594)*.

La mise en demeure et/ou la notification d'observations pour l'avenir constituent ainsi la véritable décision de l'organisme de recouvrement, alors que la lettre d'observations de l'agent de contrôle *(voir § 571)* n'est qu'un projet soumis au préalable de la période contradictoire.

Point de départ pour saisir la commission de recours amiable (CRA). Si le cotisant entend contester la décision de l'URSSAF, il doit le faire devant la commission de recours amiable de l'URSSAF, dans un délai de 2 mois à compter de la réception de la mise en demeure notifiant le redressement ou de la décision confirmant les observations pour l'avenir *(voir §§ 835 et 837)* (c. séc. soc. art. R. 142-1). La saisine de la CRA peut intervenir en parallèle de la saisine du médiateur de l'URSSAF, qui est facultative *(voir § 830)*. Attention : en cas de redressement, la saisine de la CRA ne suspend pas le calcul des majorations de retard.

Mise en demeure de payer : une invitation à régler la dette

Pas de redressement sans mise en demeure

691 La mise en demeure constitue une invitation impérative adressée au cotisant d'avoir à régulariser sa dette auprès de l'URSSAF dans un délai donné. À ce titre, la mise en demeure est un préalable obligatoire à toute mise en recouvrement forcé de la créance ou à toute poursuite contre le cotisant (c. séc. soc. art. L. 244-2).

La notification d'une mise en demeure régulière constituant un préalable obligatoire, la nullité de celle-ci fait obstacle à ce que l'organisme de recouvrement poursuive, au cours de la même instance judiciaire, le paiement des sommes qui en sont l'objet (cass. civ., 2e ch., 17 octobre 2024, n° 21-25851 FB). En l'espèce, la cour d'appel, alors qu'elle avait admis la nullité de la mise en demeure, avait pourtant estimé qu'il convenait d'examiner la demande reconventionnelle en paiement formée par l'URSSAF. Une décision censurée par la Cour de cassation.

→ **À NOTER** *Si la créance de l'URSSAF est inférieure à un certain montant, celle-ci est autorisée à en abandonner le recouvrement* (c. séc. soc. art. L. 133-3). *Depuis le 28 juin 2025, ce montant est fixé à 2,5 % du plafond mensuel de la sécurité sociale, arrondi à l'euro supérieur (soit 101 € en 2026)* (c. séc. soc. art. D. 133-1 ; décret 2025-578 du 25 juin 2025, art. 1, 1°, JO du 27).

Effets de la mise en demeure

▸ Point de départ pour régler la dette

692 Dans le mois qui suit la réception de la mise en demeure, le cotisant doit régler les sommes dues à l'URSSAF (c. séc. soc. art. L. 244-2). La mise en demeure constitue donc le point de départ du délai imparti pour régulariser les cotisations (cass. soc. 24 mars 1994, n° 92-13925, BC V n° 105).

Même si le cotisant accepte le redressement, il peut formuler une demande de remise des majorations de retard *(voir § 762)*. En cas de difficultés financières, il peut solliciter des délais de paiement, après avoir réglé la part salariale des cotisations *(voir § 761)*.

→ **ATTENTION** *L'obtention d'un délai de paiement n'interrompt pas le cours des majorations de retard (voir § 761).*

▸ Prescription de l'action en recouvrement

693 Le délai de prescription de l'action en recouvrement de l'URSSAF, fixé à 3 ans (5 ans en cas de travail illégal), est décompté à partir de l'expiration du délai de régularisation de 1 mois imparti par la mise en demeure (c. séc. soc. art. L. 244-8-1 et L. 244-11). Ainsi, si le cotisant reste inactif à payer sa dette, l'URSSAF dispose alors d'un délai de 3 ans pour engager une action judiciaire en recouvrement des cotisations dues.

Lorsque le cotisant saisit la juridiction compétente pour contester la mise en demeure, la prescription est interrompue et de nouveaux délais courent à compter du jour où le jugement est devenu définitif (c. séc. soc. art. R. 244-1).

Prescription des cotisations : rappel. Les cotisations URSSAF se prescrivent par 3 ans (5 ans en cas de constatation d'une infraction de travail illégal) à compter de la fin de l'année civile au titre de laquelle elles sont dues ou à compter du 30 juin de l'année qui suit celle au titre de laquelle elles sont dues pour les travailleurs indépendants (c. séc. soc. art. L. 244-3 et L. 244-11). Dans le cadre d'un contrôle, ce délai de prescription est suspendu pendant la période contradictoire *(voir § 620)* (c. séc. soc. art. L. 244-3).

▸ **Point de départ de nouvelles majorations et pénalités de retard**

694 En cas de paiement des sommes dues au-delà du délai de 30 jours laissé au cotisant pour régulariser sa situation, ce dernier encourt de nouvelles majorations de retard qui vont s'ajouter à celles nées antérieurement.

→ **ATTENTION** *La saisine de la CRA ne suspend pas le calcul des majorations de retard (voir § 835).*

695 **SOLDE CRÉDITEUR À L'ISSUE DU CONTRÔLE : REMBOURSEMENT SOUS 1 MOIS PAR L'URSSAF**

Si un solde créditeur en faveur de la personne contrôlée résulte de l'ensemble des points examinés lors du contrôle *(voir § 593)*, l'URSSAF le lui notifie et effectue le remboursement dans un délai maximum de 1 mois suivant sa notification (c. séc. soc. art. R. 243-59, IV).

La charte du cotisant contrôlé précise que si le cotisant est redevable par ailleurs de sommes auprès de l'URSSAF, celles-ci seront déduites du montant à rembourser (charte du cotisant contrôlé en vigueur au 1er janvier 2024, p. 19).

Mentions obligatoires

▸ **Cause, nature et montant des sommes, référence à la lettre d'observations**

696 La mise en demeure doit obligatoirement mentionner la cause, la nature et le montant des sommes réclamées, les majorations et pénalités qui s'y appliquent, ainsi que la période à laquelle elles se rapportent (c. séc. soc. art. L. 244-2 et R. 244-1).

Dans une formule qu'elle utilise de manière habituelle, la Cour de cassation juge que la mise en demeure, qui constitue une invitation impérative adressée au débiteur d'avoir à régulariser sa situation dans le délai imparti, doit permettre à celui-ci d'avoir connaissance de la nature, de la cause et de l'étendue de son obligation et préciser à cette fin, à peine de nullité, la nature et le montant des cotisations et contributions réclamées et la période à laquelle celles-ci se rapportent, sans que soit exigée la preuve d'un préjudice (cass. soc. 19 mars 1992, n° 88-11682, BC V n° 204 ; cass. civ., 2e ch., 11 janvier 2024, n° 22-11789 FD).

→ **À NOTER** *Il a été jugé que lorsque l'activité du cotisant mentionnée dans la mise en demeure est erronée, celui-ci ne peut pas avoir connaissance de la nature, de la cause et de l'étendue de son obligation, de sorte que la mise en demeure et la contrainte subséquente doivent être annulées. En l'espèce, la mise en demeure ne faisait pas mention de sa qualité de gérant de l'EURL au titre de laquelle les cotisations lui étaient réclamées* (cass. civ., 2e ch., 7 avril 2022, n° 20-19130 FB). *La même solution a été adoptée pour des mises en demeure adressées à un cotisant en sa qualité, selon les cas, de gérant d'une SARL et de gérant d'une EURL, ou en sa seule qualité de gérant de la SARL, alors que cette dernière société avait fait l'objet d'une liquidation judiciaire, créant ainsi une confusion sur l'activité visée* (cass. civ., 2e ch., 16 février 2023, n° 21-15313 D).

Lorsqu'elle fait suite à un contrôle, la mise en demeure doit également mentionner (c. séc. soc. art. R. 244-1) :
– au titre des différentes périodes annuelles contrôlées, les montants notifiés par la lettre d'observations *(voir § 571)*, corrigés le cas échéant à la suite des échanges entre la personne contrôlée et l'agent chargé du contrôle pendant la période contradictoire *(voir § 620)* ;
– la référence et les dates de la lettre d'observations et, le cas échéant, du dernier courrier établi par l'agent en charge du contrôle lors de la période contradictoire.

Les montants indiqués tiennent compte des sommes déjà réglées par la personne contrôlée (c. séc. soc. art. R. 244-1).

Précisons que :
– la nature de l'obligation du cotisant s'entend de la spécification des cotisations et contributions concernées : cotisations sociales, CSG et CRDS, ou autres versements (cass. civ., 2e ch., 16 mars 2004, n° 02-31062, BC II n° 123 ; cass. civ., 2e ch., 14 février 2019, n° 18-10238 D ; cass. civ., 2e ch., 4 septembre 2025, n° 23-15474 FD) ;
– la cause de l'obligation peut correspondre au régime concerné par le redressement, la mention d'une « absence ou insuffisance de versement » n'étant pour autant pas assez précise (cass. soc. 25 janvier 2001, n° 99-13406 D) ;
– l'étendue de l'obligation concerne le montant du redressement ainsi que les taux, périodes et assiettes ayant servi au calcul de celui-ci (cass. civ., 2e ch., 16 mars 2004, n° 02-31062, BC II n° 123).

→ **À NOTER** *La mise en demeure non chiffrée ou limitée à un montant symbolique n'est pas valable* (cass. soc. 20 octobre 1994, n° 92-12570, BC V n° 286). *L'URSSAF doit fournir en détail le calcul de chacune des cotisations faisant l'objet de la mise en demeure, faute de quoi cette dernière pourra encourir l'annulation* (cass. civ., 2e ch., 16 mars 2004, n° 02-31062, BC II n° 123). *Une telle indication peut toutefois résulter de la lettre d'observations (voir § 697). Une mise en demeure ne comportant pas d'indication sur la période contrôlée peut aussi être annulée* (cass. soc. 19 mars 1992, n° 88-11682, BC V n° 204 ; cass. soc. 4 février 1999, n° 96-13286, BC V n° 57). *A par ailleurs été considérée comme nulle une mise en demeure dès lors qu'existait une discordance entre le montant des cotisations figurant sur la lettre d'observations (voir § 571) et celui mentionné dans la mise en demeure, discordance qui ne pouvait s'expliquer par la prise en compte des observations du cotisant qui avaient conduit l'URSSAF à minorer deux chefs de redressement* (cass. civ., 2e ch., 9 octobre 2014, n° 13-22039 D).

▸ Renvoi à des documents extrinsèques

697 Il est habituel que la mise en demeure renvoie à des documents annexes telles que la lettre d'observations *(voir § 571)*. En tout état de cause, elle doit nécessairement contenir la référence et les dates de la lettre d'observations et, le cas échéant, du dernier courrier établi par l'agent de l'URSSAF lors des échanges avec la personne contrôlée *(voir § 696)* (c. séc. soc. art. R. 244-1).

Ces mentions entérinent une jurisprudence qui avait admis la validité d'une mise en demeure :
– faisant référence à la lettre d'observations, laquelle expliquait « de façon détaillée avec une référence précise aux textes applicables le motif du redressement (…) de toute évidence parfaitement compris par l'employeur qui l'a contesté de façon très argumentée » (cass. civ., 2e ch., 21 octobre 2010, n° 09-17042, BC II n° 174) ;
– ou renvoyant à une lettre d'observations suffisamment motivée (cass. civ., 2e ch., 15 juin 2017, n° 16-18365 D).

Il a également été jugé qu'une mise en demeure permettait à l'employeur d'avoir connaissance de la nature, de la cause et de l'étendue de son obligation s'il était joint à celle-ci un état détaillé des sommes, avec un renvoi aux conclusions remises par l'agent de contrôle (cass. soc. 9 octobre 1997, n° 96-10371 D).

▸ **Délai imparti pour se libérer de la dette**

698 Sous peine de nullité, la mise en demeure doit aussi mentionner le délai imparti au cotisant pour se libérer de sa dette (cass. civ. 2e ch., 19 décembre 2019, n° 18-23623 FPBI ; cass. civ., 2e ch., 31 mai 2005, n° 03-30658 D).

▸ **Délai et voies de recours**

699 Comme toutes les décisions des organismes de sécurité sociale, la mise en demeure doit indiquer le délai dans lequel elle peut être contestée devant la commission de recours amiable (CRA) de l'URSSAF *(voir § 835)*. À défaut d'une telle mention, aucune forclusion ne saurait être opposée au cotisant (c. séc. soc. art. R. 142-1 A, III).

L'absence de mention ou la mention insuffisante ou erronée, dans la mise en demeure, de la voie de recours ouverte, de son délai ou de ses modalités, a pour seul effet de ne pas faire courir le délai de recours. Cela n'affecte pas la régularité de la mise en demeure, ni celle de la contrainte qui s'ensuit *(voir § 910)* (cass. civ., 2e ch., 28 mai 2020, n° 19-12503 FPBI).

Petits caractères. Si la mention des voies et délais de recours figure en petits caractères, mais de façon parfaitement lisible, au dos de la lettre de la mise en demeure, le cotisant est clairement informé de l'obligation de saisine préalable de la CRA et il ne peut pas porter directement l'affaire devant le tribunal (cass. civ., 2e ch., 6 juillet 2017, n° 16-22228 D).

700 **MISES EN DEMEURE VALIDÉES OU ANNULÉES : EXEMPLES**

Mises en demeure validées

À titre d'exemple, la jurisprudence a validé une mise en demeure :

- indiquant qu'elle concerne des cotisations dues au titre du régime général, mentionnant la période concernée et le montant des cotisations et majorations de retard recouvrées et faisant référence à la lettre d'observations, laquelle comportait des explications détaillées sur les chefs de redressement (cass. civ., 2e ch., 11 janvier 2024, n° 22-11789 FD) ;
- qualifiée de « récapitulative », qui porte comme motif « rappel sur contrôle et production tardive, application de sanctions », dès lors qu'elle mentionne le montant des cotisations, les périodes concernées et précise qu'elles sont réclamées au titre du régime général. Cette mise en demeure permettait au cotisant de connaître la nature, l'étendue et la cause de son obligation (cass. soc. 25 mars 1999, n° 97-14283, BC V n° 137) ;
- fondée sur un taux de cotisation erroné, dès lors que cette erreur provient du fait que le cotisant n'a pas fourni les éléments comptables de nature à établir l'existence de certaines exonérations, dans la mesure où les cotisations ont été calculées sur la base du chiffre exact des rémunérations (cass. soc. 20 janvier 2000, n° 98-13390 D) ;
- faisant référence à un contrôle au cours duquel l'employeur a sans contestation accusé réception d'une lettre d'observations, ce dont il résultait qu'il ne pouvait se méprendre sur les opérations de contrôle auxquelles faisait référence la mise en demeure litigieuse (cass. civ., 2e ch., 21 juin 2005, n° 04-30230, BC II n° 167) ;
- requalifiant en salaire des primes d'intéressement en précisant le montant de la dette, la période concernée et assortie d'un état détaillé des sommes recouvrées (cass. soc. 9 mai 1996, n° 94-17447 D) ;
- faisant référence au contrôle concernant les divers établissements d'une société, et rappelant les chefs de redressement précédemment communiqués en son siège social (cass. civ., 2e ch., 10 septembre 2009, n° 08-19300 D) ;

- faisant référence à la lettre d'observations, laquelle expliquait « de façon détaillée avec une référence précise aux textes applicables le motif du redressement (...) de toute évidence parfaitement compris par l'employeur » (cass. civ., 2e ch., 21 octobre 2010, n° 09-17042, BC II n° 174) ou faisant référence à une lettre d'observations suffisamment motivée (cass. civ., 2e ch., 15 juin 2017, n° 16-18365 D).

Mises en demeure annulées

Au contraire, les juges ont annulé une mise en demeure :
- envoyée avant la fin de la période contradictoire (cass. civ., 2e ch., 4 mai 2017, n° 16-15861, BC II n° 86) ;
- envoyée au siège du groupe auquel appartenait la société contrôlée et non au siège de cette dernière (cass. civ., 2e ch., 12 novembre 2020, n° 19-19167 PBI) ;
- non chiffrée ou limitée à un montant symbolique (un franc à l'époque des faits) (cass. soc. 20 octobre 1994, n° 92-12570, BC V n° 286 ; cass. soc. 12 octobre 1995, n° 93-21575 D) ;
- ne fournissant pas le détail de calcul de chacune des cotisations (cass. civ., 2e ch., 16 mars 2004, n° 02-31062, BC II n° 123) ;
- ne précisant pas que les sommes y figurant étaient réclamées au titre du versement mobilité (cass. civ., 2e ch., 4 septembre 2025, n° 23-15474 FD) ;
- mentionnant comme motif de mise en recouvrement « absence ou insuffisance de versement » (cass. civ., 2e ch., 17 mai 2004, n° 02-31162 D ; cass. civ., 2e ch., 30 juin 2011, n° 10-20416 D) ;
- n'indiquant pas la période à laquelle elle se rapporte (cass. soc. 19 mars 1992, n° 88-11682, BC V n° 204 ; cass. civ., 2e ch., 30 juin 2001, n° 10-20416 D) ;
- récapitulative et se rapportant à une mise en demeure précédente qui ne comportait aucune indication sur la période contrôlée (cass. soc. 4 février 1999, n° 96-13286, BC V n° 57) ;
- mentionnant un montant erroné de cotisations, ce montant étant différent de celui indiqué sur la notification de redressement. En effet, cette discordance empêchant de retrouver l'origine de l'ensemble des sommes faisant l'objet du redressement, la mise en demeure ne permettait pas au cotisant de connaître la cause et l'étendue de son obligation (cass. soc. 20 mai 1999, n° 97-18830 D) ;
- mentionnant une somme et une période pour laquelle elle était délivrée qui n'étaient pas identiques à celles contenues dans la lettre d'observations visée pour justifier la demande en paiement. L'accumulation de ces erreurs n'avait pas permis au cotisant d'avoir une connaissance exacte, par recoupement avec la lettre d'observations, de la cause et de l'étendue de ses obligations (cass. civ., 2e ch., 3 septembre 2009, n° 08-19274 D) ;
- mentionnant seulement le montant des sommes réclamées et la référence à la date et au numéro du rapport de contrôle (*voir § 639*), à l'exclusion de la nature des cotisations réclamées et des périodes auxquelles elles se rapportaient. En effet, la seule référence au rapport de contrôle et les réponses faites par l'URSSAF aux remarques de l'employeur n'avaient pu permettre à celui-ci d'avoir connaissance de la nature et de la cause de son obligation (cass. soc. 27 janvier 2000, n° 97-21520 D) ;
- dans laquelle apparaît une discordance avec le montant des cotisations figurant sur la lettre d'observations, discordance qui ne pouvait s'expliquer par la prise en compte des observations du cotisant qui avaient conduit l'URSSAF à minorer deux chefs de redressement (cass. civ., 2e ch., 9 octobre 2014, n° 13-22039 D).

Envoi et délai

▸ Formalisme lié à l'envoi

701 **De préférence par LR/AR.** La mise en demeure doit être envoyée par tout moyen donnant date certaine à sa réception (c. séc. soc. art. L. 244-2, R. 244-1 et R. 243-59-9). En pratique, est privilégié l'envoi par lettre recommandée avec demande d'avis de réception (LR/AR). Une demande de paiement présentée directement en justice ne la remplace pas (cass. soc. 7 décembre 1989, n° 86-18638, BC V n° 702).

C'est à l'URSSAF d'apporter la preuve que la mise en demeure a bien été transmise au cotisant. Ainsi, un redressement doit être annulé dès lors que l'organisme de recouvrement ne peut pas apporter la preuve de l'envoi de la mise en demeure (cass. soc. 15 février 1989, n° 86-18354, BC V n° 130 ; cass. soc. 10 octobre 2002, n° 01-20252 D). En pratique, cette preuve sera établie via l'accusé réception délivré par la Poste.

702 **Signataire.** Tous les agents de l'URSSAF ne sont pas compétents pour rédiger et signer des mises en demeure : seul le directeur de l'URSSAF détient cette compétence. Il peut éventuellement déléguer ce pouvoir (c. séc. soc. art. R. 122-3, D. 253-4 et D. 253-6), sans que cette délégation de pouvoir ne requière une quelconque mesure de publicité pour être valable (CE 27 juin 2001, n° 224115).

Comme toute décision administrative, la mise en demeure doit comporter la signature de son auteur mais aussi la mention des nom, prénom et qualité de l'expéditeur de manière lisible (CRPA art. L. 111-2 et L. 212-1). Néanmoins, il a été admis que l'absence de ces mentions sur une mise en demeure n'est pas de nature à entraîner sa nullité dès lors qu'elle précise la dénomination de l'organisme qui l'a émise (cass. civ., 2e ch., 5 juillet 2005, n° 04-30196, BC II n° 179).

703 **Destinataire.** La mise en demeure doit, à peine de nullité, être adressée au débiteur lui-même, sans que soit exigée la preuve d'un préjudice (cass. soc. 24 novembre 1994, n° 92-20508, BC V n° 313).

À notre sens, ce destinataire est le même que celui de l'avis de contrôle *(voir § 361)*. La mise en demeure doit donc être adressée :
– pour une personne physique, à son domicile ;
– pour une personne morale, à son représentant légal.

Il a été jugé que la signature figurant sur l'avis de réception d'une mise en demeure adressée à une personne physique par un organisme de sécurité sociale est présumée être, jusqu'à preuve du contraire, celle de son destinataire ou de son mandataire (cass. soc. 19 décembre 1996, n° 95-11588, BC V n° 451).

Si la société contrôlée appartient à un groupe, la mise en demeure doit, sous peine de nullité, être adressée au siège social de la société contrôlée, et non à celui de son groupe (cass. civ., 2e ch., 12 novembre 2020, n° 19-19167 FPBI).

La mise en demeure est par ailleurs valablement adressée au représentant légal, jusqu'à ce que la dissolution de la société concernée soit publiée au registre du commerce (cass. soc. 16 juin 1994, n° 91-18973 D).

→ **ATTENTION** *Une société de fait, dépourvue de personnalité morale, ne peut pas être destinataire d'une mise en demeure* (cass. civ., 2e ch., 18 novembre 2003, n° 02-30756, BC II n° 338). *Dès lors, il incombe à l'URSSAF, en présence d'une société de fait, de notifier la mise en demeure à chacun de ses membres.*

En cas de décès du débiteur, l'URSSAF adresse la mise en demeure aux héritiers qui, en tant que tels, sont tenus des dettes de la succession selon leur part héréditaire (cass. soc. 18 février 1970, n° 68-12174, BC V n° 126).

▸ Délai d'envoi

704 L'URSSAF ne peut envoyer la mise en demeure avant la fin de la période contradictoire *(voir § 620)* (c. séc. soc. art. R. 243-59, IV).

Ainsi, en l'absence de réponse du cotisant aux observations formulées dans la lettre d'observations dans le délai de 30 jours ou de 60 jours en cas de prolongation *(voir §§ 624 et 625)*, l'organisme de recouvrement peut engager la mise en recouvrement des cotisations, des majorations et pénalités faisant l'objet du redressement par l'envoi de la mise en demeure.

Lorsque le cotisant a répondu à la lettre d'observations dans le délai imparti (30 ou 60 jours), la mise en recouvrement ne peut intervenir avant l'expiration de ce délai, ni avant que l'inspecteur du recouvrement ait répondu aux observations de la personne contrôlée *(voir § 635)*.

L'envoi de la mise en demeure avant la fin du délai de 30 jours (60 jours en cas de prolongation) est irrégulier, peu important que le cotisant ait reçu cette mise en demeure après ce délai (cass. civ., 2e ch., 4 mai 2017, n° 16-15861, BC II n° 86). À défaut du respect de ce délai, la mise en demeure peut être annulée.

→ **À NOTER** *Une deuxième mise en demeure adressée après une première irrégulière, car envoyée avant la réponse de l'inspecteur du recouvrement aux observations de l'employeur, est valide et permet de régulariser une procédure entachée d'irrégularité* (cass. civ., 2e ch., 6 juillet 2017, n° 16-19384, BC II n° 161). *Bien que cette jurisprudence ait été rendue en application de textes antérieurs au décret 2916-941 du 8 juillet 2016 relatif au renforcement des droits des cotisants, elle nous paraît transposable à l'application des textes actuels.*

Il n'existe pas de délai maximal pour l'envoi de la mise en demeure par l'URSSAF.

705 **CONSÉQUENCE DE LA NON-RÉCEPTION D'UNE MISE EN DEMEURE**

Le fait qu'un cotisant n'ait pas indiqué son changement d'adresse à l'URSSAF, ce qui a entraîné le retour de la mise en demeure avec la mention « n'habite pas à l'adresse indiquée », ne lui permet pas de se soustraire à ses obligations de paiement des cotisations (cass. soc. 21 février 1978, n° 76-13677, BC V n° 128 ; cass. soc. 11 avril 1996, n° 94-17176, BC V n° 156). Même solution lorsque le cotisant n'a pas signé lui-même l'avis de réception, son épouse l'ayant signé à sa place (cass. ass. plén. 7 avril 2006, n° 04-30353, BC AP n° 4).

Est aussi valablement délivrée la mise en demeure qui revient à l'URSSAF avec la mention « non réclamée, retour à l'envoyeur » (cass. soc. 25 mars 2003, n° 00-22002, BC V n° 110). En effet, la mise en demeure n'a pas de nature contentieuse et produit son effet quel que soit son mode de délivrance (cass. civ., 2e ch., 11 juillet 2013, n° 12-18034, BC II n° 155).

Toutefois, si le débiteur a changé d'adresse et qu'il prouve que l'URSSAF avait connaissance de celle-ci, alors la mise en demeure adressée à l'ancienne adresse n'est pas valable (cass. soc. 11 avril 1996, n° 94-17176, BC V n° 156).

Par ailleurs, lorsque le cotisant ne reçoit pas la mise en demeure adressée par LRAR du fait de dysfonctionnements de la Poste, cela n'affecte ni la validité de la mise en demeure, ni la validité des actes de poursuites subséquents (cass. civ., 2e ch., 17 décembre 2009, n° 08-21852 D ; cass. civ., 2e ch., 24 janvier 2019, n° 17-28437 D).

Étendue de la mise en demeure

▸ Cotisations non prescrites

706 La mise en demeure ne peut concerner que les cotisations non prescrites (c. séc. soc. art. L. 244-3) *(sur le délai de prescription, voir § 135)*.

Toutefois, si la mise en demeure présente un montant global incluant des cotisations prescrites et des cotisations non prescrites, elle reste valable pour les cotisations non prescrites (cass. soc. 16 janvier 2003, n° 01-21260 D).

▸ Majorations de retard et pénalités

707 La mise en demeure adressée suite à un contrôle peut aussi porter sur les majorations de retard *(voir § 529)*, seules ou conjointement à des cotisations dues.

Il est donc possible que des majorations de retard échues soient réclamées dans la même mise en demeure que des cotisations non payées (cass. soc. 20 janvier 1982, n° 80-14215, BC V n° 33).

Cette mise en demeure concernant le recouvrement des majorations de retard doit être adressée avant l'expiration d'un délai de 3 ans à compter de la fin de l'année au cours de laquelle a eu lieu le paiement ou l'exigibilité des cotisations et contributions qui ont donné lieu à l'application desdites majorations (c. séc. soc. art. L. 244-3). En cas de travail dissimulé, le délai de prescription est porté à 5 ans (c. séc. soc. art. L. 244-11).

→ **À NOTER** *La prescription de l'action civile en recouvrement des cotisations et majorations de retard ne doit pas être confondue avec celle de la créance elle-même. L'action civile en recouvrement signifie que l'organisme de recouvrement recourt à l'une des modalités de recouvrement offertes par le code de la sécurité sociale. La contrainte constitue la forme la plus utilisée (voir § 910). Cette action en recouvrement se prescrit par 3 ans à compter de l'expiration du délai de 1 mois imparti par la mise en demeure pour régler la dette (voir §§ 692 et 693).*

Options du cotisant à la réception de la mise en demeure

708 Au moment où le cotisant contrôlé reçoit la mise en demeure, plusieurs options s'offrent à lui.

Il peut décider de ne rien faire et d'attendre de se voir délivrer une éventuelle contrainte que l'organisme de recouvrement lui adressera *(voir § 910)*. Il s'agit naturellement d'une voie à éviter *(voir encadré § 709)*.

Le cotisant peut contester le bien-fondé de la dette devant la commission de recours amiable de l'URSSAF *(voir § 835)*, ce qui d'ailleurs n'interdira nullement à l'organisme de recouvrement de délivrer une contrainte *(voir § 910)* s'il n'a pas réglé les sommes correspondant au redressement.

Il peut aussi décider de régler sa dette, le cas échéant en essayant de faire en sorte que ce paiement soit le moins onéreux possible (demande de délai de paiement, demande de remise des majorations de retard en particulier) *(voir §§ 760 à 762)*.

Rien n'empêche le cotisant, à la fois, de contester le bien-fondé de sa dette et de demander des délais de paiement.

La contestation du bien-fondé de la dette ne fige pas les conséquences du non-paiement (augmentation des majorations de retard, possibilité d'un recours forcé etc.).

709 QUID SI L'EMPLOYEUR RESTE INACTIF À LA SUITE DE LA MISE EN DEMEURE ?

Si le cotisant ne règle pas sa dette dans le mois suivant la réception de la mise en demeure, l'URSSAF peut lui délivrer une contrainte, sans autre préalable. La contrainte permet le recouvrement forcé des cotisations *(voir § 910)*. Le cotisant peut alors former une opposition à contrainte devant le tribunal judiciaire, dans un délai bref de 15 jours suivant sa notification ou signification *(voir § 920)*.

L'opposition à contrainte permet au débiteur de faire valoir ses arguments quant au bien-fondé de sa dette. Si le principe de la dette a déjà été examiné par la commission de recours amiable de l'URSSAF *(voir § 835)*, que cette dernière a déjà rejeté la requête du cotisant sans qu'il porte l'affaire devant les tribunaux, alors celui-ci ne peut pas user de l'opposition à contrainte devant le tribunal pour un nouvel examen de sa contestation (cass. civ., 2e ch., 16 novembre 2004, n° 03-13578 D).

Par ailleurs, le cotisant qui ne conteste pas une mise en demeure URSSAF ne peut pas, par la suite, demander le remboursement des cotisations redressées qu'il considère pourtant comme ayant été versées à tort. Le caractère définitif qui s'attache, en l'absence de recours, à la mise en demeure qui constitue la décision de redressement, fait en effet obstacle à la demande de remboursement des cotisations faisant l'objet du redressement (cass. civ., 2e ch., 18 février 2021, n° 19-24513 FP). En l'espèce, une société avait fait l'objet d'un redressement au motif que la réduction générale de cotisations sociales patronales n'avait pas été bien appliquée, mais n'avait pas saisi la commission de recours amiable de l'URSSAF. Par la suite, considérant que l'erreur de calcul de la réduction était en fait en sa défaveur, elle avait demandé à l'URSSAF de lui rembourser les cotisations redressées qu'elle estimait avoir versées à tort. Une demande qui n'a donc pas abouti.

Notification d'observations pour l'avenir

710 Le code de la sécurité sociale ne prévoit rien concernant le formalisme lié à la décision de l'URSSAF confirmant les observations pour l'avenir formulées dans la lettre d'observations, et par lesquelles l'organisme de recouvrement invite le cotisant à se mettre en conformité avec la réglementation pour les périodes postérieures aux exercices contrôlés sous peine de pénalités *(voir § 590)*.

Toutefois, en pratique, cette décision est, comme la mise en demeure, signée par le directeur de l'URSSAF ou un délégataire et adressée au cotisant par LRAR car cette notification fait courir le délai de saisine de 2 mois de la commission de recours amiable de l'URSSAF *(voir § 835)*.

La logique veut que, comme la mise en demeure, la décision confirmant les observations pour l'avenir ne soit pas envoyée avant la fin de la période contradictoire *(voir §§ 620 et 690)*.

Comme toutes les décisions des organismes de sécurité sociale, la décision confirmant les observations pour l'avenir doit indiquer le délai dans lequel elle peut être contestée devant la CRA de l'URSSAF. À défaut d'une telle mention, aucune forclusion ne saurait être opposée au cotisant (c. séc. soc. art. R. 142-1 A, III).

12 Acceptation et paiement du redressement

Paiement des cotisations et des majorations de retard

Principe

760 Dès qu'il a reçu la mise en demeure de l'URSSAF *(voir § 691)*, le cotisant qui accepte le redressement est tenu de régler les cotisations et les majorations de retard réclamées dans la mise en demeure, dans le délai imparti de 1 mois *(voir § 692)*.

Demande d'échéancier de paiement

761 Le cotisant peut, malgré l'acceptation du redressement, solliciter du directeur de son URSSAF des échéanciers de paiement et des sursis à poursuites pour le règlement des cotisations, des pénalités et des majorations de retard.

Il pourra solliciter ce type de délais uniquement pour le paiement des cotisations patronales et des majorations de retard (c. séc. soc. art. R. 243-21). Le cotisant ne peut pas, en revanche, demander des délais de paiement pour les cotisations salariales, puisque celles-ci sont déjà précomptées sur les rémunérations des salariés, et donc normalement disponibles dans la trésorerie de l'entreprise.

Le cotisant doit présenter des garanties (ex. : caution, nantissement sur fonds de commerce) qui seront appréciées par le directeur de l'URSSAF (c. séc. soc. art. R. 243-21).

→ **ATTENTION** *Un délai de paiement octroyé n'a aucune incidence sur le point de départ des majorations de retard (voir § 529), qui n'est pas reporté à l'expiration des délais de paiement* (cass. soc. 13 octobre 1982, n° 81-12240, BC V n° 547 ; cass. soc. 29 mars 2001, n° 99-18758 D).

Demande gracieuse de remise des majorations de retard

762 Le cotisant peut formuler auprès du directeur de l'URSSAF une demande gracieuse en remise totale ou partielle des majorations de retard, à savoir la majoration principale de 5 % et la majoration complémentaire de 0,2 % *(voir § 531)* (c. séc. soc. art. R. 243-20).

Une telle demande n'est possible qu'après règlement de la totalité des cotisations et contributions ayant donné lieu à application des majorations ou lorsque le cotisant a souscrit un plan d'apurement avec l'URSSAF. Dans ce dernier cas, la décision accordant une remise peut être prise avant le paiement desdites cotisations, mais elle n'est acquise que sous réserve du respect du plan.

Toutefois la majoration de retard complémentaire de 0,2 % ne peut faire l'objet d'une remise que lorsque les cotisations ont été acquittées dans le délai de 30 jours qui suit la date limite d'exigibilité ou, à titre exceptionnel, en cas d'événements présentant un caractère irrésistible et extérieur (c. séc. soc. art. R. 243-20). La date de notification de la mise en demeure *(voir § 691)* constitue le point de départ de ce délai de 30 jours (cass. civ., 2e ch., 22 septembre 2022, n° 21-11277 FB, 2e moyen).

→ **À NOTER** *Il ne peut être accordé de remise pour* (c. séc. soc. art. R. 243-20 renvoyant à R. 243-19, 2°) :
– *la pénalité de 20 % pour abus de droit (voir § 542) ;*
– *la majoration de 10 % en cas de constat d'absence de mise en conformité (voir § 594) ;*
– *la majoration pour constat de travail illégal (voir § 1226) ;*
– *la pénalité pour obstacle à contrôle (voir encadré § 447).*

La réponse de l'URSSAF à la demande de remise doit être motivée (c. séc. soc. art. R. 243-20).

Deux catégories de majorations de retard. Un important arrêt de la Cour de cassation du 10 avril 2025 conduit à distinguer, parmi les majorations de retard :
– celles qui sont assimilables à des intérêts appliqués en cas de versement tardif des cotisations et qui tendent, pour cette raison, à la réparation pécuniaire d'un préjudice subi par l'organisme de recouvrement. Le juge saisi d'un recours contre la décision de rejet de l'URSSAF d'une demande de remise gracieuse ne peut pas, dans ce cas, apprécier l'adéquation entre les majorations notifiées par l'URSSAF et la gravité du manquement du cotisant ;
– de celles qui sont susceptibles de recevoir la qualification de sanction à caractère de punition. Pour celles-ci, le juge saisi dispose, au contraire, de la possibilité d'apprécier une telle adéquation et donc, le cas échéant, de réduire le montant des majorations.

Pour la Cour de cassation, les majorations présentent le caractère de punition lorsqu'elles tendent à réprimer et à empêcher la réitération des agissements qu'elle vise. C'est le cas notamment lorsque le cotisant a méconnu ses obligations déclaratives en matière de cotisations et contributions sociales (cass. civ., 2e ch., 10 avril 2025, n° 22-22815 FSBR).

Conclusion d'une transaction avec l'URSSAF

Objet de la transaction

763 Une transaction est possible avec l'URSSAF, sous réserve de certaines conditions. Elle peut être conclue entre le directeur de l'URSSAF et le cotisant contrôlé et porte sur les sommes n'ayant pas un caractère définitif. Toutefois, il est impossible

de conclure une transaction en cas de travail dissimulé *(voir § 1100)* ou lorsque le cotisant a mis en œuvre des manœuvres dilatoires visant à nuire au bon déroulement du contrôle (c. séc. soc. art. L. 243-6-5, I) *(pour les situations d'obstacles à contrôle, voir encadré § 447)*.

La transaction a pour objectif de terminer une contestation déjà née, à la condition que les créances concernées aient fait l'objet d'une contestation dans les délais de recours légaux et n'aient pas fait l'objet d'une décision de justice définitive. Elle peut également prévenir une contestation à naître. Dans tous les cas, elle doit comporter des concessions réciproques de la part de chaque partie (c. séc. soc. art. R. 243-45-1, I).

Créances concernées

764 La transaction ne peut porter, pour une période limitée à 4 ans, que sur (c. séc. soc. art. L. 243-6-5, II et R. 243-45-1) :

– le montant des majorations de retard et des pénalités ;

– l'évaluation d'éléments d'assiette des cotisations ou contributions dues relative aux avantages en nature, aux avantages en argent et aux frais professionnels, lorsque la détermination de ces éléments présente une difficulté particulière ;

– les montants des redressements calculés en application de méthodes d'évaluation par extrapolation « autres que celles prévues par l'article R. 243-59-2 du code de la sécurité sociale qui définit ces méthodes » *(voir § 451)*. La formulation retenue par le texte est surprenante puisqu'elle laisse entendre que de telles méthodes pourraient être utilisées en dehors du texte qui les réglemente. On peut peut-être en tirer comme conséquence qu'une transaction serait possible lorsque des méthodes d'évaluation par extrapolation auraient été mises en œuvre de manière irrégulière par l'URSSAF ;

– les montants des redressements calculés en application d'une taxation forfaitaire du fait de l'insuffisance ou du caractère inexploitable des documents administratifs et comptables *(voir § 522)*.

La transaction ne peut pas porter sur des sommes prescrites (c. séc. soc. art. L. 243-6-5, I et R. 243-45-1, I).

Moment de la demande

765 Le cotisant ne peut soumettre une demande de transaction à l'URSSAF qu'après réception de la mise en demeure de payer les sommes réclamées *(voir § 691)* (c. séc. soc. art. R. 243-45-1, II).

Lorsqu'un ou plusieurs chefs de redressement décidés à la suite du contrôle font l'objet d'un recours devant la commission de recours amiable (CRA) de l'URSSAF *(voir § 835)*, la possibilité de conclure une transaction est suspendue à compter de la date de ce recours et jusqu'à la date de la décision de la commission. Elle est rétablie lorsque le tribunal judiciaire a été saisi *(voir § 848)* (c. séc. soc. art. L. 243-6-5, III).

Effets de la demande

766 La demande de transaction interrompt le délai de recouvrement des cotisations et contributions de sécurité sociale faisant l'objet de la mise en demeure dès sa réception par l'URSSAF et jusqu'à la notification, le cas échéant, de la décision de l'organisme de recouvrement de ne pas transiger (c. séc. soc. art. R. 243-45-1, III).

Si le cotisant demande à transiger avant d'engager un recours gracieux devant la commission de recours amiable de l'URSSAF *(voir § 835)*, et afin qu'il ne soit pas forclos pour engager un tel recours, le délai de 2 mois pour saisir la CRA est interrompu à partir de la réception par l'URSSAF de sa demande et jusqu'à la notification, le cas échéant, de la décision de l'URSSAF de ne pas transiger (c. séc. soc. art. R. 243-45-1, III).

Procédure

▸ Demande écrite et motivée

767 Présentée par écrit directement par le cotisant ou, pour le compte de celui-ci, par un expert-comptable mandaté ou un avocat, la demande est adressée au directeur de l'URSSAF auprès duquel le cotisant est tenu de souscrire ses déclarations par tout moyen permettant de prouver sa date de réception. Elle doit être motivée et comporter (c. séc. soc. art. R. 243-45-1, II) :
– le nom et l'adresse du demandeur en sa qualité d'employeur ;
– son numéro d'inscription lorsqu'il est déjà inscrit au régime général de sécurité sociale ;
– tous documents et supports d'information utile à l'identification des montants qui font l'objet de la demande ;
– les références de la mise en demeure *(voir § 691)* couvrant les sommes faisant l'objet de la demande.

→ **À NOTER** *La demande n'est recevable que si le cotisant est à jour de ses obligations déclaratives et de paiement à l'égard de l'URSSAF, à l'exception de l'objet de la demande de transaction. Cette condition est réputée remplie dès lors que le cotisant a souscrit et respecte, à la date de la demande, un plan d'apurement* (c. séc. soc. art. R. 243-45-1, II).

▸ Réponse du directeur de l'URSSAF

768 Si le directeur de l'URSSAF n'a pas porté à la connaissance du cotisant sa réponse dans un délai de 30 jours suivant la réception de la demande complète de transaction, cette réponse est réputée négative (c. séc. soc. art. R. 243-45-1, III, al. 4).

Demande incomplète. Lorsque la demande du cotisant est incomplète, le directeur de l'URSSAF lui adresse une demande de pièces complémentaires. Dans ce cas, le délai de 30 jours ne court qu'à compter de la réception par le directeur de l'organisme de recouvrement des documents manquants. Si le cotisant ne fournit pas les éléments manquants dans les 20 jours suivant la demande de complément, la demande de transaction est réputée caduque (c. séc. soc. art. R. 243-45-1, III).

La réponse du directeur est laissée à sa libre appréciation et il n'est pas tenu de la motiver, même si elle est négative. Elle est notifiée au demandeur par tout moyen permettant de prouver la date de sa réception (c. séc. soc. art. R. 243-45-1, III).

▸ Proposition d'un protocole transactionnel

769 Si la réponse du directeur de l'URSSAF est positive, elle n'emporte pas droit à la transaction (c. séc. soc. art. R. 243-45-1, III), mais le directeur convient alors, avec le demandeur, d'une proposition de protocole transactionnel, conforme à un modèle approuvé par arrêté (arrêté du 8 octobre 2020, JO du 20, texte 12).

Ce modèle de protocole, reproduit en annexe 2 de cet ouvrage, prévoit notamment :
– la présentation des parties (cotisant contrôlé et URSSAF) ;
– le contexte de la transaction, avec un rappel du différend opposant le cotisant et l'organisme de recouvrement (indication du montant de la mise en demeure, détail des sommes faisant l'objet de la demande, informations sur le contrôle et la procédure qui s'en est suivie) ;

– l'objet de la transaction (engagement du cotisant de payer les sommes sous un certain délai, remise de l'organisme, renonciation à une procédure contentieuse avec le détail des sommes dans un tableau, rappel des conséquences en cas de non-respect de la transaction) ;
– l'application du protocole en tant que tel (date à respecter pour les engagements pris...).

La proposition de protocole est ensuite soumise à la Mission nationale de contrôle des organismes de sécurité sociale (MNC), à qui le directeur de l'URSSAF fournit tous documents et supports d'information utiles à l'exercice de sa mission (c. séc. soc. art. R. 155-1 et R. 243-45-1, III et IV).

La MNC a 30 jours à compter de la réception de la proposition pour approuver la transaction. Ce délai, prorogeable une fois, est interrompu si la MNC demande au directeur de l'URSSAF des informations complémentaires, jusqu'à réception de celles-ci (c. séc. soc. art. R. 243-45-1, IV).

La MNC vérifie (c. séc. soc. art. R. 243-45-1, IV) :
– la conformité du protocole aux exigences fixées, à savoir qu'il porte bien sur des créances susceptibles de transaction (majorations et pénalités de retard, redressements calculés en application d'une taxation forfaitaire, etc.) ;
– la réciprocité des concessions faites par les parties.

La MNC notifie sa décision au directeur. Si elle ne s'est pas prononcée à l'issue du délai de 30 jours (éventuellement prolongé), son silence vaut approbation de la proposition de transaction (c. séc. soc. art. R. 243-45-1, IV).

▸ Possibilité d'abandonner la procédure

770 À tout moment, les parties peuvent abandonner la procédure. Chacune informe l'autre de cet abandon, par tout moyen permettant de prouver la date de réception de cette information, sans avoir à motiver sa décision (c. séc. soc. art. R. 243-45-1, III).

▸ Conséquences de l'absence de conclusion de la transaction

771 En l'absence de conclusion de la transaction, la procédure de recouvrement des sommes notifiées dans la mise en demeure *(voir § 691)* est engagée ou poursuivie selon les règles, garanties et sanctions applicables au recouvrement des cotisations et contributions de sécurité sociale (c. séc. soc. art. R. 243-45-1, VI).

Effets de la transaction

▸ Fermeture des voies contentieuses

772 Lorsque la transaction est devenue définitive, après accomplissement des obligations qu'elle prévoit et approbation de la Mission nationale de contrôle des organismes de sécurité sociale *(voir § 769)*, aucune procédure contentieuse ne pourra plus être engagée ou reprise pour remettre en cause ce qui a fait l'objet de la transaction (c. séc. soc. art. L. 243-6-5, IV).

▸ Pas d'effet sur les motifs de la lettre d'observations

773 La transaction signée n'emporte pas d'effet sur l'interprétation en droit concernant les motifs mentionnés dans la lettre d'observations que l'URSSAF a notifiée à l'issue d'un contrôle *(voir § 571)* (c. séc. soc. art. R. 243-45-1, VII).

Autrement dit, le cotisant doit se conformer à ces observations pour la période postérieure à celle faisant l'objet de la transaction. Il ne pourra pas, à l'occasion d'un nouveau contrôle, faire valoir qu'en signant la transaction, l'URSSAF a renoncé à la position qu'elle avait prise dans la lettre d'observations. Si l'URSSAF constate la réitération de la pratique mise en cause lors du précédent contrôle, le cotisant pourra donc se voir notifier une pénalité de 10 % pour absence de mise en conformité *(voir § 594)*.

▸ **En cas de changement d'URSSAF**

774 Si le cotisant change d'organisme de recouvrement (à sa demande, ou en cas de changement d'implantation géographique de l'entreprise ou de l'un de ses établissements), il peut se prévaloir de la transaction auprès de la nouvelle URSSAF (c. séc. soc. art. L. 243-6-5, VI).

Non-respect des engagements prévus par la transaction

775 Le manquement par le cotisant à des obligations prévues dans la transaction entraîne la caducité de cette dernière et l'engagement (ou la poursuite) de la procédure de recouvrement des sommes notifiées dans la mise en demeure *(voir § 691)* selon les règles, garanties et sanctions applicables au recouvrement des cotisations et contributions de sécurité sociale (c. séc. soc. art. R. 243-45-1, VI).

Litiges

776 Les litiges nés de l'application des dispositions relatives à la mise en œuvre de la transaction ne sont pas soumis à la procédure gracieuse de la commission de recours amiable (CRA) de l'URSSAF *(voir § 835)* (c. séc. soc. art. R. 142-7, 2°). En conséquence, la demande devra être portée directement devant le tribunal judiciaire compétent *(voir § 848)*.

Les étapes clés du contrôle URSSAF
avec voies de recours du cotisant

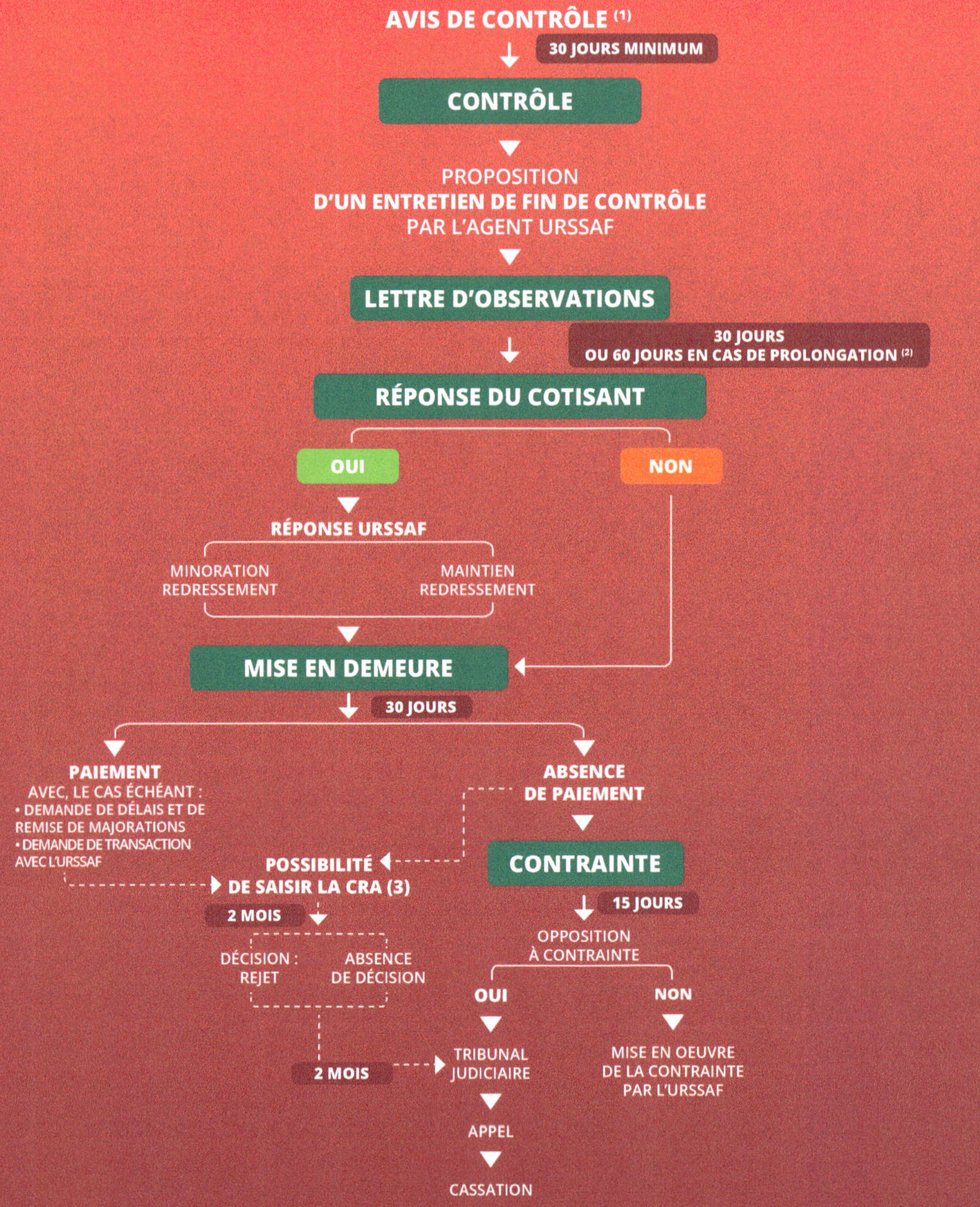

(1) FORMALITÉ NON OBLIGATOIRE SI LE CONTRÔLE VISE À RECHERCHER DES INFRACTIONS POUR TRAVAIL DISSIMULÉ.
(2) LE COTISANT PEUT DEMANDER À L'URSSAF, AVANT L'EXPIRATION DU DÉLAI INITIAL DE 30 JOURS, QUE CETTE PÉRIODE SOIT PROLONGÉE DE 30 JOURS POUR ORGANISER SA DÉFENSE.
(3) LA CRA DOIT ÊTRE SAISIE DANS UN DÉLAI DE 2 MOIS À COMPTER DE LA NOTIFICATION DE LA MISE EN DEMEURE. AVANT OU PARALLÈLEMENT À LA SAISINE DE LA CRA, LE COTISANT PEUT SAISIR LE MÉDIATEUR DE L'URSSAF.

Revue Fiduciaire

13 Contestation de la mise en demeure et des observations pour l'avenir

§§

Possibilité de saisir le médiateur de l'URSSAF

Moment de la saisine

830 Les réclamations concernant les relations entre les cotisants et l'URSSAF peuvent être présentées, sans préjudice des voies de recours existantes, devant le médiateur de l'URSSAF (c. séc. soc. art. L. 217-7-1, I).

Les réclamations portées devant le médiateur ne peuvent être traitées que si elles ont été précédées d'une démarche du cotisant auprès des services de son URSSAF pour résoudre le problème en amont (c. séc. soc. art. L. 217-7-1, II). Cette démarche préalable doit être restée vaine ; soit l'URSSAF n'a pas répondu sous 30 jours, soit la réponse apportée ne satisfait pas le cotisant (www.urssaf.fr).

La procédure de contrôle URSSAF comportant une période contradictoire encadrée par la loi, pendant laquelle cotisant et agent URSSAF peuvent échanger *(voir § 620)*, le médiateur ne peut donc intervenir avant la fin de cette période.

Il est possible de contester l'issue du contrôle devant le médiateur avant ou en parallèle de la saisine de la commission de recours amiable (CRA) de l'URSSAF *(voir § 835)*. Dans ce cas, le médiateur fera connaître sa recommandation aux administrateurs de la CRA, qui restent seuls compétents pour rendre leur décision.

En revanche, le cotisant ne peut pas saisir le médiateur s'il a déjà engagé un recours contentieux devant le pôle social du tribunal judiciaire compétent *(voir § 848)* (c. séc. soc. art. L. 217-7-1, II).

Quelques chiffres sur la médiation. En 2024, sur les 13 378 demandes reçues par les médiateurs URSSAF (travailleurs indépendants compris), seules 15 faisaient suite directement à un contrôle URSSAF. Les médiateurs ont par ailleurs été saisis 28 fois en parallèle de la commission de recours amiable (CRA) *(voir § 835)* et 7 fois à la suite d'une décision rendue par la CRA. Dans ces dossiers, les éléments présentés au médiateur étaient identiques à ceux présentés à la CRA. Autre donnée : le délai moyen de traitement des demandes de médiation recevables était de 31 jours (Rapport d'activité de la médiation de l'URSSAF 2024, pp. 6 et 7, disp. sur www.urssaf.org).

Modalités de la saisine

831 La saisine du médiateur est gratuite.

Elle peut se faire depuis l'espace personnel en ligne du cotisant sur www.urssaf.fr (Rubrique messagerie › Nouveau message › Motif « un autre sujet » › Demander une médiation). Les travailleurs indépendants, eux, doivent sélectionner « Saisir le médiateur des travailleurs indépendants ».

La saisine peut aussi se faire directement en remplissant un formulaire spécifique disponible sur le site Internet du réseau des URSSAF. Ce formulaire peut être adressé au médiateur, soit par courriel, soit par courrier postal. La liste des adresses mail et postales des médiateurs est disponible sur Internet (www.urssaf.fr).

Le cotisant contrôlé a la possibilité d'ajouter toute pièce justificative nécessaire à la bonne compréhension de la demande de médiation.

Examen de la demande

832 Dans un premier temps, le médiateur de l'URSSAF vérifie la recevabilité de la demande en s'assurant qu'elle relève bien de sa compétence (www.urssaf.fr).

→ **À NOTER** *S'il estime que la saisine ne relève pas de sa compétence, le médiateur retransmet la réclamation à l'URSSAF ou à l'organisme compétent, et en avise le cotisant sans délai.*

Puis, le médiateur procède à un examen approfondi de la réclamation en se basant sur les faits, les pièces justificatives et tous les éléments à sa disposition. Il peut demander au cotisant des compléments d'information, afin de disposer de tous les éléments nécessaires au traitement de son dossier en toute neutralité.

→ **À NOTER** *La médiation est soumise au principe de confidentialité* (c. séc. soc. art. R. 115-5, III). *Ainsi, sauf exceptions (ex : raisons impérieuses d'ordre public), les constatations du médiateur et les déclarations recueillies au cours de la médiation ne peuvent être divulguées aux tiers ni invoquées ou produites dans le cadre d'une instance judiciaire ou arbitrale sans l'accord des parties.*

Réponse du médiateur

833 Après avoir examiné la demande, le médiateur formule une recommandation auprès du directeur ou des services de l'URSSAF, dans le respect des dispositions législatives et réglementaires en vigueur (c. séc. soc. art. L. 217-7-1, I).

Le médiateur ne peut donc pas prendre une décision en opportunité et sa recommandation n'aura aucun caractère contraignant pour l'URSSAF.

Le site Internet du réseau des URSSAF indique que la réponse du médiateur intervient en moyenne dans le délai d'un mois suivant la saisine du cotisant, et est communiquée aux deux parties. Dans certains cas complexes, ce délai peut être porté à 2 mois. Une réponse d'attente est alors faite au cotisant (www.urssaf.fr).

Articulation avec les autres voies de recours

834 La saisine du médiateur de l'URSSAF n'empêche pas la personne contrôlée de décider à tout moment d'utiliser les autres voies de recours existantes : commission de recours amiable puis tribunal judiciaire *(voir §§ 835 et 848)*. Toutefois, l'engagement d'une procédure contentieuse met fin à la médiation (c. séc. soc. art. L. 217-7-1, II).

L'engagement d'une médiation suspend les délais de recours prévus pour les réclamations qui sont l'objet de la demande de médiation. Cette suspension prend effet à compter de la notification portant sur la recevabilité de la réclamation soumise au médiateur, et jusqu'à ce que celui-ci ait communiqué ses recommandations aux deux parties (c. séc. soc. art. L. 217-7-1, II).

Contestation devant la CRA

Préalable à toute action contentieuse

835 Toute réclamation contre une décision prise par un organisme de sécurité sociale doit, préalablement à toute action juridictionnelle, être soumise à la commission de recours amiable (CRA) de l'organisme (c. séc. soc. art. L. 142-4 et R. 142-1).

La position que prend l'URSSAF en notifiant par mise en demeure un redressement de cotisations *(voir § 691)* constitue une décision de l'organisme de recouvrement. La contestation de la mise en demeure doit donc être soumise à la CRA préalablement à toute action juridictionnelle (cass. soc. 1er décembre 1994, n° 92-14219, BC V n° 323).

→ **ATTENTION** *En cas de contestation de la mise en demeure, le cotisant n'est pas tenu de procéder préalablement au règlement des sommes réclamées, mais il doit savoir que le recours devant la CRA n'interrompt pas le cours des majorations de retard, qui continuent de courir jusqu'à paiement des cotisations et contributions dues* (cass. soc. 12 juillet 1988, n° 86-15146, BC V n° 436 ; charte du cotisant contrôlé en vigueur au 1er janvier 2024, p. 22). *Il est donc conseillé de régler d'abord la totalité des cotisations et contributions réclamées, quitte à recevoir ultérieurement un avoir ou un remboursement de l'URSSAF, ou, à tout le moins, de régler les sommes qui ne sont pas contestées.*

Les observations pour l'avenir *(voir §§ 590 et 710)* exprimées en des termes impératifs constituent également une décision de l'organisme de recouvrement susceptible d'un recours devant les juridictions du contentieux de la sécurité sociale (cass. civ., 2e ch., 19 juin 2008, n° 07-11571, BC II n° 145). Elles doivent donc être contestées devant la CRA avant toute action en justice (charte du cotisant contrôlé en vigueur au 1er janvier 2024, p. 22).

→ **À NOTER** *La commission de recours amiable de l'URSSAF n'a pas à intervenir au préalable lorsqu'il s'agit d'une opposition à contrainte formée par le cotisant : ce dernier doit porter l'affaire directement devant le tribunal judiciaire* (cass. soc. 28 mars 1996, n° 93-20475, BC V n° 130) *(voir § 920). Par ailleurs, une action en responsabilité engagée contre une URSSAF et ayant pour unique objet le paiement de dommages et intérêts consécutifs à un préjudice échappe à la règle de la saisine préalable de la CRA* (cass. civ., 2e ch., 7 juillet 2016, n° 15-21370 D).

Formation paritaire constituée au sein du conseil d'administration de l'URSSAF *(voir § 836)*, la CRA n'est pas une juridiction. Ses décisions sont susceptibles de recours devant les juridictions judiciaires, c'est-à-dire devant le pôle social du tribunal judiciaire, puis, le cas échéant, devant la cour d'appel et, enfin, la Cour de cassation *(voir §§ 848 à 858)*.

Toute demande contentieuse qui n'aura pas fait l'objet d'un recours préalable devant la CRA sera déclarée irrecevable (cass. civ., 2e ch., 20 juin 2019, n° 17-18061, 1er moyen, FPBI). Dans cette affaire, le cotisant avait soumis à la CRA uniquement la mise en demeure portant sur le redressement de cotisations décidé par l'URSSAF, et pas celle portant sur les majorations de retard complémentaires associées qui, par conséquent, ne pouvait pas être contestée devant une juridiction.

→ **À NOTER** *Si, un mois après avoir reçu la mise en demeure, le cotisant ne la conteste ni ne règle sa dette, l'URSSAF peut alors lui délivrer une contrainte* (c. séc. soc. art. R. 133-3) *(voir § 910). Le cotisant peut faire opposition à la contrainte qui lui est signifiée devant le tribunal judiciaire, même s'il n'a pas contesté la mise en demeure émise préalablement devant la CRA* (cass. soc. 14 mars 1996, n° 94-15516, BC V n° 99 ; cass. soc. 15 juillet 1999, n° 96-19245, BC V n° 345) *(voir § 920).*

Composition de la commission de recours amiable

836 La CRA est composée de 4 administrateurs de l'URSSAF, dont 2 appartenant à la même catégorie que le réclamant (c. séc. soc. art. R. 142-2).

Les membres de la commission de recours amiable sont désignés en principe pour 1 an. Cette durée peut toutefois être plus longue si le conseil d'administration de l'URSSAF le décide lors de la séance à l'occasion de laquelle il procède pour la première fois de son mandat à la désignation des membres de la CRA (c. séc. soc. art. R. 142-2-1).

→ **À NOTER** *La Cour de cassation a jugé que l'irrégularité de la composition de la CRA, et donc de sa décision, ne peut être invoquée devant la juridiction contentieuse pour contester un redressement. La juridiction doit dans ce cas se prononcer sur le fond du litige* (cass. civ., 2e ch., 21 juin 2018, n° 17-27756, FSPBRI).

Délai pour contester

837 Le cotisant doit saisir la CRA dans le délai de 2 mois à compter de la notification (c. séc. soc. art. R. 142-1) :

– de la mise en demeure de l'URSSAF *(voir § 691)*, et non de la lettre d'observations envoyée par l'agent de contrôle à l'issue du contrôle *(voir § 571)* (cass. soc. 21 mars 1996, n° 94-15696, BC V n° 110) ;

– ou de la décision de l'URSSAF confirmant les observations pour l'avenir *(voir § 710)*.

Les articles 668 et 669 du code de procédure civile, selon lesquels la date de réception d'une notification faite par lettre recommandée avec demande d'avis de réception est celle qui est apposée par la Poste lors de la remise de la lettre à son destinataire, ne sont pas applicables aux décisions de l'URSSAF, qui ne sont pas de nature contentieuse. Il revient donc à l'URSSAF d'établir par tous moyens la date à laquelle le cotisant a été informé de la décision qu'il entend contester (cass. avis. 21 janvier 2002, n° 00200001 P, BICC 551 du 1er mars 2002, n° 1).

Rappelons que le délai de 2 mois n'est opposable au cotisant qu'à la condition d'avoir été mentionné, ainsi que les voies de recours, dans la notification de la décision contestée (c. séc. soc. art. R. 142-1-A, III) *(voir §§ 699 et 710)*.

Modalités de saisine de la CRA

838 La saisine de la commission de recours amiable doit être effectuée par tout moyen donnant date certaine à sa réception (ex : lettre recommandée avec demande d'avis de réception) (c. séc. soc. art. R. 142-1 et R. 243-59-9).

Pour un modèle de saisine de la CRA *(voir § 842)*.

La saisine doit être adressée au président de la commission de recours amiable de l'URSSAF ayant rendu la décision contestée (mise en demeure ou notification d'observations pour l'avenir, *voir §§ 691 et 710*).

Il a été jugé que la saisine de la commission reste valable alors que le cotisant a, par erreur, mais dans les temps, envoyé la contestation de la notification reçue au tribunal et que celui-ci l'a transmise à la CRA compétente. La même solution a été adoptée lorsque le cotisant a adressé sa contestation au directeur de l'URSSAF concernée (cass. soc. 14 mars 1991, n° 88-19558 D). D'une manière générale, si une demande est adressée à une administration incompétente, cette dernière doit la transmettre à l'administration compétente et en aviser l'intéressé (CRPA art. L. 114-2).

La contestation portée devant la CRA doit faire l'objet d'un accusé de réception comportant notamment la date de sa réception et la date à laquelle, à défaut d'une décision expresse, elle sera réputée rejetée *(voir § 844)*, ainsi que, le cas échéant, les documents manquants. L'accusé de réception mentionne aussi les délais et voies de recours à l'encontre de la décision implicite de rejet de la commission (c. séc. soc. art. R. 142-1-A, I ; CRPA, art. L. 112-3 et R. 112-5). À défaut, les délais de recours ne sont pas opposables au cotisant demandeur (CRPA, art. L. 112-6).

Par ailleurs, le recours devant la CRA est gratuit (charte du cotisant contrôlé en vigueur au 1er janvier 2024, p. 22). L'assistance d'un avocat n'est pas obligatoire.

Contenu de la saisine

▸ Saisine la plus large possible

839 Le cotisant doit rédiger sa demande de saisine avec soin. En effet, l'objet de la saisine de la CRA détermine l'étendue du contrôle que le juge judiciaire pourra opérer par la suite.

Une demande en justice qui n'a pas fait l'objet d'un recours préalable devant la CRA sera déclarée irrecevable en justice (cass. civ., 2e ch., 20 juin 2019, n° 17-18061, 1er moyen, FPBI).

En outre, si la saisine de la CRA ne concerne que certains points de redressement ou que certaines observations pour l'avenir, elle ne permet pas de contester ultérieurement en justice les autres points du redressement ou les autres observations pour l'avenir, qui auront alors acquis un caractère définitif. Cela vaut même si le cotisant fait valoir devant la juridiction de nouveaux moyens de défense qui sont, dans l'absolu, susceptibles d'entraîner la nullité du redressement dans son intégralité (ex. : absence d'avis de contrôle) (cass. civ., 2e ch., 12 mai 2022, n° 20-18078 FB ; cass. civ., 2e ch., 17 février 2022, n° 20-19547 FD).

Le cotisant a donc toujours intérêt à contester devant la CRA la totalité des points visés par la mise en demeure ou par le document confirmant les observations pour l'avenir afin de ne se fermer aucune voie de recours ultérieure. Il importe peu que cette contestation ne soit pas motivée, ou qu'elle ne le soit que pour certains chefs de redressement ou certaines observations pour l'avenir (cass. soc. 25 janvier 1989, n° 86-11940, BC V n° 65 ; cass. civ., 2e ch., 13 février 2014, n° 13-12329, BC II n° 46 ; cass. civ., 2e ch., 7 mai 2015, n° 14-14914 D ; cass. civ., 2e ch., 12 mars 2020, n° 19-13422, FPBI ; cass. civ., 2e ch., 1er juin 2023, n° 21-21329 FB).

Pour cela, le cotisant peut utiliser des formulations permettant de ménager l'avenir, comme, par exemple : « Je conteste l'ensemble des redressements opérés et la mise en demeure subséquente, notamment pour les motifs suivants : ... ».

→ **À NOTER** *Dès lors que le cotisant a saisi la CRA d'une contestation relative au redressement notifié par mise en demeure, il peut invoquer ultérieurement devant la juridiction contentieuse la nullité de cette mise en demeure pour irrégularité formelle, même s'il n'a pas soulevé cette nullité à l'occasion de son recours amiable* (cass. civ., 2e ch., 14 septembre 2006, n° 05-10919, BC II n° 235).

L'étendue de la saisine de la commission de recours amiable (et donc l'étendue du contrôle ultérieur du juge) se détermine au regard du contenu de la lettre de réclamation, et non en considération de la décision ultérieure de cette commission (cass. civ., 2e ch., 1er juin 2023, n° 21-21329 FB).

▸ Moyens de défense invocables

840 **Contestation d'un redressement.** Pour contester le redressement qui lui a été notifié par mise en demeure *(voir § 691)*, le cotisant peut notamment invoquer :
– des vices de forme, tels que le non-respect des mentions obligatoires de l'avis de contrôle *(voir § 350)* ou de la lettre d'observations *(voir § 571)*, le non-respect, le cas échéant, de la procédure de vérification par échantillonnage et extrapolation *(voir § 452)*, l'absence de lettre d'observations ou encore le non-respect des mentions obligatoires de la mise en demeure *(voir § 696)* ;
– des irrégularités de fond, comme, par exemple, le fait que le contrôle a porté sur des éléments ou des pratiques qui avaient déjà fait l'objet d'un précédent contrôle sans qu'aucune observation n'ait été formulée par l'URSSAF *(voir § 285)* ou bien que l'interprétation de la législation par l'URSSAF diverge de celle retenue par une circulaire ou une instruction ministérielle opposable *(voir § 283)* ou bien par le Bulletin officiel de la sécurité sociale *(voir § 284)* ;
– des divergences d'analyses sur le redressement notifié tant pour des raisons purement juridiques que factuelles.

En outre, le cotisant peut, s'il en remplit les conditions, faire jouer le droit à l'erreur pour échapper à la majoration de retard principale de 5 % (c. séc. soc. art. R. 243-17) *(voir § 534)*.

841 **Contestation des observations pour l'avenir.** Pour contester les observations pour l'avenir formulées par l'URSSAF, le cotisant peut aussi se servir d'arguments de forme ou de fond.

Toutefois, il a été jugé que l'opposabilité des circulaires ou instructions ministérielles *(voir § 283)* ne peut être invoquée que pour faire échec à un redressement. Il n'est donc pas possible de s'en prévaloir à l'appui d'une demande d'annulation d'observations pour l'avenir (cass. civ., 2e ch., 24 mai 2017, n° 16-15724, BC II n° 106).

MODÈLE

842 *Lettre de saisine de la commission de recours amiable (CRA) (1)*

Société : ....

N° de compte URSSAF : ....

À... (lieu), le... (date)

Lettre recommandée avec accusé de réception (2)

Objet : contestation d'une mise en demeure et/ou d'observations pour l'avenir (3)

Monsieur le Président,

À l'issue d'un contrôle de l'URSSAF réalisé dans notre entreprise du... au... (préciser les dates), l'URSSAF de ... (préciser) nous a notifié une mise en demeure et/ou des observations pour l'avenir en date du... (préciser).

Le montant de cette mise en demeure est de... (préciser) et porte sur les chefs de redressement suivants... (préciser).

et/ou

Les observations pour l'avenir portent sur les points suivants... (à préciser)

Nous contestons l'ensemble de ces redressements et/ou observations pour l'avenir, notamment aux motifs suivants (4) :
– certains points (formulation à adapter en conséquence) avaient déjà fait l'objet d'un précédent contrôle en ... (préciser la date) et n'avaient appelé aucune observation de la part de l'URSSAF. Nous considérons qu'il ne peut y avoir lieu à rétroactivité ;
– les chefs de redressement et/ou les observations pour l'avenir concernant ... (à préciser) sont contestables en raison de l'interprétation formulée par la circulaire opposable, le Bulletin officiel de la sécurité sociale, la décision de rescrit social... ;
– sur le fond, nous considérons que... (à préciser).

Nous sollicitons donc un nouvel examen de notre situation par votre commission.

Nous vous prions d'agréer, Monsieur le Président, l'expression de nos salutations distinguées. ...

(signature)

(1) Le cotisant qui entend contester le bien-fondé de sa dette ou des observations pour l'avenir dispose d'un délai de 2 mois à compter de la notification de la mise en demeure ou de la décision confirmant les observations pour l'avenir pour saisir la CRA (c. séc. soc. art. R. 142-1).
(2) La saisine de la commission de recours amiable s'effectue par tout moyen donnant date certaine à sa réception (c. séc. soc. art. R. 142-1 et R. 243-59-9), comme par exemple une lettre recommandée avec accusé de réception.
(3) La commission de recours amiable doit être saisie préalablement à tout recours contentieux (c. séc. soc. art. L 142-4 et R. 142-1).
(4) Pour des motifs susceptibles d'être invoqués, *voir §§ 840 et 841*.

Décision de la CRA

▶ Examen de la demande

843 La procédure devant la commission de recours amiable prend la forme d'un examen sur dossier. Elle est donc uniquement écrite. Le cotisant n'est pas convoqué ni auditionné par la CRA, et ne peut pas présenter d'observations orales.

▶ Délai

844 Aucune disposition ne fixe un délai dans lequel la commission de recours amiable doit rendre sa décision.

Il est seulement prévu que, si la décision de la CRA n'est pas portée à la connaissance du cotisant requérant dans le délai de 2 mois, l'intéressé peut considérer sa demande comme rejetée (c. séc. soc. art. R. 142-6). Il s'agit pour lui d'une simple possibilité dans la mesure où il peut préférer attendre la décision expresse qui lui sera notifiée par la CRA.

Le délai de 2 mois court à compter de la réception de la réclamation par la commission de recours amiable (c. séc. soc. art. R. 142-6).

Toutefois, si des documents sont produits par le réclamant après le dépôt de sa réclamation, le délai de 2 mois ne court qu'à dater de la réception de ces documents (c. séc. soc. art. R. 142-6). Encore faut-il, pour que ce délai soit prorogé, que l'envoi des documents intervienne avant qu'il ne soit expiré (cass. civ., 2e ch., 12 mars 2015 n° 14-13521, BC II n° 61).

Si, au bout du délai de 2 mois, la commission de recours amiable n'a pas fait parvenir sa décision au requérant, celui-ci peut saisir le tribunal judiciaire de cette décision implicite de refus de la CRA *(voir §§ 848 et 850)*.

Toutefois, l'expiration de ce délai n'a pas pour effet de dessaisir la commission de la réclamation de l'intéressé (cass. civ., 2e ch., 12 février 2015, n° 14-11398, BC II n° 33). Le cotisant peut donc aussi choisir d'attendre une décision explicite de la commission, avec la possibilité de la contester devant le tribunal judiciaire une fois qu'il l'aura reçue ; cependant, il faut savoir que le délai s'écoulant entre la saisine de la CRA et l'obtention d'une décision explicite peut, dans certaines URSSAF, être supérieur à 1 an.

▸ **Contenu**

845 La décision de la commission de recours amiable doit être motivée (c. séc. soc. art. R. 142-4).

Elle doit aussi, le cas échéant, détailler par motif de redressement (c. séc. soc. art. R. 142-4) :
– les montants qui, le cas échéant sont annulés ;
– et ceux dont le cotisant reste redevable au titre de la mise en demeure précédemment reçue.

La décision de la CRA doit également indiquer les délais et voies de recours (c. séc. soc. art. R. 142-4), à savoir la possibilité de saisir le tribunal judiciaire dans les 2 mois de sa notification *(voir §§ 848 et 850)*.

▸ **Notification**

846 La décision de la commission de recours amiable doit être notifiée à l'intéressé (c. séc. soc. art. R. 142-4). Cette notification peut intervenir par tout moyen lui conférant date certaine (ex : lettre recommandée avec accusé de réception) (c. séc. soc. art. R. 142-1-A, I).

La notification qui ne comporte pas le texte de la décision de la CRA ne fait pas courir le délai de recours devant le tribunal judiciaire *(voir § 848)* (cass. soc. 11 mai 2001, n° 99-17794, BC V n° 164).

La notification de la décision de la CRA est assimilable par ses effets à la notification d'une décision juridictionnelle. Elle ne peut donc pas faire courir le délai de saisine du juge judiciaire si elle désigne une juridiction incompétente (cass. soc. 19 septembre 1991, n° 89-16002, BC V n° 378 ; cass. soc. 27 novembre 1997, n° 96-12751, BC V n° 411), ou encore si elle n'indique pas en termes apparents le délai de recours (cass. soc. 25 novembre 1999, n° 97-15837 D).

▸ Effets

847 La décision de la commission de recours amiable se substitue à la décision de l'URSSAF contre laquelle le recours a été formé.

La décision initiale de redressement ou la décision confirmant les observations pour l'avenir ne sont, dès lors, plus opposables au cotisant, et seule la décision de la CRA fait autorité (même si celle-ci lui est moins favorable).

Si elle n'est pas contestée dans le délai de 2 mois de sa notification devant le tribunal judiciaire *(voir § 848)*, la décision de la CRA devient définitive.

→ **À NOTER** *L'annulation d'un redressement par la commission de recours amiable ne vaut pas accord tacite de l'URSSAF (voir § 285). Le cotisant ne peut donc s'en prévaloir lors d'un contrôle ultérieur portant sur les mêmes pratiques* (cass. civ., 2e ch., 9 mai 2019, n° 18-15435 FPBI).

Contestation en justice

Saisine du tribunal judiciaire

▸ Après le rejet de la réclamation par la CRA

848 Lorsque la commission de recours amiable a rejeté la réclamation, que ce soit expressément ou implicitement *(voir § 844)*, le cotisant peut saisir, en première instance, le pôle social du tribunal judiciaire spécialement désigné.

→ **À NOTER** *Est irrecevable le recours de la société qui conteste non pas la mise en demeure qui lui a été notifiée régulièrement par l'URSSAF, mais le rejet de ses observations émises en réponse à la lettre d'observations que lui a adressée l'organisme de recouvrement dans le cadre de la procédure contradictoire* (cass. civ., 2e ch., 14 février 2019, n° 17-27759 FPB) *(voir aussi § 638)*.

849 **SOCIÉTÉ MULTI-ÉTABLISSEMENTS ET AUTORITÉ DE LA CHOSE JUGÉE**

Lorsqu'un contrôle a lieu dans tous les établissements d'une même société mais aboutit à des lettres d'observations *(voir § 571)*, des mises en demeure *(voir § 691)* et des contraintes *(voir § 910)* distinctes pour chaque établissement, les contestations par la société de chacun des redressements ainsi notifiés n'ont pas le même objet. Par conséquent, même si les opérations de contrôle qui se sont déroulées dans certains des établissements ont été validées par un jugement définitif ayant autorité de la chose jugée, la société cotisante peut toujours contester le bien-fondé des opérations de contrôle ayant eu lieu dans un autre établissement (cass. civ., 2e ch., 25 avril 2024, n° 21-16779 FB).

▸ Délai de saisine

850 **Délai de 2 mois.** La saisine du tribunal judiciaire doit intervenir dans un délai de 2 mois (c. séc. soc. art. R. 142-1-A, II ; c. org. jud. art. L. 211-16, 1°) :
– à compter de la date de la notification de la décision explicite de la CRA ;
– ou, en l'absence de réponse explicite, à compter de l'expiration du délai de 2 mois suivant la saisine de la CRA.

Dans le cas d'une décision explicite de la commission de recours amiable, le délai de recours de 2 mois débute à compter de la date à laquelle le cotisant a eu connaissance de cette décision. Ainsi, lorsque la notification de la décision de la CRA, adressée par lettre recommandée avec accusé de réception, a été retournée à l'expéditeur avec la mention « non réclamée – retour à l'envoyeur », le délai de recours n'a pas commencé à courir, même si l'intéressé n'établit pas avoir été dans l'impossibilité de réceptionner ladite lettre (cass. soc. 6 juillet 2000, n° 98-22261, BC V n° 269). Cette solution revient à contraindre l'URSSAF à procéder par voie de signification via un commissaire de justice (ex-huissier) si la lettre recommandée avec avis de réception n'est jamais réclamée.

→ **À NOTER** *L'absence de recours devant le tribunal compétent dans les 2 mois contre la décision de la CRA, saisie à la suite de la notification d'une mise en demeure, interdit la contestation ultérieure du bien-fondé du redressement par la voie de l'opposition à contrainte* (cass. civ., 2e ch., 4 avril 2019, n° 18-12014 FPBI) *(voir aussi § 920)*.

851 **Opposabilité du délai de saisine.** Le délai de saisine de 2 mois ne peut être opposé au cotisant (c. séc. soc. art. R. 142-1-A, III ; CRPA, art. L. 112-3, L. 112-6 et R. 112-5) :
– s'il n'a pas été mentionné, ainsi que les voies de recours dans la décision explicite de la CRA *(voir § 845)* ;
– ou, en cas de décision implicite de la CRA, si l'accusé de réception de la contestation portée devant la CRA n'indique pas la date à laquelle, à défaut d'une décision expresse, la décision de la commission est réputée rejetée, ainsi que les délais et voies de recours à l'encontre de cette décision implicite de rejet *(voir § 838)*.

Ainsi, il a été jugé que, lorsque le cotisant saisit le tribunal après le silence de 2 mois gardé par la commission de recours amiable, aucun délai de forclusion ne peut lui être opposé s'il n'a pas été informé des délais et des voies de recours ouvertes (cass. soc. 30 novembre 2000, n° 99-12651, BC V n° 409).

De la même manière, ce délai de forclusion n'est pas opposable au cotisant si l'accusé de réception de la contestation portée devant la CRA indique un délai de rejet implicite erroné et ne mentionne pas la date à compter de laquelle la réclamation peut être considérée comme implicitement rejetée (cass. civ., 2e ch., 9 avril 2009, n° 08-12935, BC II n° 102).

En cas de décision implicite de rejet de la CRA, la forclusion du délai de recours contentieux devant le tribunal judiciaire ne peut pas être opposée au requérant si aucun accusé de réception du recours préalable auprès de la CRA indiquant clairement les délais et voies de recours contentieux n'a été envoyé au cotisant (cass. civ., 2e ch., 25 avril 2024, n° 22-15393 FB).

→ **À NOTER** *La forclusion tirée de l'expiration du délai de recours ne peut pas être opposée au cotisant ayant introduit devant le tribunal judiciaire une requête contestant une décision implicite de rejet de la CRA au seul motif qu'il n'a pas saisi le tribunal pour contester la décision explicite de rejet intervenue en cours d'instance* (c. séc. soc. art. R. 142-10-1).

▸ Juridiction compétente

852 Le tribunal judiciaire territorialement compétent est celui dans le ressort duquel demeure le cotisant (ex : tribunal judiciaire dans le ressort duquel se trouve l'établissement de l'employeur) (c. séc. soc. art. R. 142-10).

Toutefois, pour les entreprises multi-établissements qui appliquent le dispositif du versement en un lieu unique (VLU), de façon facultative ou obligatoire *(voir § 71)*, le tribunal judiciaire territorialement compétent est celui dans le ressort duquel se trouve le siège de l'organisme de recouvrement auprès duquel l'employeur verse ses cotisations et contributions sociales (c. séc. soc. art. R. 142-10). Peu importe le lieu de travail des salariés concernés, dans la mesure où le VLU instaure une unité de lieu pour le paiement, le contrôle, les poursuites et les contestations concernant le recouvrement des cotisations dues pour l'ensemble des établissements de l'entreprise (cass. civ., 2e ch., 11 octobre 2006, n° 05-10546, BC II n° 258).

Lorsque le cotisant demeure à l'étranger, le tribunal compétent est celui dans le ressort duquel se trouve le siège de l'URSSAF dont dépend la CRA qui a pris la décision (c. séc. soc. art. R. 142-10).

853 **MOYENS DE DÉFENSE ET PREUVES RECEVABLES EN JUSTICE**

Pour les chefs de redressement ou les observations pour l'avenir qui ont été soumis à l'examen de la commission de recours amiable (CRA), le cotisant peut faire valoir devant le juge de nouveaux moyens de défense qui n'ont pas été présentés devant cette commission (cass. civ., 2e ch., 12 mai 2022, n° 20-18077 FB ; cass. civ., 2e ch., 17 février 2022, n° 20-19547 FD). En revanche, il n'est pas recevable à contester des chefs de redressement qu'il n'a pas préalablement critiqués devant cette commission *(voir § 839)*.

Par ailleurs, le cotisant ne peut pas produire pour la première fois devant le juge une pièce qui lui a été expressément demandée par l'URSSAF lors des opérations de contrôle ou de la période contradictoire (cass. civ., 2e ch., 4 septembre 2025, n° 22-17437 FSB). Deux cas de figure peuvent donc être distingués :
- les pièces, expressément demandées par les agents du recouvrement lors des opérations de contrôle ou la période contradictoire, et qui n'ont pas été fournies par le cotisant durant cette phase, ne peuvent pas être produites par le cotisant lors de son recours judiciaire ;
- a contrario, les pièces qui n'ont pas été expressément demandées par les agents chargés du contrôle pendant la procédure sont recevables en justice.

Quant à l'Urssaf, elle ne peut pas, pour justifier un chef de redressement, soulever devant les juridictions contentieuses des points qu'elle n'a pas abordés pendant les opérations de contrôle. Pour la Cour de cassation, en effet, l'URSSAF ne peut modifier le fondement juridique du redressement que jusqu'à la délivrance de la mise en demeure, et à la condition que le cotisant en ait été informé et ait été en mesure de présenter ses observations et de fournir les pièces justificatives nécessaires. Après la délivrance de la mise en demeure, elle ne peut plus modifier le fondement du redressement (cass. civ., 2e ch., 4 septembre 2025, n° 22-22989 FSB) *(voir aussi § 620)*.

▸ Modalités de saisine

854 Le tribunal judiciaire est saisi par requête remise au greffe ou adressée au greffe par lettre recommandée avec avis de réception (c. séc. soc. art. R. 142-10-1).

L'assistance d'un avocat n'est pas obligatoire. Les parties peuvent donc se défendre elles-mêmes, ou bien se faire représenter par un avocat ou une autre personne (conjoint, concubin, partenaire pacsé, ascendant ou descendant en ligne directe, autre employeur ou travailleur indépendant...). S'il n'est pas avocat, le représentant doit justifier d'un pouvoir spécial (c. séc. soc. art. L. 142-9).

→ **À NOTER** *Les dépens (frais engendrés par la procédure) sont pris en charge par la partie perdante, à moins que le juge, par décision motivée, n'en mette la totalité ou une fraction à la charge d'une autre partie* (c. séc. soc. art. R. 142-1-A, II ; c. proc. civ. art. 696).

▸ Décision du tribunal judiciaire et voies de recours

855 La décision du tribunal judiciaire est notifiée à chacune des parties par le greffe (c. séc. soc. art. R. 142-10-7).

→ **À NOTER** *Le tribunal judiciaire peut ordonner l'exécution provisoire de toutes ses décisions* (c. séc. soc. art. R. 142-10-6).

La décision du tribunal judiciaire est susceptible d'appel pour les litiges dont le montant est supérieur à 5 000 € ou indéterminé (c. org. jud. art. R. 211-3-25 ; c. proc. civ. art. 40). Toutefois, quel que soit le montant du litige, le tribunal judiciaire statue toujours à charge d'appel en matière :
– de CSG et de CRDS (c. séc. soc. art. L. 136-5, IV ; ord. 96-50 du 24 janvier 1996, art. 14, III, JO du 25) ;
– de contribution sur les retraites à prestations définies ou « retraites chapeaux » (c. séc. soc. art. L. 137-4 et L. 137-11 ; cass. civ., 2e ch., 22 janvier 2015, n° 13-28279 à 13-28306, BC II n° 16) ;
– de contribution sur les préretraites d'entreprise (c. séc. soc. art. L. 137-4 et L. 137-10) ;
– de forfait social (c. séc. soc. art. L. 137-4 et L. 137-15) ;
– de contribution sur les indemnités de mise à la retraite (c. séc. soc. art. L. 137-4 et L. 137-12) ;
– de contribution patronale due en cas d'attribution gratuite d'actions aux salariés ou de stock-options (c. séc. soc. art. L. 137-4 et L. 137-13).

En revanche, le tribunal judiciaire statue en dernier ressort, et peut donc uniquement faire l'objet d'un pourvoi devant la Cour de cassation *(voir § 858)* :
– si la demande n'excède pas 5 000 € (c. org. jud. art. R. 211-3-25) ;
– ou, quelle que soit la valeur du litige, si le recours concerne une demande de remise gracieuse de majorations de retard et pénalité URSSAF (c. séc. soc. art. R. 244-2).

856 SORT DES MAJORATIONS DE RETARD PENDANT LA PROCÉDURE CONTENTIEUSE

Les majorations de retard *(voir § 529)* sont dues pour toutes les cotisations non acquittées à la date limite de leur exigibilité et courent jusqu'à leur complet paiement, peu important l'existence d'une contestation sur le montant des cotisations et la date à laquelle une juridiction saisie de cette réclamation a définitivement reconnu le bien-fondé au moins partiel de la demande de l'URSSAF. Elles ne peuvent donc pas être neutralisées pendant la durée de la procédure (en l'espèce, la procédure d'appel ; cass. soc. 12 juillet 1988, n° 86-15146, BC V n° 436).

En outre, les tribunaux ne peuvent pas accorder de sursis à poursuite pour le paiement des cotisations, pénalités et majorations de retard car le directeur de l'URSSAF a seul qualité pour ordonner un tel sursis à poursuites (cass. soc. 22 mars 2001, n° 99-18456 D).

Saisine de la cour d'appel

857 L'appel est porté devant la chambre sociale de la cour d'appel spécialement désignée dans le ressort de laquelle se trouve placé le tribunal judiciaire *(voir § 848)* dont la décision est attaquée (c. org. jud. art. L. 311-15, R. 311-6 et annexe tableau VIII-III).

Le cotisant doit saisir la cour d'appel dans le délai de 1 mois à compter de la notification de la décision du tribunal judiciaire (c. séc. soc. art. R. 142-1-A, II ; c. proc. civ. art. 528 et 538).

L'appel est formé par une déclaration adressée, par pli recommandé, au greffe de la cour d'appel (c. proc. civ. art. 932).

La procédure d'appel est sans représentation obligatoire (c. séc. soc. art. R. 142-11). Les parties peuvent donc se défendre elles-mêmes, ou bien se faire représenter par un avocat ou une autre personne (conjoint, concubin, partenaire pacsé, ascendant ou descendant en ligne directe, autre employeur ou travailleur indépendant...). S'il n'est pas avocat, le représentant doit justifier d'un pouvoir spécial (c. séc. soc. art. L. 142-9 ; c. proc. civ. art. 931).

Lorsque la cour a rendu son arrêt, le greffier le notifie à l'intéressé (c. séc. soc. art. R. 142-12).

→ **À NOTER** *Les dépens (frais engendrés par la procédure) sont pris en charge par la partie perdante, à moins que le juge, par décision motivée, n'en mette la totalité ou une fraction à la charge d'une autre partie* (c. séc. soc. art. R. 142-1-A, II ; c. proc. civ. art. 696).

Saisine de la Cour de cassation

858 Un pourvoi en cassation peut être formé contre :
- les jugements rendus en premier et dernier ressort par le tribunal judiciaire ;
- les arrêts d'appel.

Le pourvoi doit être formé par l'intermédiaire d'un avocat au Conseil d'État et à la Cour de cassation. Il doit être déposé au greffe de la Cour de cassation dans le délai de 2 mois à compter de la notification de la décision contestée (c. séc. soc. art. R. 142-15).

La Cour de cassation soit rejette le pourvoi, soit casse le jugement ou l'arrêt d'appel. Dans ce dernier cas, la demande est alors examinée par une autre juridiction du même degré que celle ayant rendu la décision contestée (tribunal judiciaire ou cour d'appel) ou devant la même juridiction composée autrement. Si la décision de cette juridiction de renvoi est attaquée devant la Cour de cassation par les mêmes moyens que la première, le pourvoi est instruit et jugé par l'assemblée plénière de la Cour de cassation. La nouvelle juridiction de renvoi est alors tenue de s'incliner.

Voies de recours : tableau récapitulatif

859 **Voies de recours (hors médiation) : instance à saisir, délai, forme de la saisine et règles de représentation**

Décision contestée	Instance à saisir	Compétence territoriale	Délai de saisine	Forme de la saisine	Règles de représentation
Mise en demeure et observations pour l'avenir notifiées par l'URSSAF *(voir §§ 691 et 710)*	CRA (1)	CRA de l'URSSAF (ou CGSS) qui a notifié la mise en demeure ou les observations pour l'avenir	2 mois à compter de la notification de la mise en demeure ou des observations pour l'avenir (c. séc. soc. art. R. 142-1)	Par tout moyen donnant date certaine à sa réception (ex : LRAR) (c. séc. soc. art. R. 142-1 et R. 243-59-9)	Assistance d'un avocat non obligatoire
Décision de la CRA *(voir §§ 843 à 847)*	Pôle social du tribunal judiciaire	Tribunal judiciaire dans le ressort duquel (c. séc. soc. art. R. 142-10) : - demeure le cotisant ; - se trouve le siège de l'URSSAF auprès duquel l'employeur verse ses cotisations en cas de VLU ; - se trouve le siège de l'URSSAF dont dépend la CRA, lorsque le cotisant réside à l'étranger.	2 mois à compter (c. séc. soc. art. R. 142-1-A, II ; c. org. jud. art. L. 211-16, 1°) : - soit de la notification de la décision explicite ; - soit de l'expiration du délai de 2 mois suivant la saisine de la CRA en l'absence de décision explicite de celle-ci.	Requête remise au greffe ou adressée à ce dernier par LRAR (c. séc. soc. art. R. 142-10-1)	Représentation par le requérant, un avocat ou une autre personne justifiant d'un pouvoir spécial (2) (c. séc. soc. art. L. 142-9)

Voies de recours (hors médiation) : instance à saisir, délai, forme de la saisine et règles de représentation					
Décision contestée	**Instance à saisir**	**Compétence territoriale**	**Délai de saisine**	**Forme de la saisine**	**Règles de représentation**
Contrainte *(voir §§ 910 à 919)*	Pôle social du tribunal judiciaire	Tribunal judiciaire dans le ressort duquel le cotisant est domicilié ou, si ce dernier demeure à l'étranger, dans le ressort duquel se trouve l'URSSAF (c. séc. soc. art. R. 133-3)	15 jours à compter de la notification ou de la signification de la contrainte (c. séc. soc. art. R. 133-3)	Inscription au secrétariat du tribunal judiciaire ou LRAR adressée au secrétariat du tribunal judiciaire (c. séc. soc. art. R. 133-3)	Représentation par le requérant, un avocat ou une autre personne justifiant d'un pouvoir spécial (2) (c. séc. soc. art. L. 142-9)
Jugement du tribunal judiciaire rendu en premier ressort (3)	Chambre sociale de la cour d'appel spécialement désignée	Cour d'appel dans le ressort de laquelle se trouve placé le tribunal judiciaire (c. org. jud. art. L. 311-15, R. 311-6 et annexe tableau VIII-III)	1 mois à compter de la notification de la décision du tribunal judiciaire (c. séc. soc. art. R. 142-1-A, II ; c. proc. civ. art. 528 et 538)	Déclaration adressée, par pli recommandé, au greffe de la cour d'appel (c. proc. civ. art. 932)	Représentation par le requérant, un avocat ou une autre personne justifiant d'un pouvoir spécial (2) (c. séc. soc. art. L. 142-9 ; c. proc. civ. art. 931)
Jugement du tribunal judiciaire rendu en dernier ressort (4)	Cour de cassation		2 mois à compter de la notification de la décision du tribunal judiciaire (c. séc. soc. art. R. 142-15)	Déclaration de pourvoi déposée au greffe de la Cour de cassation (c. séc. soc. art. R. 142-15)	Représentation obligatoire par un avocat au Conseil d'État et à la Cour de cassation (c. séc. soc. art. R. 142-15)
Arrêt de cour d'appel	Cour de cassation		2 mois à compter de la notification de la décision de la cour d'appel (c. séc. soc. art. R. 142-15)	Déclaration de pourvoi déposée au greffe de la Cour de cassation (c. séc. soc. art. R. 142-15)	Représentation obligatoire par un avocat au Conseil d'État et à la Cour de cassation (c. séc. soc. art. R. 142-15)

(1) En amont ou en parallèle de la saisine de la CRA, le cotisant contrôlé peut aussi saisir le médiateur de l'URSSAF *(voir § 830)*.
(2) Il peut s'agir, par exemple, du conjoint, d'un ascendant ou descendant, d'un autre employeur ou travailleur indépendant (c. séc. soc. art. L. 142-9).
(3) Pour les litiges dont le montant est supérieur à 5 000 € ou indéterminé, sauf exceptions *(voir § 855)*.
(4) Pour les litiges dont le montant ne dépasse pas 5 000 € *(voir § 855)*.

Comment se déroule la procédure de recouvrement forcé des cotisations ?

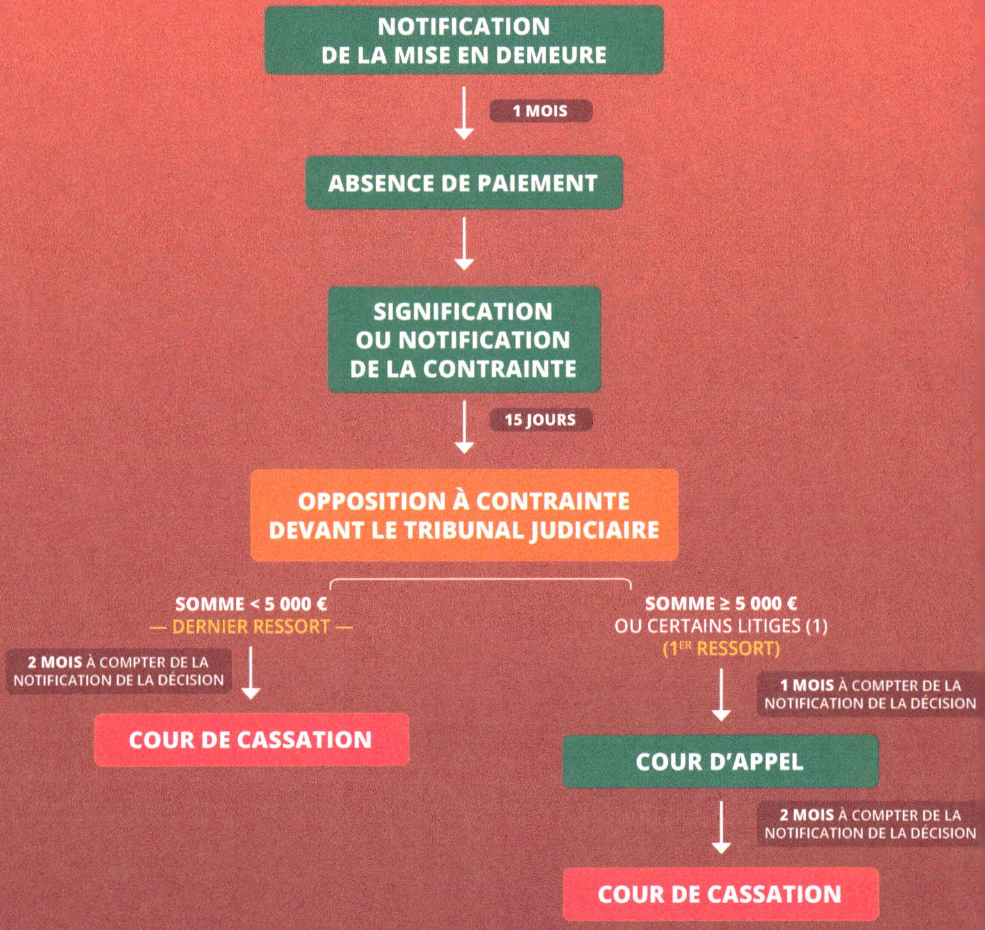

(1) LITIGES CONCERNANT LA CSG, LA CRDS, LA CONTRIBUTION SUR LES RETRAITES « CHAPEAU », LA CONTRIBUTION SUR LES PRÉRETRAITES D'ENTREPRISE, LE FORFAIT SOCIAL, LA CONTRIBUTION SUR LES INDEMNITÉS DE MISE À LA RETRAITE ET LA CONTRIBUTION DUE EN CAS D'ATTRIBUTION GRATUITE D'ACTIONS OU D'ATTRIBUTION DE STOCK-OPTIONS.

Revue Fiduciaire

14 Recouvrement forcé

§§

Recours à la contrainte

Opposition à contrainte

Recours à la contrainte

But : procéder au recouvrement forcé

910 La contrainte est le moyen de recouvrement forcé généralement utilisé par l'URSSAF pour recouvrer la dette du cotisant (c. séc. soc. art. L. 244-9). Les organismes de recouvrement privilégient le recours à la contrainte plutôt qu'aux autres moyens de recouvrement forcé *(voir encadré § 919)* en raison de sa simplicité. Il s'agit d'une procédure civile de recouvrement.

La contrainte permet le recouvrement forcé des cotisations (entendues au sens large du terme), majorations de retard et pénalités.

Le cotisant peut former opposition à contrainte devant le tribunal judiciaire, dans un délai assez court de 15 jours *(voir § 920)*.

→ **ATTENTION** *Un sursis à paiement accordé par l'administration fiscale ne suspend pas l'exigibilité des cotisations URSSAF d'un travailleur indépendant. La contrainte délivrée par l'URSSAF est donc valide quand bien même le travailleur indépendant conteste le bien-fondé de l'évaluation de ses revenus professionnels par l'administration fiscale* (cass. soc. 27 février 2003, n° 01-20666, BC V n° 77).

Délai : passé le mois qui suit la mise en demeure

911 Le directeur de l'URSSAF peut décerner une contrainte si la mise en demeure *(voir § 691)* est restée sans effet au terme du délai d'un mois à compter de sa notification (c. séc. soc. art. R. 133-3).

Il a alors 3 ans pour le faire. L'action en recouvrement des cotisations et majorations de retard se prescrit en effet par 3 ans à compter de l'expiration du délai d'un mois laissé au cotisant par la mise en demeure pour régler les cotisations et majorations réclamées (5 ans en cas de travail illégal) (c. séc. soc. art. L. 244-8-1 et L. 244-11 ; cass. civ., 2e ch., 12 novembre 2020, n° 19-15239 FPBI).

→ **ATTENTION** *Les organismes de recouvrement conservent la possibilité de décerner une contrainte malgré la saisine de la commission de recours amiable (CRA)* (voir § 835). *La saisine de la CRA ne suspend pas le délai de prescription de l'action en recouvrement. Aussi la Cour de cassation a-t-elle retenu que l'action en recouvrement engagée par une URSSAF* *au-delà du délai de prescription était bien prescrite même si la CRA n'avait pas rendu sa décision. Elle n'a donc pas suivi les premiers juges qui, eux, avaient rejeté l'exception de la prescription, estimant que, tant que la CRA n'avait pas rendu sa décision, l'URSSAF avait été dans l'impossibilité absolue d'agir* (cass. civ., 2e ch., 3 avril 2014, n° 13-15136, BC II n° 85).

Modalités

▸ Contenu de la contrainte

912 Le contenu de la contrainte a été précisé par la jurisprudence. Il doit, comme la mise en demeure (*voir § 691*), permettre au cotisant de connaître la nature, la cause et l'étendue de ses obligations (pour plus de détails, *voir § 696*).

La contrainte doit ainsi préciser, à peine de nullité, la nature et le montant des cotisations réclamées, ainsi que la période à laquelle elles se rapportent, sans que soit exigée la preuve d'un préjudice. Dès lors qu'elle ne contient pas ces éléments, elle est nulle (cass. soc. 19 mars 1992, n° 88-11682, BC V n° 204). Tel est le cas, par exemple, d'une contrainte portant au paragraphe « nature des cotisations » la mention « Employeur Travailleur Indépendant ». Cette mention est, en effet, insuffisante à elle seule pour renseigner l'intéressé sur la nature des sommes réclamées (cass. civ., 2e ch., 8 octobre 2009, n° 08-17786 D).

Le fait d'avoir envoyé à un cotisant une mise en demeure motivée, contenant toutes les précisions sur la période de cotisations et leur montant, majorations de retard comprises, ne dispense pas l'URSSAF de motiver la contrainte qu'elle lui adresse par la suite (cass. civ., 2e ch., 3 novembre 2016, n° 15-20433, BC II n° 242).

Si l'absence de tout montant de la créance entraîne la nullité de la contrainte, la mention d'un montant inexact n'a pas les mêmes effets. Ainsi, lorsque la somme mentionnée dans la contrainte ne correspond plus à celle dont le débiteur reste redevable en raison d'une révision de l'assiette des cotisations (réduction du montant de la dette), la contrainte n'en demeure pas moins valable à concurrence du chiffre réduit des cotisations. Les juges du fond ne peuvent donc pas, en pareil cas, annuler entièrement la contrainte et doivent rechercher le montant exact de la créance à recouvrer (cass. soc. 18 octobre 1978, n° 77-10906, BC V n° 678 ; cass. soc. 30 mars 1982, n° 80-16157, BC V n° 235).

▸ Destinataire de la contrainte

913 La contrainte doit être adressée au débiteur des cotisations (c. séc. soc. art. R. 133-3).

Une contrainte peut aussi être valablement délivrée :
– à l'héritier du débiteur défunt, continuateur de sa personne et, comme tel, tenu des dettes de la succession selon sa part héréditaire (cass. soc. 11 juillet 1991, n° 89-14025, BC V n° 358) ;
– à la caution solidaire d'un débiteur de cotisations de sécurité sociale (en l'espèce, le président du conseil d'administration d'une société avait donné son aval aux billets à ordre émis par sa société au profit de l'URSSAF pour s'acquitter des cotisations sociales) (cass. soc. 20 janvier 1994, n° 91-21890, BC V n° 17).

▸ Délivrance de la contrainte

914 Seul le directeur de l'URSSAF est compétent pour délivrer la contrainte afin de recouvrer les cotisations, majorations et pénalités dues par le cotisant (c. séc. soc. art. R. 133-3).

Celui-ci peut toutefois déléguer ce pouvoir (c. séc. soc. art. R. 122-3, al. 13 ; cass. soc. 12 juillet 1988, n° 86-10636, BC V n° 437). Lorsque le signataire ne peut justifier de cette délégation, la contrainte délivrée est nulle.

Le délégataire n'a pas à justifier d'un pouvoir spécial pour signer les contraintes décernées par l'organisme de recouvrement. La délégation peut donc être une délégation générale (cass. soc. 30 mai 2002, n° 00-14512, BC V n° 185). Elle doit, en revanche, être effectuée antérieurement à la délivrance de la contrainte (cass. soc. 4 mai 2000, n° 98-21057 D).

La contrainte devant être signée par le directeur de l'URSSAF ou son délégataire, une cour d'appel ne peut donc pas valider une contrainte sans constater que le signataire de la contrainte était titulaire d'une délégation du directeur de l'organisme de recouvrement (cass. civ., 2e ch., 12 mars 2020, n° 19-13045, FPBI).

→ **À NOTER** *Il est possible pour le directeur de l'organisme de recouvrement (ou, le cas échéant, son délégataire) d'utiliser une image numérisée de sa signature manuscrite pour signer une contrainte, à condition que son identité et sa qualité de signataire soient vérifiables. En effet, selon la Cour de cassation, l'apposition sur une contrainte d'une signature scannée ne permet pas, à elle seule, de retenir que son signataire était dépourvu de la qualité requise pour décerner cette contrainte* (cass. civ., 2e ch., 28 mai 2020, n° 19-11744, FPBI).

▸ **Notification ou signification de la contrainte**

915 **Principe.** La contrainte est (c. séc. soc. art. R. 133-3) :

– soit notifiée au cotisant par tout moyen permettant de rapporter la preuve de sa date de réception (ex. : LRAR) ;

– soit lui est signifiée par acte de commissaire de justice (ex-huissier de justice).

La signification de la contrainte par un commissaire de justice doit être faite « à personne » (c. proc. civ. art. 654). Il s'agit de la même personne que celle à laquelle la mise en demeure a été envoyée *(voir § 703)*. Si la signification à personne s'avère impossible, l'acte peut être délivré soit à domicile, soit, à défaut de domicile connu, à résidence (c. proc. civ. art. 655).

→ **À NOTER** *Le commissaire de justice doit procéder aux vérifications nécessaires pour s'assurer que le cotisant habite bien à l'adresse indiquée même si ce dernier ne justifie pas avoir informé l'URSSAF de son changement d'adresse* (cass. civ., 2e ch., 4 mars 2021, n° 19-25291 FP, 1er moyen).

S'agissant d'une personne morale, la signification est faite « à personne » lorsque l'acte est délivré à son représentant légal, à un fondé de pouvoir de ce dernier ou à toute autre personne habilitée à cet effet (c. proc. civ. art. 654). La contrainte doit être adressée au siège social mentionné au registre du commerce et des sociétés (cass. soc. 27 septembre 1989, n° 87-18837, BC V n° 551). Selon nous, lorsque la contrainte n'est pas reçue par la personne à laquelle elle est adressée, le délai d'opposition *(voir § 922)* ne court qu'à compter du jour où le débiteur a eu connaissance de la contrainte. En effet, l'opposition à contrainte n'est recevable que dans le délai de quinzaine suivant la connaissance qu'en a eu le débiteur (cass. soc. 8 avril 1970, n° 68-10780, BC V n° 223).

S'agissant d'une personne physique, la signification d'une contrainte peut être considérée comme régulière lorsqu'elle a été effectuée au lieu où le destinataire a habité et exercé l'activité justifiant les cotisations réclamées, ce lieu pouvant être considéré comme le dernier domicile connu de l'organisme de recouvrement à défaut d'indication, par l'intéressé, d'un changement de lieu (cass. soc. 16 novembre 1972, n° 71-12047, BC V n° 623).

→ **À NOTER** *Le commissaire de justice avise dans les 8 jours l'URSSAF de la date de la signification* (c. séc. soc. art. R. 133-3).

916 **Mentions de l'acte de notification ou de signification.** À peine de nullité, l'acte de signification ou la notification doit mentionner la référence de la contrainte et son montant, le délai dans lequel l'opposition à contrainte doit être formée, l'adresse du tribunal compétent et les formes requises pour saisir ce dernier (c. séc. soc. art. R. 133-3).

La Cour de cassation a toutefois jugé que l'absence d'indication ou l'indication incomplète ou erronée dans l'acte de signification d'une contrainte du délai dans lequel l'opposition doit être formée, de l'adresse du tribunal compétent ou des formes requises pour sa saisine, a pour seul effet de ne pas faire courir le délai de recours (cass. civ., 2e ch., 21 juin 2018, n° 17-16441 FPB). Dans ce cas, l'opposition à contrainte formée une fois passé le délai de recours de 15 jours *(voir § 922)* ne peut être déclarée irrecevable. Il en est de même lorsque l'adresse du tribunal compétent n'est pas mentionnée sur l'acte de signification mais figure dans une copie de la contrainte annexée à l'acte (cass. soc. 25 janvier 2001, n° 99-14834 D).

En revanche, il ne peut y avoir de différence entre le montant de la contrainte et le montant mentionné dans l'acte de signification, sauf si cet acte comporte un décompte permettant de justifier cette différence. Si tel n'est pas le cas, la signification de la contrainte est jugée irrégulière (cass. civ., 2e ch., 15 juin 2017, n° 16-10788, BC II n° 135).

917 **Frais de contrainte.** Les frais de signification de la contrainte ainsi que tous les actes de procédure nécessaires à son exécution sont à la charge du cotisant, excepté lorsque l'opposition qu'il a formée est fondée (c. séc. soc. art. R. 133-6 ; cass. civ., 2e ch., 16 décembre 2003, n° 02-30296 D).

La nullité de l'acte de signification d'une contrainte empêche également l'organisme de recouvrement de mettre les frais y afférents à la charge du cotisant (cass. civ., 2e ch., 21 février 2008, n° 07-11568, BC V n° 44).

En outre, le tribunal peut laisser à la charge de l'URSSAF les frais de signification et d'exécution d'une contrainte qu'il valide lorsqu'il estime que l'acte litigieux comportait une ambiguïté qui a pu induire en erreur le cotisant sur la nature des cotisations réclamées (cass. soc. 11 avril 1991, n° 89-13066, BC V n° 193).

Effets de la contrainte et prescription

918 À défaut d'opposition du débiteur devant le tribunal judiciaire, dans les délais et selon les conditions exigées *(voir §§ 920 à 924)*, la contrainte comporte tous les effets d'un jugement et confère notamment le bénéfice de l'hypothèque judiciaire (c. séc. soc. art. L. 244-9). L'URSSAF peut donc, par exemple, saisir les biens mobiliers et immobiliers, ainsi que les comptes bancaires (cass. soc. 25 novembre 1993, n° 91-14317 D).

Du fait que la contrainte comporte tous les effets d'un jugement, le cotisant qui n'a pas fait opposition à la contrainte que lui a décernée l'URSSAF dans le délai de 15 jours de sa notification ou signification ne peut pas contester la régularité et le bien-fondé des chefs de redressement qui font l'objet de la contrainte (cass. civ., 2e ch., 16 juin 2016, n° 15-12505, BC II n° 159). En l'espèce, le cotisant avait saisi la CRA d'un recours contre la mise en demeure que lui avait adressée l'URSSAF. N'ayant pas fait opposition dans les temps à la contrainte que lui avait ensuite signifiée l'organisme de recouvrement, son recours contre la décision implicite de rejet de la CRA a été jugé irrecevable.

Il en est de même lorsque l'opposition à contrainte a été déclarée irrecevable : le cotisant ne peut alors pas contester la régularité et le bien-fondé des chefs de redressement qui font l'objet de la contrainte (cass. civ., 2e ch., 9 mars 2017, n° 16-11167, BC II n° 49). Dans cette affaire, le recours en justice du cotisant contre la mise en demeure adressée par l'URSSAF a donc été jugé irrecevable.

Les URSSAF disposent d'un délai de 3 ans pour faire exécuter les contraintes non contestées et devenues définitives. Ce délai de prescription de l'action en exécution de la contrainte court à compter de la date à laquelle la contrainte a été notifiée ou signifiée ou de la date à laquelle un acte d'exécution a été signifié en application de cette contrainte (c. séc. soc. art. L. 244-9).

En cas de travail illégal, le délai d'exécution d'une contrainte est porté à 5 ans (c. séc. soc. art. L. 244-11).

919 **LES AUTRES MOYENS DE RECOUVREMENT**

Procédure sommaire. Elle permet de rendre exécutoire l'état des cotisations mentionné à la mise en demeure *(voir § 691)* par décision du responsable de la Mission nationale de contrôle et d'audit des organismes de sécurité sociale. Cette décision est remise au directeur départemental ou, le cas échéant, régional des finances publiques, qui assure ensuite le recouvrement des sommes exigibles par l'intermédiaire du comptable de la direction générale des finances publiques du domicile du débiteur (c. séc. soc. art. R. 155-4).

Opposition à tiers détenteur (OTD). Elle permet à l'organisme de recouvrement muni d'un titre exécutoire d'immobiliser les fonds qui lui sont dus par le cotisant débiteur et qui se trouvent entre les mains d'un tiers pour son compte (créancier, banquier, etc.). Elle peut être contestée par le débiteur devant le juge de l'exécution dans le mois de sa notification. Cette contestation emporte suspension du paiement pendant ce délai et, le cas échéant, jusqu'à la décision du juge, à moins que ce dernier autorise le paiement d'une somme déterminée. Le paiement n'est en revanche pas différé dans les cas suivants, sauf si le juge en décide autrement (c. séc. soc. art. L. 133-4-9 et R. 133-9-5 à R. 133-9-12) :

- lorsque la créance de l'organisme fait suite à un contrôle au cours duquel il a été établi une situation d'obstacle à contrôle *(voir encadré § 447)* ;
- ou lorsque le recours contre le titre exécutoire a été jugé dilatoire ou abusif.

L'OTD ne s'applique pas aux sommes dues par le tiers au titre des rémunérations qui ne peuvent être saisies que dans le cadre de la procédure spécifique de la saisie des rémunérations régie en grande partie par le code des procédures civiles d'exécution (c. proc. civ. exéc. art. L. 212-1 à L. 212-14).

Opposition à contrainte

Champ de l'opposition à contrainte

920 Le cotisant débiteur peut faire opposition à la contrainte qui lui est signifiée ou notifiée devant le tribunal judiciaire *(voir § 848)* (c. séc. soc. art. R. 133-3).

Il peut faire opposition à la contrainte même s'il n'a pas, préalablement, contesté la mise en demeure devant la commission de recours amiable (CRA) de l'URSSAF *(voir § 835)* (cass. soc. 14 mars 1996, n° 94-15516, BC V n° 99 ; cass. soc. 15 juillet 1999, n° 96-19245, BC V n° 345).

En outre, le cotisant qui n'a pas contesté la mise en demeure devant la CRA de l'URSSAF peut, à l'appui de l'opposition à la contrainte décernée sur le fondement de celle-ci, contester la régularité de la procédure et le bien-fondé du redressement objet de la contrainte (cass. civ., 2e ch., 22 septembre 2022, n° 21-11862 FSB et n° 21-10105 FSB). En revanche, s'il a bien saisi la CRA, mais n'a pas contesté en temps utile la décision de cette dernière devant le tribunal judiciaire, il ne peut pas contester par la suite la régularité de la procédure et le bien-fondé des sommes réclamées via l'opposition à contrainte (cass. civ., 2e ch., 4 avril 2019, n° 18-12014 FPBI).

Par ailleurs, la procédure de remise des majorations de retard étant particulière *(voir § 762)*, un débiteur ne peut pas saisir le tribunal d'une telle demande à l'occasion d'une opposition à contrainte (cass. civ., 2e ch., 18 janvier 2005, n° 03-30588, BC II n° 12).

MODÈLE

921 *Saisine du tribunal judiciaire pour faire opposition à une contrainte*

À ... *(lieu)*, le ... *(date)*

Lettre recommandée avec AR

Nos références : ...

Objet : opposition à contrainte

Monsieur le Président,

En date du ..., l'URSSAF nous a fait délivrer une contrainte.

Nous formons opposition à cette contrainte pour les motifs suivants : ....

En effet, nous avons effectué un règlement le ....

Vous trouverez ci-joint copie de cette contrainte.

Nous vous prions d'agréer, Monsieur le Président, nos sincères salutations.

(Signature)

Procédure

▸ Délai de 15 jours pour former opposition

922 Le cotisant peut former opposition devant le tribunal judiciaire dans un délai de 15 jours à compter de la signification ou de la notification de la contrainte (c. séc. soc. art. R. 133-3).

Ce délai de 15 jours débute le lendemain de la notification ou signification de la contrainte et expire le dernier jour à 24 heures (c. proc. civ. art. 641 et 642 ; cass. civ., 2e ch., 12 mai 2022, n° 20-19134 D). Si le délai expire un samedi, un dimanche ou un jour férié, il est prorogé jusqu'au premier jour ouvrable suivant (c. proc. civ. art. 642 et 749 ; cass. soc. 19 janvier 1995, n° 93-15076, BC V n° 35 ; cass. civ., 2e ch., 13 décembre 2005, n° 03-30711 FD).

La contrainte qui n'est pas été signifiée ou notifiée dans les formes *(voir §§ 915 et 916)* ne fait pas courir le délai d'opposition.

• **Opposition formée après le délai de 15 jours.** Une opposition formée après le délai de 15 jours est irrecevable (cass. soc. 1er octobre 1992, n° 90-20866 D).

• **Opposition avant notification ou signification de la contrainte.** Pour la Cour de cassation, aucun texte ne subordonne la recevabilité de l'opposition à contrainte à la signification ou notification préalable de la contrainte au débiteur (cass. civ., 2e ch., 24 mai 2017, n° 16-18372, BC II n° 108). Dans cette affaire, une caisse de retraite de travailleurs indépendants reprochait au tribunal d'avoir validé l'opposition à contrainte formée par un cotisant débiteur alors même que la contrainte ne lui avait pas été signifiée. Selon la caisse, en effet, le cotisant n'avait reçu qu'un courrier du commissaire de justice (ex-huissier de justice) l'invitant à régler sa dette et l'informant que, à défaut de règlement, il lui transmettrait une contrainte et serait dans l'obligation de poursuivre le recouvrement forcé. La Cour de cassation a validé la décision du tribunal.

▸ Modalités de saisine du tribunal judiciaire

923 L'opposition à contrainte est formée (c. séc. soc. art. R. 133-3) :
– soit par lettre recommandée avec accusé de réception (LRAR) adressée au secrétariat du tribunal judiciaire dans le ressort duquel le cotisant est domicilié (ou, s'il est domicilié à l'étranger, au secrétariat du tribunal judiciaire dans le ressort de l'URSSAF) ;
– soit par inscription au secrétariat dudit tribunal.

→ **À NOTER** *C'est la date d'expédition figurant sur le cachet du bureau d'émission de la LRAR qui permet de savoir si le recours du cotisant est intervenu dans le délai de 15 jours exigé* (voir § 922) *et non pas la date du cachet apposé sur le courrier par le greffe du tribunal* (c. proc. civ. art. 668 ; cass. civ., 2e ch., 2 juin 2022, n° 20-21966 D ; cass. civ., 2e ch., 1er juin 2023, n° 21-12630 FB).

Dans tous les cas, une copie de la contrainte contestée doit être jointe à l'opposition (c. séc. soc. art. R. 133-3, al. 3). Toutefois, la Cour de cassation a estimé que le défaut de production de la copie de la contrainte ne constituait pas un manquement à une formalité substantielle ou d'ordre public (cass. soc. 5 avril 2001, n° 99-13070 D). Elle a aussi jugé que la communication de la copie de la contrainte après le délai de saisine de 15 jours n'affectait pas la validité de l'opposition (cass. soc. 2 décembre 1999, n° 97-18508 D).

→ **À NOTER** *C'est le secrétariat du tribunal judiciaire qui informe l'URSSAF de l'opposition à contrainte dans un délai de 8 jours à compter de la réception de l'opposition* (c. séc. soc. art. R. 133-3). *Dès qu'elle a connaissance de l'opposition, l'URSSAF adresse au secrétaire du tribunal une copie de la contrainte, accompagnée d'une copie de la mise en demeure* (voir § 691) *comportant l'indication du détail des sommes qui ont servi de base à l'établissement de la contrainte, ainsi que l'avis de réception, par le débiteur, de ladite mise en demeure* (c. séc. soc. art. R. 133-5).

▸ Motivation de l'opposition à contrainte

924 Afin d'éviter des procédures dilatoires, le cotisant doit obligatoirement donner les motifs de l'opposition qu'il forme, sous peine d'irrecevabilité (c. séc. soc. art. R. 133-3 ; cass. soc. 28 juin 1973, n° 72-11300, BC V n° 428 ; cass. civ., 2e ch., 7 mai 2015, n° 14-16680, BC II n° 102).

Si l'article R. 133-3 du code de la sécurité sociale n'impose pas au cotisant de développer tous ses moyens lorsqu'il fait opposition, en revanche, l'absence de tout motif dans l'acte saisissant la juridiction entraîne l'irrecevabilité de l'opposition (cass. soc. 26 janvier 1983, n° 81-13719, BC V n° 34 ; cass. soc. 13 octobre 1994, n° 92-13723, BC V n° 276). Par exemple, n'est pas motivée une opposition dans laquelle le débiteur se borne à énoncer qu'il « conteste le montant réclamé », sans invoquer à l'appui aucune raison de fait ou de droit (cass. civ., 2e ch., 23 mars 2004, n° 02-31043 FSD).

Par ailleurs, la Cour de cassation a admis la recevabilité d'une opposition non motivée dans l'hypothèse où l'acte de signification de la contrainte ne mentionnait pas de manière complète les modalités du recours ouvert au débiteur (cass. civ., 2e ch., 23 mars 2004, n° 02-30119, BC II n° 143).

→ **À NOTER** *En application du principe de l'autorité de la chose jugée au pénal sur le civil, la contrainte décernée à l'encontre d'un cotisant à la suite d'un constat de travail dissimulé* *(voir § 1100)* *n'est pas valide si le cotisant a été relaxé du chef de travail dissimulé par une décision définitive du tribunal correctionnel* (cass. civ., 2e ch., 31 mai 2018, n° 17-18142, BC II n° 108).

▸ Voies de recours : appel et cassation

925 La décision du tribunal judiciaire statuant sur une opposition à contrainte est exécutoire de droit à titre provisoire (c. séc. soc. art. R. 133-3, al. 4). L'appel n'en suspend donc pas l'exécution.

Si le litige porte sur au moins 5 000 €, le cotisant peut ensuite porter l'affaire devant la cour d'appel dans le délai de 1 mois à compter de la notification de la décision du tribunal judiciaire (c. org. jud. art. R. 211-3-25 ; c. proc. civ. art. 40). Puis, le cas échéant, devant la Cour de cassation dans le délai de 2 mois à compter de la notification de la décision de la cour d'appel (c. séc. soc. art. R. 142-15).

Si le litige porte sur moins de 5 000 €, le jugement du tribunal judiciaire est rendu en premier et dernier ressort (c. org. jud. art. R. 211-3-25). Le débiteur doit alors, s'il souhaite que son affaire soit à nouveau examinée, se pourvoir directement devant la Cour de cassation dans un délai de 2 mois à partir de la date de la notification de la décision du tribunal judiciaire (c. séc. soc. art. R. 142-15).

CSG, CRDS et autres contributions. Les décisions rendues par les tribunaux judiciaires jugeant des différends portant sur la CSG sont susceptibles d'appel quel que soit le montant du litige (c. séc. soc. art. L. 136-5, V, 3°). Il en est de même de celles relatives :
- à la CRDS (ord. 96-50 du 24 janvier 1996, art. 14, III, JO du 25) ;
- à la contribution sur les retraites à prestations définies, parfois aussi dénommée « retraite chapeau » (c. séc. soc. art. L. 137-4 et L. 137-11 ; cass. civ., 2e ch., 22 janvier 2015, nos 13-28279 à 13-28306, BC II n° 16) ;
- à la contribution sur les préretraites d'entreprise (c. séc. soc. art. L. 137-4 et L. 137-10) ;
- au forfait social (c. séc. soc. art. L. 137-4 et L. 137-15) ;
- à la contribution sur les indemnités de mise à la retraite (c. séc. soc. art. L. 137-4 et L. 137-12) ;
- à la contribution patronale due en cas d'attribution gratuite d'actions aux salariés ou d'attribution de stock-options (c. séc. soc. art. L. 137-4 et L. 137-13).

Nos lecteurs peuvent aussi se reporter aux développements relatifs aux procédures en appel et cassation, détaillées par ailleurs *(voir §§ 857 et 858)*.

15 Autres effets du contrôle URSSAF

Effets pour l'avenir

Sur une période déjà contrôlée

▸ **Principe : pas de nouveau contrôle sur la même période**

970 En principe, une période qui a été contrôlée n'est pas vérifiée à nouveau : si la décision prise a acquis, entre les parties, l'autorité de la « chose décidée » à l'expiration des délais de recours contentieux *(voir §§ 848 à 858)*, un nouveau contrôle ne reviendra pas sur cette période.

Ainsi, il ne peut pas être procédé à un nouveau contrôle portant, pour une même période, sur les points de la législation applicable ayant déjà fait l'objet d'une vérification, sauf en cas de réponses incomplètes ou inexactes, de fraude, de travail dissimulé *(voir § 1100)* ou sur demande de l'autorité judiciaire (C. séc. soc. art. L. 243-12-4).

→ **À NOTER** *Lorsque l'URSSAF, en dehors d'une procédure de contrôle, rembourse à un employeur des cotisations, celui-ci n'est pas « garanti » contre un contrôle ultérieur portant sur la même période. En effet, les juges ne peuvent pas faire produire à une demande de remboursement les effets d'un contrôle des bases de cotisations* (cass. civ., 2e ch., 5 novembre 2015, n° 14-26007, BC II n° 467 ; cass. civ., 2e ch., 4 avril 2018, n° 17-15599 D).

▸ **Exceptions**

971 La décision prise ne peut pas avoir acquis, entre les parties, l'autorité de la « chose décidée » à l'expiration des délais de recours contentieux si :
– des observations pour l'avenir ont été formulées à l'occasion du contrôle *(voir §§ 590 et 710)* ;
– de nouveaux éléments sont apparus remettant en cause l'appréciation de la situation, comme la découverte d'une fraude entraînant le rejet de la comptabilité ayant servi de base au redressement (cass. soc. 27 novembre 1975, n° 74-12181, BC V n° 576), ou des révélations faites par des salariés au moment d'un procès prud'homal (cass. soc. 8 juillet 1985, n° 83-15961, BC V n° 414) ;
– une décision d'assujettissement au régime général d'un salarié à titre rétroactif est devenue définitive (cass. soc. 6 juillet 1981, n° 79-14007, BC V n° 651).

Le cotisant contrôlé doit garder à l'esprit qu'une URSSAF qui, à l'issue du contrôle, a formulé des observations (ayant ou non donné lieu à redressement) s'attachera au cours du prochain contrôle à vérifier si l'employeur s'est mis en conformité avec elles. À défaut, celui-ci s'exposera à une majoration pour constat d'absence de mise en conformité *(voir § 594)*.

Sur des pratiques déjà vérifiées

972 Aucun redressement ne peut être effectué par l'organisme chargé du recouvrement sur des pratiques vérifiées lors d'un précédent contrôle et pour lesquelles il n'a fait aucune observation, dès lors qu'il a eu l'occasion, au vu de l'ensemble des documents consultés, de se prononcer en toute connaissance de cause sur ces éléments et que les circonstances de droit et de fait (ex. : lois, décrets) au regard desquelles les éléments ont été examinés sont inchangées (c. séc. soc. art. R. 243-59-7).

Il s'agit là de ce que l'on nomme couramment les « décisions implicites » d'acceptation ou accords tacites. Pour des exemples, se reporter ci-avant *(voir § 285)*.

→ **À NOTER** *La précision que l'organisme doit avoir pu se prononcer en toute connaissance de cause « au vu de l'ensemble des documents consultés » montre bien l'intérêt pour l'employeur de systématiquement mentionner, dans son éventuelle réponse à la lettre d'observations, tous les documents consultés (voir § 623).*

Sanctions applicables (au-delà du redressement)

Sanctions pénales pour non-paiement des cotisations

973 En cas de non-paiement des cotisations, le cotisant contrôlé est passible de sanctions pénales.

La personne contrôlée encourt ainsi, pour le non-paiement des cotisations patronales, l'amende prévue pour les contraventions de la 3e classe prononcée par le tribunal de police (450 € par personne employée concernée). Le total des amendes ne peut toutefois dépasser 1 500 € (c. séc. soc. art. R. 244-4). Cette sanction ne fait pas obstacle à une condamnation au paiement des sommes dues ainsi qu'aux majorations de retard afférentes. En cas de récidive, le cotisant est puni de l'amende prévue pour les contraventions de la 5e classe, soit 1 500 € par personne employée concernée (c. séc. soc. art. R. 244-5).

En cas de non-paiement des cotisations salariales, le cotisant contrôlé est passible des peines prévues pour les contraventions de 5e classe (1 500 € par infraction) (c. séc. soc. art. R. 244-3). En cas de récidive dans un délai de 3 ans, il est puni d'un emprisonnement de 2 ans et d'une amende de 3 750 € ou de l'une de ces deux peines seulement (c. séc. soc. art. L. 244-6).

Décision d'assujettissement au régime général des salariés

974 Il se peut qu'au cours du contrôle, l'URSSAF ait estimé que les conditions dans lesquelles une personne travaillait dans l'entreprise la faisaient relever du régime général de sécurité sociale des salariés et que l'employeur était redevable du paiement des cotisations résultant de cette affiliation. La caisse primaire d'assurance maladie

(CPAM) peut, après communication du dossier, décider d'affilier la personne au régime général des salariés. Sur les compétences respectives de l'URSSAF et de la CPAM, se reporter ci-avant *(voir § 134)*.

975 **RÉTABLISSEMENT DES DROITS SOCIAUX DES SALARIÉS DONT L'EMPLOYEUR A SUBI UN REDRESSEMENT**

Les droits à la retraite de base d'un salarié sont calculés sur l'assiette des cotisations versées par l'entreprise. Lorsque cette dernière fait l'objet d'un redressement URSSAF, les droits à la retraite du salarié sont crédités sur l'assiette exacte de cotisations que l'entreprise aurait dû appliquer.

Avant la loi de financement de la sécurité sociale (LFSS) pour 2024, l'article L. 242-1-3 du code de la sécurité sociale prévoyait que lorsqu'un redressement de cotisations opéré par les URSSAF avait une incidence sur ces droits, l'URSSAF devait communiquer à la caisse d'assurance retraite et de la santé au travail (CARSAT) les informations nécessaires pour que cette dernière puisse procéder à la rectification des droits à retraite de base du salarié concerné (c. séc. soc. art. L. 242-1-3).

La LFSS pour 2024 a modifié la rédaction de l'article L. 242-1-3 pour en étendre le champ d'application. Désormais, il prévoit que lorsqu'un redressement des cotisations et contributions sociales a une incidence sur les droits des salariés et assimilés au titre des assurances sociales (dont fait partie la retraite de base) et des droits à retraite complémentaire légalement obligatoire, l'URSSAF doit communiquer aux organismes dont la liste sera fixée par arrêté les informations nécessaires à la correction de ces droits (loi 2023-1250 du 26 décembre 2023, art. 13, I, 7°, JO du 27 ; c. séc. soc. art. L. 242-1-3). À l'heure où nous rédigions ces lignes, l'arrêté qui doit permettre l'entrée en vigueur de cette mesure n'avait toujours pas été publié.

Selon les rapports parlementaires, l'objectif de cette modification est de permettre non plus seulement aux CARSAT, mais également notamment aux caisses gestionnaires des autres régimes de retraite (ex. : régimes spéciaux) et aux caisses de retraite complémentaire AGIRC-ARRCO d'être informées des redressements opérés par l'URSSAF et de corriger en conséquence les droits des salariés et assimilés.

Sur les droits sociaux des salariés en cas de redressement pour travail dissimulé effectué sur une base forfaitaire, se reporter ci-après *(voir § 1257)*.

Sanctions en cas de constat de travail dissimulé

976 En cas de procès-verbal pour travail dissimulé *(voir § 1150)*, au-delà du redressement de cotisations, plusieurs types de sanctions peuvent s'appliquer, notamment : majoration du redressement *(voir §§ 1226 à 1228)*, annulation des réductions ou exonérations des cotisations et contributions sociales *(voir §§ 1229 et 1230)*, sanctions pénales *(voir §§ 1235 et 1236)*, sanctions administratives *(voir §§ 1237 à 1239)* et indemnisation des salariés non déclarés *(voir §§ 1252 à 1256)*.

Des sanctions spécifiques sont en outre prévues en cas de non-respect par le donneur d'ordre ou le maître d'ouvrage de ses obligations dans le cadre de la lutte contre le travail dissimulé et les détachements abusifs *(voir §§ 1240 à 1245)*.

Travail dissimulé

Table analytique

Un sommaire analytique détaillé
figure en tête de chaque fiche
et une table alphabétique à la page 257

La numérotation des paragraphes n'est pas continue

1 Qu'est-ce que le travail dissimulé ?

Ce que recouvre le délit de travail dissimulé

1100 Le délit de travail dissimulé recouvre principalement deux situations de fraude (c. trav. art. L. 8221-1) :

– la dissimulation totale ou partielle d'activité (c. trav. art. L. 8221-3) ;
– la dissimulation totale ou partielle d'emploi salarié (c. trav. art. L. 8221-5).

De manière plus générale, peuvent également donner lieu à des poursuites et à des condamnations dans le cadre du travail dissimulé (c. trav. art. L. 8221-1) :

– toutes les formes de publicité tendant à favoriser, en toute connaissance de cause, le travail dissimulé ;
– le fait de recourir sciemment, directement ou par personne interposée, aux services d'une personne qui exerce un travail dissimulé.

Seules sont détaillées dans cet ouvrage la dissimulation totale ou partielle d'activité *(voir § 1102)* et la dissimulation totale ou partielle d'emploi salarié *(voir § 1104)*.

1101 **LE TRAVAIL DISSIMULÉ, UNE DES COMPOSANTES DU TRAVAIL ILLÉGAL**

Il y a travail illégal en cas de (c. trav. art. L. 8211-1) :

- travail dissimulé, par dissimulation d'emploi salarié ou dissimulation d'activité *(voir § 1100)* (c. trav. art. L. 8221-3 et L. 8221-5) ;
- marchandage (c. trav. art. L. 8231-1) ;
- prêt illicite de main-d'œuvre (c. trav. art. L. 8241-1 et L. 8241-2) ;
- emploi d'étranger non autorisé à travailler en France (c. trav. art. L. 8251-1) ;
- cumul irrégulier d'emplois au-delà de la durée maximale du travail en dehors des dérogations admises (c. trav. art. L. 8261-1, L. 8261-2 et L. 8261-3) ;
- fraude ou fausse déclaration dans le cadre de l'assurance chômage (c. trav. art. L. 5124-1 et L. 5429-1).

Dissimulation d'activité

1102 Est réputé travail dissimulé par dissimulation d'activité l'exercice à but lucratif d'une activité de production, de transformation, de réparation ou de prestation de services ou l'accomplissement d'actes de commerce par toute personne physique ou morale qui, se soustrayant intentionnellement à ses obligations (c. trav. art. L. 8221-3) :

– soit n'a pas demandé son immatriculation au registre national des entreprises en tant qu'entreprise du secteur des métiers et de l'artisanat ou au registre du commerce et des sociétés (RCS), lorsque celle-ci est obligatoire, ou a poursuivi son activité après refus d'immatriculation ou postérieurement à une radiation ;

– soit n'a pas procédé aux déclarations qui doivent être faites aux organismes de protection sociale (ex. : URSSAF) ou à l'administration fiscale en vertu des dispositions légales en vigueur, notamment lorsqu'un travailleur indépendant ne déclare pas une partie de son chiffre d'affaires ou de ses revenus, ou encore lorsqu'il continue son activité après avoir été radié ;

– soit s'est prévalue des dispositions applicables au détachement de salariés lorsque l'employeur de ces derniers exerce dans l'État sur le territoire duquel il est établi des activités relevant uniquement de la gestion interne ou administrative, ou lorsque son activité est réalisée sur le territoire national de façon habituelle, stable et continue.

1103 **LUTTE CONTRE LA FRAUDE AU PRÉLÈVEMENT SOCIAL : BILAN 2024 ET PRIORITÉS**

Les inspecteurs du recouvrement des URSSAF sont compétents pour rechercher et constater des situations de travail dissimulé par dissimulation totale ou partielle d'activité ou d'emploi salarié.

En 2024, les URSSAF ont mené 34 287 actions de lutte contre le travail dissimulé, dont 6 756 contrôles ciblés.

Ce sont au total près de 1,6 milliard d'euros de cotisations et contributions sociales qui ont été redressées, soit une hausse de 34 % par rapport à 2023.

Parallèlement, plus de 26 000 actions de sensibilisation ont été menées visant à rappeler les enjeux réglementaires et les sanctions encourues en cas de fraude.

Le plan national de lutte contre le travail illégal pour la période 2023-2027 a défini 34 mesures articulées autour des 2 objectifs suivants :

❶ Mieux contrôler par le ciblage, la priorisation et le renforcement des contrôles en matière de travail illégal via :
- un ciblage des actions de contrôle sur des secteurs et enjeux prioritaires adaptés au niveau territorial ;
- un pilotage modernisé de l'action publique, des contrôles plus efficaces et coordonnés et le développement de la coopération sur les fraudes transnationales.

❷ Mieux sanctionner, mieux recouvrer et réparer les préjudices liés au travail illégal en :
- renforçant l'efficacité et l'effectivité des sanctions ;
- réparant les préjudices liés au travail illégal.

(Rapport d'activité URSSAF 2024, disp. sur www.urssag.org ; Plan national de lutte contre le travail illégal 2023-2027)

Dissimulation d'emploi salarié

Se soustraire à des formalités obligatoires

▸ Principe

1104 Est réputé travail dissimulé par dissimulation d'emploi salarié le fait pour tout employeur (c. trav. art. L. 8221-5) :

– soit de se soustraire intentionnellement à l'accomplissement de la déclaration préalable à l'embauche ;

– soit de se soustraire intentionnellement à la délivrance d'un bulletin de paie ou d'un document équivalent défini par voie réglementaire, ou de mentionner sur ces derniers un nombre d'heures de travail inférieur à celui réellement accompli si cette mention ne résulte pas d'une convention ou d'un accord collectif d'aménagement du temps de travail ;

– soit de se soustraire intentionnellement aux déclarations relatives aux salaires ou aux cotisations sociales auprès des organismes de recouvrement des contributions et cotisations sociales ou de l'administration fiscale. Cette disposition concerne aussi bien le défaut de souscription de toute déclaration que le fait, lorsqu'une déclaration a été souscrite, d'y porter des informations tendant à minorer les obligations de l'employeur (cass. crim. 27 mars 2018, n° 16-87585, 2e moyen, B. crim. n° 55).

→ **ATTENTION** *Le défaut d'accomplissement par l'employeur, auprès d'un organisme de recouvrement, de ses obligations déclaratives relatives aux salaires ou aux cotisations sociales, s'apprécie à la date à laquelle les déclarations sont ou auraient dû être transmises à cet organisme, peu important toute régularisation ultérieure* (cass. civ., 2e ch., 22 octobre 2020, n° 19-21933 FPBI).

▸ Caractère intentionnel du manquement

1105 **En cas de défaut de déclaration.** Il a été jugé qu'en faisant appel volontairement à un auto-entrepreneur avec qui la relation a été requalifiée en contrat de travail depuis l'origine, une société a cherché à s'exonérer de toutes les obligations liées au contrat de travail, ce dont il résulte une intention de dissimulation du travail salarié (cass. soc. 3 septembre 2025, n° 24-13180 FD).

Pour écarter le caractère intentionnel de l'omission de déclaration à l'URSSAF, l'employeur ne peut pas invoquer le fait qu'il a rencontré des difficultés financières pour s'acquitter de ses cotisations (cass. soc. 21 mai 2014, n° 13-14088 D).

Un employeur ne peut pas non plus invoquer « une pagaille administrative » pour justifier un « retard » dans la déclaration préalable à l'embauche de plusieurs salariés (cass. civ., 2e ch., 21 septembre 2017, n° 16-22307 D).

De même, un employeur allemand implanté depuis plus de 20 ans en France ne peut pas faire valoir sa méconnaissance de la législation française relative à la déclaration préalable à l'embauche pour systématiquement déclarer des salariés postérieurement à leur embauche, après la période d'essai (cass. crim. 20 janvier 2015, n° 14-80532, B. crim. n° 19).

1106 **En cas de dissimulation partielle d'emploi salarié.** La dissimulation d'emploi salarié peut être partielle, notamment lorsque figure sur le bulletin de paye un nombre d'heures de travail inférieur à celui réellement effectué *(voir § 1104)*.

Cela étant, une erreur n'est pas synonyme de travail dissimulé. L'inexactitude du nombre d'heures figurant sur le bulletin de paye doit en effet être intentionnelle (cass. soc. 24 mars 2004, n° 01-43875, BC V n° 96 ; cass. soc. 15 octobre 2008, n° 06-46390 D).

L'élément intentionnel est notamment caractérisé lorsque l'employeur :
– persiste à décompter le temps de travail du salarié en se fondant exclusivement sur une quantification préalable prévue par la convention collective alors qu'il sait que le salarié accomplit plus d'heures (cass. soc. 5 juin 2019, n° 17-23228 FPB) ;
– refuse de prendre en considération la réclamation du salarié alors que l'inspecteur du travail avait constaté l'existence de dépassements d'horaires dans son service (cass. soc. 6 avril 2005, n° 03-42082 D ; cass. crim. 4 septembre 2001, n° 01-80094 D) ;
– fait sciemment travailler le salarié au-delà de la durée légale du travail sans le rémunérer de l'intégralité de ses heures (cass. soc. 24 avril 2013, n° 11-28691, BC V n° 115) ;
– impose à un salarié en forfait jours de travailler au-delà du volume prévu dans la convention de forfait sans mentionner les jours de travail supplémentaires sur les bulletins de paye (cass. soc. 1er décembre 2016, n° 15-15805 D) ;
– demande à un salarié d'effectuer de multiples tâches sans procéder au moindre enregistrement des horaires effectués (cass. soc. 12 février 2015, n° 13-17900 D) ;
– modifie les temps enregistrés sur un chronotachygraphe et ne règle pas toutes les heures de travail (cass. soc. 26 septembre 2018, n° 17-15384 D) ;
– en l'absence de convention de forfait, ne mentionne aucune heure supplémentaire sur les bulletins de paye (cass. soc. 27 novembre 2013, n° 12-20904 D) ;
– ne mentionne pas sur les bulletins de paye les heures de trajet effectuées par les salariés au cours d'une même journée, entre le domicile d'un client et celui d'un autre client, et qui constituent du temps de travail effectif dès lors que les salariés ne se sont pas soustraits, au cours de ces trajets, à l'autorité de l'employeur (cass. crim. 2 septembre 2014, n° 13-80665, B. crim. n° 179) ;
– ne mentionne pas sur les bulletins de paye les heures supplémentaires effectuées par un salarié qui, bien que soumis à un accord d'annualisation du temps de travail, était assujetti par son contrat de travail à la durée légale du travail et à l'accomplissement ponctuel d'heures supplémentaires (cass. soc. 19 mars 2025, n° 23-19120 D).

En revanche, le caractère intentionnel n'est pas caractérisé par :
– la seule application erronée du taux de majoration des heures supplémentaires (cass. soc. 1er février 2017, n° 15-23039 D) ;
– la seule application d'une convention de forfait illicite (cass. soc. 16 juin 2015, n° 14-16953, BC V n° 124) ;
– la seule absence du nombre d'heures supplémentaires sur le bulletin de paye (cass. soc. 29 juin 2005, n° 04-40758, BC V n° 222 ; cass. soc. 15 avril 2008, n° 07-40925 D ; cass. soc. 12 janvier 2011, n° 09-41139 D).

Donneur d'ordre ayant recours à de « faux » travailleurs indépendants

▸ Recours à un travailleur indépendant : présomption de non-salariat

1107 En principe, une entreprise donneuse d'ordre peut contracter avec une personne physique sans qu'un contrat de travail « soit constitué » et donc sans se rendre coupable de travail dissimulé.

Le code du travail prévoit, en effet, que sont présumés ne pas être liés avec le donneur d'ordre par un contrat de travail dans l'exécution de l'activité donnant lieu à immatriculation ou inscription (c. trav. art. L. 8221-6, I) :
– les personnes physiques immatriculées au registre du commerce et des sociétés (RCS), au registre national des entreprises en tant qu'entreprise du secteur des métiers et de l'artisanat, au registre des agents commerciaux ou auprès des URSSAF pour le recouvrement des cotisations d'allocations familiales ;

– les personnes physiques inscrites au registre des entreprises de transport routier de personnes, qui exercent une activité de transport scolaire prévu par l'article L. 214-18 du code de l'éducation ou une activité de transport à la demande (conformément à la loi 82-1153 du 30 décembre 1982 d'orientation des transports intérieurs, art. 29) ;
– les dirigeants des personnes morales immatriculées au registre du commerce et des sociétés et leurs salariés.

Cette présomption légale de non-salariat bénéficie aux personnes travaillant sous le statut d'auto-entrepreneur (cass. civ., 2e ch., 7 juillet 2016, n° 15-16110, BC II n° 190).

Le code de la sécurité sociale contient également une telle présomption de non-salariat. Il prévoit en effet que les personnes physiques visées à l'article L 8221-6 du code du travail (énumérées ci-dessus) ne relèvent du régime général de la sécurité sociale des salariés que s'il est établi que leur activité les place dans un lien de subordination juridique permanente à l'égard d'un donneur d'ordre (c. séc. soc. art. L. 311-11). C'est ce même texte qui prévoit un rescrit spécifique offert aux travailleurs indépendants pour qu'ils puissent vérifier s'ils relèvent du régime des salariés ou des non-salariés *(voir § 274)*.

Le code du travail prévoit également qu'est présumé travailleur indépendant celui dont les conditions de travail sont définies exclusivement par lui-même ou par le contrat les définissant avec son donneur d'ordre (c. trav. art. L. 8221-6-1).

Dans tous les cas, il ne s'agit toutefois que d'une présomption simple, la preuve contraire pouvant être apportée *(voir § 1108)*.

▸ Renversement de la présomption de non-salariat

1108 **Conditions.** Lorsque le sous-traitant fournit directement ou par une personne interposée des prestations au donneur d'ordre dans des conditions qui le place dans un lien de subordination juridique permanente à l'égard de celui-ci, l'existence d'un contrat de travail peut être établie (c. trav. art. L. 8221-6, II). Pour cela, le juge doit analyser les conditions effectives dans lesquelles le sous-traitant exerçait son activité, telles que fixées par les stipulations contractuelles (cass. soc. 27 septembre 2023, n° 20-22465 FSP).

S'il existe un lien de subordination, la présomption de non-salariat est alors détruite.

Dans ce cas, la dissimulation d'emploi salarié est avérée si le donneur d'ordre s'est soustrait intentionnellement par ce moyen à l'accomplissement des obligations incombant à l'employeur mentionnées à l'article L. 8221-5 du code du travail, c'est-à-dire la déclaration préalable à l'embauche, la délivrance des bulletins de paye et la mention sur ces derniers du nombre d'heures de travail réellement accomplies, ainsi que les déclarations relatives au salaire ou aux cotisations sociales *(voir § 1104)*.

Lien de subordination juridique. Ce lien se caractérise par l'exécution d'un travail sous l'autorité d'un employeur qui a le pouvoir de donner des ordres et des directives, d'en contrôler l'exécution et de sanctionner les manquements de son subordonné. Peut constituer un indice du lien de subordination le travail au sein d'un service organisé lorsque l'employeur en détermine unilatéralement les conditions d'exécution (cass. soc. 13 novembre 1996, n° 94-13187, BC V n° 386). Pour apprécier l'existence d'une relation de travail, les juges adoptent la méthode dite « du faisceau d'indices », qui peuvent être notamment le respect d'horaires par le sous-traitant, l'existence d'une relation salariale antérieure avec le même employeur, la fourniture de matériels et d'équipements par le donneur d'ordre, le respect par le sous-traitant de consignes données par le donneur d'ordre…

Sur la sanction encourue par le donneur d'ordre en cas de recours à des « faux » travailleurs indépendants, *voir § 1231*.

1109 **Exemples.** La jurisprudence fournit plusieurs exemples de renversement de la présomption de non-salariat, notamment dans des affaires concernant le recours à des micro-entrepreneurs (également dénommés auto-entrepreneurs).

Ainsi, l'employeur qui fait travailler dans les mêmes conditions des anciens salariés sous le statut d'auto-entrepreneurs se rend coupable de travail dissimulé. En l'espèce, des salariés avaient, à la demande de leur employeur, quitté la société de téléprospection téléphonique dans laquelle ils travaillaient pour exercer leur activité en tant qu'auto-entrepreneurs exclusivement pour le compte de leur ancien employeur. Compte tenu d'un faisceau d'indices (ex. : exercice des mêmes fonctions assorties des mêmes modalités d'exécution imposées par la société, contrats types commun à tous avec un mode de rémunération identique, établissement par la société elle-même des factures dont elle était débitrice à l'égard des auto-entrepreneurs), un lien de subordination juridique *(voir § 1108)* à l'égard de l'ancien employeur a été caractérisé. Ce dernier avait donc détourné de son objet le statut d'auto-entrepreneur dans le but d'échapper au paiement des charges sociales (cass. crim. 15 décembre 2015, n° 14-85638, B. crim. n° 302).

Une décision allant dans le même sens a été prise à propos de formateurs occasionnels qui, après avoir fait antérieurement l'objet d'une déclaration préalable à l'embauche, ont poursuivi leurs activités sous le statut d'auto-entrepreneur au sein d'un service, dont l'organisation et le fonctionnement n'avaient pas changé entre le moment où ils étaient salariés et la période où ils sont devenus auto-entrepreneurs, en continuant à accomplir un travail effectif sous l'autorité et le contrôle de leur ancien employeur (cass. crim. 26 novembre 2019, n° 19-80516 D).

Autre exemple : constitue du travail dissimulé le fait pour une société de transport de faire appel à un auto-entrepreneur, inscrit au RCS en tant que chauffeur poids lourds, pour effectuer des livraisons sur des chantiers, dans la mesure où les véhicules étaient mis à la disposition de ce dernier par la société qui en assurait l'approvisionnement en carburant et en entretien, l'auto-entrepreneur se présentait sur les chantiers comme faisant partie de la société et remettait à cette dernière les disques d'enregistrement. Les sommes versées au micro-entrepreneur par la société devaient donc être réintégrées dans l'assiette des cotisations sociales (cass. civ., 2e ch., 28 novembre 2019, n° 18-15333 FPBI).

La qualité de salarié a également été reconnue à un livreur qui exerçait son activité comme travailleur indépendant pour une plateforme numérique de mise en relation. Selon la Cour, un lien de subordination juridique unissait bien le livreur et la plateforme du fait que celle-ci disposait d'un pouvoir de sanction à son égard ainsi que d'un système de géolocalisation permettant de connaître sa position en temps réel (cass. soc. 28 novembre 2018, n° 17-20079 FPPBRI).

La Cour de cassation a aussi pu admettre qu'un chauffeur réalisait des prestations dans le cadre d'un service organisé et dans un lien de subordination à l'égard de la plateforme Le Cab qui était son donneur d'ordre (cass. soc. 24 avril 2024, n° 22-17995 D). Dans cette affaire, la cour d'appel avait notamment constaté que :
– la société déterminait unilatéralement et sans discussion préalable le montant des courses qu'elle facturait au nom et pour le compte du chauffeur ;
– la société pouvait unilatéralement modifier le prix des courses en fonction des horaires ;
– le chauffeur n'avait pas le libre choix de son véhicule, celui-ci lui étant imposé par la société, et il ne disposait pas de la faculté d'intervenir personnellement sur la carrosserie, les accessoires ou le moteur du véhicule ;
– la société procédait régulièrement et unilatéralement à la modification des clauses contractuelles ;

– un rythme horaire était de fait imposé aux chauffeurs par la société ;
– la société disposait de la faculté de sanctionner tout refus de course par une déconnexion durant 20 minutes et la non-présentation sur le lieu de prise en charge d'une course par une désactivation de l'affectation des courses prioritaires pendant 15 jours.

De même, la Cour de cassation a jugé que les chauffeurs qui utilisaient la plateforme numérique Uber en qualité de travailleur indépendant étaient en fait des salariés dans la mesure où ils étaient conduits à intégrer un service de prestation de transport qui ne leur permettait pas de se constituer une clientèle propre, de fixer librement leurs tarifs ni de décider des conditions d'exercice de leur prestation de transport (cass. soc. 4 mars 2020, n° 19-13316 FPPBRI).

Toutefois, la Cour de cassation a récemment validé la décision d'une cour d'appel qui, prenant acte des efforts développés par la plateforme Uber dans ses rapports de travail avec les chauffeurs, avait, au contraire, jugé qu'un chauffeur ne réalisait pas des prestations dans un lien de subordination à l'égard de cette société. Les juges d'appel avaient notamment relevé que si l'intéressé était intégré dans un service organisé par la plateforme Uber, les chauffeurs utilisateurs de cette plateforme n'étaient liés par aucune obligation de non-concurrence ou d'exclusivité, qu'ils avaient la liberté de s'inscrire et de travailler par le biais d'autres applications ou bien d'exercer leur activité en dehors de toute application numérique, qu'ils avaient la possibilité de ne pas se connecter ou de se déconnecter ou encore d'avoir une clientèle personnelle. La cour d'appel avait également relevé que le chauffeur disposait de la faculté de refuser une course et, en cas d'acceptation, était indépendant dans la réalisation de sa prestation de transport. Enfin, si une déconnexion pouvait intervenir à l'initiative de la société après 3 refus de courses, le chauffeur pouvait se reconnecter presque immédiatement (cass. soc. 9 juillet 2025, n° 24-13513 D).

De même, un avocat, engagé comme collaborateur libéral, ne peut pas prétendre qu'il était salarié du cabinet d'avocat s'il ne prouve pas qu'il s'est trouvé dans l'impossibilité de développer une clientèle personnelle. Le cabinet d'avocat qui l'a recruté ne saurait, en dehors de ces circonstances, être condamné pour travail dissimulé par dissimulation d'emploi salarié (cass. crim. n° 14-85328 du 15 mars 2016, B. crim. n° 77).

Entraide familiale et travail déguisé en bénévolat

1110 L'activité exercée par des parents ou des amis dans le cadre d'un rapport de subordination peut être qualifiée de travail dissimulé d'emploi salarié (cass. crim. 22 octobre 2002, n° 02-81859, B. crim. n° 192 ; cass. civ., 2e ch., 9 mars 2017, n° 16-10117 D).

En outre, le statut de salarié exclut la possibilité de poursuivre au titre de l'entraide familiale (en l'espèce, il s'agissait d'une épouse salariée de son mari), et sans que soient établies les déclarations correspondantes aux organismes sociaux, la même activité au-delà des heures contractuellement dues, fût-ce de façon bénévole (cass. crim. 26 mai 2021, n° 20-85118 FP).

Détachement transnational

1111 Les obligations et interdictions qui s'imposent aux entreprises lorsqu'elles font appel à des prestataires de services, notamment celles relatives au travail illégal (et donc, notamment, de travail dissimulé), s'appliquent dans les mêmes conditions lorsqu'elles font appel à des prestataires de services qu'ils soient établis en France ou hors de France et détachant du personnel sur le territoire français (c. trav. art. L. 1261-2 et L. 1262-1-1) *(voir §§ 1180 à 1197)*.

Quelles sont les étapes clés du contrôle URSSAF pour travail dissimulé ?

1 CONSTATION DU TRAVAIL DISSIMULÉ

L'URSSAF CONSTATE LE TRAVAIL DISSIMULÉ AU MOYEN D'UN PROCÈS-VERBAL (PV)

- **AU COURS D'UN CONTRÔLE CLASSIQUE SUR PLACE OU SUR PIÈCES** (CODE DE LA SÉCURITÉ SOCIALE)

OU

- **DANS LE CADRE DE LA PROCÉDURE DE CONTRÔLE SPÉCIFIQUE « TRAVAIL ILLÉGAL »** (CODE DU TRAVAIL)
  - ▼ DANS CE CE CAS, PAS D'ENVOI PRÉALABLE D'UN AVIS DE CONTRÔLE

▼

L'URSSAF TRANSMET LE PV DE TRAVAIL DISSIMULÉ AU PROCUREUR DE LA RÉPUBLIQUE

À NOTER
LE PV PEUT ÊTRE ÉTABLI PAR D'AUTRES AGENTS QUE CEUX DE L'URSSAF. IL EST ENSUITE TRANSMIS À L'URSSAF POUR LA MISE EN RECOUVREMENT

2 PROCÉDURE DE REDRESSEMENT ET DE RECOUVREMENT

▼ NOTIFICATION À L'EMPLOYEUR D'UN DOCUMENT CONSTATANT LE TRAVAIL DISSIMULÉ

▼ ENVOI À L'EMPLOYEUR D'UNE LETTRE D'OBSERVATIONS MENTIONNANT CE DOCUMENT

▼ PÉRIODE D'ÉCHANGES CONTRADICTOIRE

▼ NOTIFICATION D'UNE MISE EN DEMEURE DE PAYER

▼ DÉLIVRANCE D'UNE CONTRAINTE SI PAS DE PAIEMENT DANS LE MOIS SUIVANT LA MISE EN DEMEURE

⚠ **POUR GARANTIR LE PAIEMENT DU REDRESSEMENT,** L'URSSAF PEUT GELER LES BIENS DE L'ENTREPRISE, NOTAMMENT VIA DES SAISIES CONSERVATOIRES

3 PRINCIPALES SANCTIONS

▼ **MAJORATION URSSAF SPÉCIFIQUE DE 25 %**

SI CIRCONSTANCES AGGRAVANTES (EX : EMPLOI DISSIMULÉ D'UN MINEUR) : **40 %**

SI RÉCIDIVE DANS LES 5 ANS : **45 % OU 60 %**

À NOTER
LA MAJORATION PEUT ÊTRE RÉDUITE DE 10 POINTS SI, DANS LES 30 JOURS SUIVANT LA MISE EN DEMEURE, PAIEMENT INTÉGRAL DES SOMMES DUES OU PLAN D'ÉCHELONNEMENT DU PAIEMENT ACCEPTÉ PAR L'URSSAF

▼ **NON-APPLICATION DES RÉDUCTIONS ET EXONÉRATIONS DE COTISATIONS AUX RÉMUNÉRATIONS** FAISANT L'OBJET DU REDRESSEMENT

▼ **ANNULATION TOTALE OU PARTIELLE DES RÉDUCTIONS OU EXONÉRATIONS DE COTISATIONS** DONT A BÉNÉFICIÉ L'EMPLOYEUR

▼ **SANCTIONS PÉNALES**
— HORS CIRCONSTANCES AGGRAVANTES —
▼ JUSQU'À 3 ANS D'EMPRISONNEMENT ET 45 000 € D'AMENDE (225 000 € POUR LES PERSONNES MORALES)

▼ **SANCTIONS ADMINISTRATIVES**
▼ REMBOURSEMENT DES AIDES PUBLIQUES PERÇUES AU COURS DES 12 MOIS PRÉCÉDANT LE PV DE TRAVAIL DISSIMULÉ
+
FERMETURE TEMPORAIRE D'ÉTABLISSEMENTS

Revue Fiduciaire

2 Moyens de contrôle et éléments de procédure spécifiques

§§

Agents de contrôle compétents

1140 Les agents de contrôle habilités à rechercher et à constater les faits de travail dissimulé (et plus globalement de travail illégal), dans la limite de leurs compétences respectives, sont (c. trav. art. L. 8271-1, L. 8271-1-2 et L. 8271-7) :

– les agents de contrôle de l'inspection du travail, à savoir les inspecteurs et contrôleurs du travail ;

– les officiers et agents de police judiciaire ;

– les agents des impôts et des douanes ;

– les agents des organismes de sécurité sociale et des caisses de mutualité sociale agricole agréés à cet effet et assermentés ;

– les administrateurs des affaires maritimes, les officiers du corps technique et administratif des affaires maritimes et les fonctionnaires affectés dans les services exerçant des missions de contrôle dans le domaine des affaires maritimes sous l'autorité ou à la disposition du ministre chargé de la mer ;

– les fonctionnaires des corps techniques de l'aviation civile commissionnés à cet effet et assermentés ;

– les fonctionnaires ou agents de l'État chargés du contrôle des transports terrestres ;

– les agents de France Travail chargés de la prévention des fraudes, agréés et assermentés à cet effet.

Les inspecteurs du recouvrement URSSAF font donc partie des agents autorisés à établir des procès-verbaux constatant le travail dissimulé (c. séc. soc. art. L. 213-1 et L. 243-7).

Pouvoirs d'investigation des agents de contrôle

Auditions (notamment de l'employeur)

▶ Principe

1141 Les agents de contrôle chargés de lutter contre le travail dissimulé *(voir § 1140)* sont habilités à entendre, en quelque lieu que ce soit, et avec son consentement, tout employeur (ou son représentant) et toute personne rémunérée, ayant été rémunérée ou présumée être ou avoir été rémunérée par l'employeur ou par un travailleur indépendant, afin de connaître la nature des activités de cette personne, ses conditions d'emploi et le montant des rémunérations s'y rapportant, y compris les avantages en nature. Ils peuvent, de même, entendre toute personne susceptible de fournir des informations utiles à l'accomplissement de leur mission (c. trav. art. L. 8271-6-1).

▶ Consentement de la personne auditionnée

1142 Pour les contrôles constatant une infraction à l'interdiction du travail dissimulé, il doit être fait mention au procès-verbal (PV) d'audition du consentement de la personne entendue. La signature par celle-ci de ce PV vaut consentement à l'audition (c. séc. soc. art. R. 243-59, II).

La Cour de cassation a jugé que le consentement de la personne auditionnée est requis, quel que soit l'objectif de l'audition. Le fait que l'URSSAF n'ait pas entendu le dirigeant d'une société pour qu'il dénonce des faits particuliers mais pour qu'il explicite les informations découvertes dans les livres comptables de la société ne la déchargeait donc pas de son obligation de recueillir le consentement du dirigeant (cass. civ., 2e ch., 19 septembre 2019, n° 18-19929 FPBI). Toutefois, l'exigence du consentement préalable à l'audition ne vise qu'à la protection des intérêts de la personne entendue. Les sociétés poursuivies du chef de travail dissimulé n'ont donc pas qualité pour invoquer la violation de cette règle, même si les personnes entendues étaient leurs salariés (cass. crim. 16 janvier 2024, n° 22-84243 FPB).

Par ailleurs, l'absence de la mention du consentement de la personne auditionnée dans le PV d'audition ne peut entraîner l'annulation des opérations de contrôle et du redressement subséquent dès lors que l'audition est intervenue après la notification par l'URSSAF de la lettre d'observations *(voir § 1154)*. En l'espèce, à la suite de la réponse de la société à la lettre d'observations, l'agent de contrôle avait procédé à l'audition d'un salarié, sans mentionner son consentement dans le PV d'audition. Il avait cité des éléments de cette audition dans sa réponse aux observations de la société. Pour la Cour de cassation, cette audition n'entrait pas dans le champ d'application des opérations de recherche et de constat d'infraction, et ne pouvait donc pas entraîner l'annulation du contrôle (cass. civ., 2e ch., 19 septembre 2019, n° 18-19847 FPBI).

▶ Information de la personne auditionnée

1143 Lorsqu'il existe des raisons plausibles de soupçonner qu'une personne a commis ou tenté de commettre une infraction, les agents de contrôle sont tenus de lui communiquer, avant son audition, une liste d'informations mentionnées au procès-verbal (ex. : droit de quitter à tout moment les locaux où elle est entendue, droit d'être assistée par un interprète) (c. trav. art. L. 8271-6-1 ; c. proc. pén. art. 61-1).

▸ Vérification de l'identité de la personne auditionnée

1144 Les agents de contrôle sont en outre habilités à demander aux employeurs, aux travailleurs indépendants, aux personnes employées dans l'entreprise ou sur le lieu de travail ainsi qu'à toute personne dont ils recueillent les déclarations dans l'exercice de leur mission de justifier de leur identité et de leur adresse (c. trav. art. L. 8271-6-1). Ces justifications ne peuvent être obtenues sans le consentement préalable des intéressés à être entendus (cass. civ., 1er ch., 4 novembre 2020, n° 19-20772 FSPB).

Demande de documents auprès de la personne contrôlée

▸ Documents concernés

1145 Les agents de contrôle peuvent se faire présenter et obtenir copie immédiate des documents justifiant du respect de la réglementation en matière de travail illégal (c. trav. art. L. 8271-6-2). Concernant spécialement la recherche et la constatation des infractions aux interdictions du travail dissimulé, les agents de contrôle peuvent se faire présenter et obtenir copie immédiate des documents suivants, quels que soient leur forme et leur support (c. trav. art. L. 8271-9) :

– les documents justifiant que l'immatriculation, les déclarations et les formalités fiscales et sociales requises ont été effectuées (ex. : immatriculation au registre national des entreprises ou déclaration préalable à l'embauche) ;

– les documents relatifs à l'autorisation d'exercice de la profession ou à l'agrément lorsqu'une disposition particulière l'a prévu ;

– les documents justifiant que l'entreprise a vérifié que son ou ses cocontractants ont accompli les formalités d'immatriculation et de déclaration légales françaises (c. trav. art. L. 8221-3 et L. 8221-5) ou des réglementations d'effet équivalent du pays d'origine *(voir §§ 1180 et 1189)* ; c'est ainsi qu'à défaut de production de documents justifiant du rattachement des salariés d'une société travaillant sur le sol français à la législation de leur pays d'origine, le redressement opéré par l'URSSAF est justifié (cass. civ., 2e ch., 16 octobre 2025, n° 23-14-039 FB) ;

– les devis, les bons de commande ou de travaux, les factures et les contrats ou documents commerciaux relatifs aux prestations exécutées en méconnaissance des dispositions de l'article L. 8221-1 du code du travail qui interdit le recours au travail dissimulé *(voir § 1100)* ;

– les attestations d'assurances professionnelles détenues par les travailleurs indépendants lorsque ces assurances répondent à une obligation légale.

• **Contrôle URSSAF « classique ».** Rappelons que dans le cadre plus général d'un contrôle URSSAF « classique », qui peut néanmoins déboucher sur la constatation d'infractions au travail dissimulé *(voir § 1148)*, la personne contrôlée est tenue de mettre à la disposition des agents de contrôle URSSAF tout document nécessaire et de permettre l'accès de ces derniers à tout support d'information utile à l'exercice du contrôle. Les agents de contrôle peuvent demander que les documents à consulter leur soient présentés selon un classement nécessaire au contrôle dont ils auront au préalable informé la personne contrôlée *(voir §§ 435 et 437)* (c. séc. soc. art. R. 243-59, II). Ils ne sont toutefois pas autorisés à solliciter d'un tiers au cotisant contrôlé des documents qui n'ont pas été demandés à ce dernier, même dans le cas où ils ont constaté une infraction de travail dissimulé (cass. civ., 2e ch., 22 octobre 2020, n° 19-18-335 FPBI) *(voir aussi § 438)*.

• **Détachement transnational.** Lorsqu'une entreprise établie à l'étranger détache temporairement des salariés en France, les agents de contrôle de l'inspection du travail peuvent demander au représentant de cette entreprise en France de leur présenter certains documents exigés dans le cadre d'un détachement transnational : autorisation de travail, bulletins de paye, document attestant du paiement effectif de la rémunération, etc. (c. trav. art. L. 1263-7 et R. 1263-1).

• **BTP.** Les agents de contrôle habilités à constater les délits de travail dissimulé *(voir § 1140)* peuvent demander à toute personne travaillant sur un chantier de bâtiment ou de travaux publics (BTP) de leur présenter sans délai sa carte d'identification professionnelle (c. trav. art. R. 8294-5). Cette carte est délivrée par l'association « CIBTP France », sur demande de leur employeur, aux salariés (y compris intérimaires) effectuant des travaux de BTP pour le compte d'une entreprise établie en France ou pour le compte d'une entreprise établie hors de France, qu'elle ait recours ou non au détachement (c. trav. art. L. 8291-1, R. 8291-1 et R. 8291-2).

▸ Accès aux documents dématérialisés

1146 Depuis le 14 avril 2023, lorsque les documents et données nécessaires au contrôle sont disponibles sous formes dématérialisées, les opérations de contrôle peuvent être réalisées par la mise en œuvre de traitements automatisés sur le matériel professionnel de l'agent URSSAF (c. séc. soc. art. R. 243-59-1, I) *(voir § 442)*.

Si le contrôle vise à rechercher des infractions de travail dissimulé, l'agent URSSAF peut utiliser son propre matériel professionnel sans en informer au préalable le cotisant contrôlé, qui ne peut pas s'y opposer. Toutefois, lorsque l'agent URSSAF ne peut pas utiliser son propre matériel, notamment pour des raisons techniques, il procède alors lui-même, ou par l'intermédiaire d'un utilisateur habilité par la personne contrôlée, aux opérations de contrôle sur le matériel de l'entreprise (c. séc. soc. art. R. 243-59-1, II).

Échanges d'informations et droit de communication

1147 D'une manière générale, les agents de contrôle *(voir § 1140)* sont habilités à se communiquer réciproquement tous renseignements et tous documents utiles à l'accomplissement de leur mission de lutte contre le travail illégal (c. trav. art. L. 8271-2).

Par ailleurs, les échanges d'informations sont facilités entre les agents de contrôle de lutte contre le travail illégal et, notamment :
– les agents de la concurrence, de la consommation et de la répression des fraudes, qui sont habilités à leur transmettre tous renseignements et documents nécessaires à leur mission (c. trav. art. L. 8271-2) ;
– les agents du Conseil national des activités privées de sécurité (assurant le contrôle dans ce secteur), qui peuvent leur transmettre tous renseignements et tous documents nécessaires à leur mission (c. trav. art. L. 8271-6-3) ;
– les agents du Centre national du cinéma et de l'image animée, des directions régionales des affaires culturelles, de France Travail, de l'Unédic ainsi que des collectivités territoriales, auprès desquels ils peuvent obtenir tous renseignements et documents nécessaires (c. trav. art. L. 8271-4 et L. 8271-6-3) ;
– les services spécialisés de renseignement, ainsi que les services compétents des ministères de la Défense, de l'Intérieur et de la Justice (notamment), qui sont habilités à leur transmettre les informations strictement utiles à l'accomplissement de leur mission (c. séc. soc. art. L. 114-16-1) ;
– les services préfectoraux, qui peuvent leur transmettre tous renseignements et documents utiles à l'accomplissement de leur mission (c. séc. soc. art. L. 114-16-1) et auprès de qui ils peuvent, sur demande écrite, obtenir tous renseignements ou tous documents relatifs à l'autorisation d'exercice ou à l'agrément d'une profession réglementée (c. trav. art. L. 8271-10) ;

– les organismes chargés d'un régime de protection sociale ou les caisses assurant le service des congés payés, auprès desquels ils peuvent, sur demande écrite, obtenir tous renseignements ou tous documents utiles à l'accomplissement de leur mission et à qui ils transmettent, sur demande écrite, tous renseignements et tous documents permettant de recouvrer les sommes impayées ou d'obtenir le remboursement de sommes indûment versées (c. trav. art. L. 8271-5) ;
– les agents du Centre de liaisons européennes et internationales de sécurité sociale (CLEISS), qui peuvent leur transmettre tous renseignements et documents utiles à l'accomplissement de leur mission (c. trav. art. L. 8271-5-1) ;
– les agents investis des mêmes compétences dans les États étrangers et les autorités chargées de la coordination de leurs actions, avec qui ils peuvent échanger tous renseignements et tous documents nécessaires à l'accomplissement de leur mission (c. trav. art. L. 8271-6).

Pour accomplir leur mission de lutte contre le travail dissimulé, les agents de contrôle URSSAF disposent aussi d'un droit de communication qui leur permet d'obtenir des informations et des documents auprès d'un certain nombre de personnes, d'organismes, d'administrations ou d'entreprises, sans que puisse leur être opposé le secret professionnel y compris bancaire (c. séc. soc. art. L. 114-19, L. 114-20 et L. 114-21). Pour plus de détails, *voir §§ 448 et 449*.

Éléments de procédure spécifiques

Deux procédures de contrôle possibles

1148 La recherche d'infraction aux interdictions du travail dissimulé peut s'effectuer dans le cadre de deux procédures distinctes :
– la procédure de contrôle URSSAF de droit commun engagée sur le fondement de l'article L. 243-7 du code de la sécurité sociale, c'est-à-dire une procédure de contrôle d'assiette des cotisations *(voir § 130)* ;
– la procédure spécifique propre à la lutte contre le travail illégal, prévue par les articles L. 8271-1 et suivants du code du travail *(voir §§ 1149 à 1154)*.

Sur l'articulation entre ces deux procédures, *voir § 24*.

Pas d'avis de contrôle pour spécifiquement constater du travail dissimulé

1149 Lorsque le contrôle est engagé en vue de rechercher des infractions aux interdictions de travail dissimulé, l'URSSAF n'est pas tenue d'envoyer un avis de contrôle préalable, contrairement à ce qui se passe pour un contrôle URSSAF « classique » *(voir § 350)*. Ce n'est que si l'organisme entend poursuivre le contrôle sur d'autres points de la réglementation qu'il devra faire parvenir au cotisant un avis de contrôle (c. séc. soc. art. R. 243-59, I).

Procès-verbaux de travail dissimulé

1150 Les infractions aux interdictions du travail dissimulé sont constatées au moyen de procès-verbaux (PV) qui font foi jusqu'à preuve du contraire. Ces procès-verbaux sont transmis directement au procureur de la République (c. trav. art. L. 8271-8), sans qu'il soit besoin d'informer la personne visée des faits susceptibles de constituer l'infraction pénale et des sanctions encourues (cass. crim. 12 janvier 2021, n° 20-80647 FSPBI).

Les agents de contrôle *(voir § 1140)* communiquent leurs PV de travail dissimulé aux organismes de recouvrement (ex. : URSSAF) qui procèdent à la mise en recouvrement des cotisations et contributions qui leur sont dues sur la base des informations contenues dans ces procès-verbaux (c. trav. art. L. 8271-6-4).

Production du PV de travail dissimulé en justice. Lorsque le contrôle n'a pas été effectué en application de l'article L. 243-7 du code de la sécurité sociale, l'absence de production du procès-verbal constatant les infractions de travail dissimulé devant le juge n'affecte pas la régularité de la procédure. L'URSSAF n'est donc pas tenue de produire le PV de travail dissimulé devant les juridictions contentieuses (cass. civ., 2e ch., 5 septembre 2024, n° 22-18226 FB). À l'inverse, lorsqu'un donneur d'ordre conteste en justice l'existence ou le contenu du PV de travail dissimulé établi à l'encontre de son sous-traitant, sur la base duquel sa solidarité financière est mise en œuvre *(voir § 1241)*, l'URSSAF doit produire ce PV de travail dissimulé devant les juridictions de sécurité sociale, sous peine d'annulation du redressement (cass. civ., 2e ch., 8 avril 2021, n° 19-23728 FSPR ; cass. civ., 2e ch., 8 avril 2021, n° 20-11126 FSPR).

Procédure de pré-recouvrement

1151 **Notification d'un document constatant le travail dissimulé.** Lorsqu'un procès-verbal de travail dissimulé a été établi par les inspecteurs du recouvrement URSSAF ou transmis aux URSSAF par d'autres agents de contrôle *(voir § 1150)*, l'agent chargé du contrôle remet à la personne contrôlée un document constatant cette situation et comportant l'évaluation du montant des cotisations et contributions éludées, celles des majorations et pénalités afférentes, ainsi que celle du montant des réductions ou exonérations de cotisations ou contributions sociales dont a pu bénéficier le débiteur, et qui doivent être annulées *(voir § 1229)* (c. séc. soc. art. L. 133-1, I).

Ce document fait état de l'ensemble des dispositions légales applicables à cette infraction ainsi que de celles applicables à la procédure spécifique en cette matière. Il mentionne notamment les dispositions relatives aux mesures conservatoires *(voir § 1152)* ainsi que les voies et délais de recours applicables (c. séc. soc. art. L. 133-1, I). Il indique également la période concernée, les faits constatés et, lorsque le PV a été transmis aux URSSAF par d'autres agents, l'auteur du constat (c. séc. soc. art. R. 133-1).

Ce document est établi et signé par l'agent de contrôle qui a constaté les infractions ou a exploité les informations transmises aux URSSAF. Il est notifié à la personne contrôlée par tout moyen permettant de rapporter la preuve de sa date de réception (c. séc. soc. art. R. 133-1).

1152 **Garanties du cotisant et mesures conservatoires.** Après que le document constatant le PV de travail dissimulé lui a été remis *(voir § 1151)*, la personne contrôlée doit adresser au directeur de l'URSSAF, par tout moyen permettant de rapporter la preuve de la date de leur réception, les éléments justifiant de l'existence de garanties suffisant à couvrir les montants évalués dans le document. L'estimation de la valeur de ces garanties doit avoir été établie dans les 3 mois qui précèdent sa réception par le directeur de l'organisme de recouvrement (c. séc. soc. art. L. 133-1, II et R. 133-1-1, I).

Les garanties peuvent être constituées soit par des sûretés réelles (ex. : hypothèque sur un bien immobilier), soit par un engagement solidaire souscrit par une ou plusieurs personnes physiques ou morales d'acquitter les sommes dues, soit par la production de tout autre élément probant relatif notamment au capital matériel ou immatériel de la personne contrôlée de nature à justifier de la solvabilité et de la permanence de cette dernière au regard du recouvrement des sommes évaluées dans le document constant le PV de travail dissimulé (c. séc. soc. art. R. 133-1-1, I).

Lorsque le directeur de l'URSSAF constate que ces garanties sont suffisantes, il en informe la personne contrôlée et peut procéder à toutes les formalités utiles à leur constitution. Il peut évaluer les garanties qu'il retient pour un montant qui diffère de celles présentées par la personne contrôlée. Il peut aussi, si cela lui paraît nécessaire, exiger des garanties complémentaires et solliciter auprès de la personne contrôlée une mise à jour des garanties (c. séc. soc. art. R. 133-1-1, II).

En l'absence de production de garanties ou lorsque le directeur de l'URSSAF constate que les garanties produites sont insuffisantes au regard de l'estimation qu'il en a faite, celui-ci peut procéder sur tous les biens du débiteur, sans solliciter l'autorisation du juge de l'exécution, à une ou plusieurs mesures conservatoires dont il peut disposer (ex : saisies-conservatoires, hypothèques judiciaires), selon la procédure prévue aux articles R. 521-1 à R. 534-1 du code des procédures civiles d'exécution (c. séc. soc. art. L. 133-1, II et R. 133-1-1, III).

→ **À NOTER** *La saisie conservatoire pratiquée par le directeur de l'URSSAF n'est pas subordonnée à la justification de circonstances susceptibles de menacer le recouvrement de sa créance par l'organisme de recouvrement, lequel n'est pas tenu non plus de solliciter un titre exécutoire* (cass. civ., 2e ch., 22 juin 2023, n° 21-19179 FB).

La décision du directeur de l'URSSAF de faire procéder à une ou plusieurs mesures conservatoires est portée à la connaissance de la personne contrôlée dans l'acte de saisie conservatoire, dans l'acte de dénonciation de la saisie conservatoire ou dans l'acte de dénonciation de la sûreté provisoire. Cette décision est motivée et précise les voies et délais de recours (c. séc. soc. art. R. 133-1-1, III).

Afin d'obtenir la mainlevée des mesures prises, la personne contrôlée peut présenter ou compléter les garanties au plus tard jusqu'à obtention par l'organisme de recouvrement d'un titre exécutoire définitif. Lorsque le directeur de l'URSSAF constate que les garanties nouvellement produites sont suffisantes, il procède sans délai à la mainlevée de la mesure conservatoire et en informe la personne contrôlée (c. séc. soc. art. R. 133-1-1, III).

Les mesures conservatoires doivent, à peine de caducité, être prises dans un délai de 3 mois à compter de la décision du directeur de l'organisme de recouvrement de faire procéder à une ou plusieurs mesures conservatoires. L'URSSAF risque également la caducité des mesures conservatoires si une mise en demeure *(voir § 691)* n'est pas adressée dans les 4 mois qui suivent leur exécution (c. séc. soc. art. R. 133-1-1, IV).

1153 **Contestations.** Les contestations sont portées devant le juge de l'exécution soit du lieu où est établie la personne contrôlée pour les demandes de mainlevée, soit du lieu d'exécution de la mesure pour les autres contestations. Ces règles sont applicables indépendamment des recours pouvant être exercés par les personnes contrôlées à l'encontre des mesures conservatoires. Le juge peut ordonner la mainlevée de la mesure si les conditions ne sont pas réunies (c. séc. soc. art. R. 133-1-1, V).

Lettre d'observations adressée à la personne contrôlée

1154 À l'issue d'un contrôle URSSAF ou lorsqu'un constat d'infraction de travail dissimulé a été transmis par des agents de contrôle à l'URSSAF afin qu'il soit procédé à un redressement des cotisations et contributions dues *(voir § 1150)*, les agents de contrôle URSSAF communiquent au représentant légal de la personne morale contrôlée ou au travailleur indépendant une lettre d'observations datée et signée par eux mentionnant l'objet du contrôle réalisé par eux ou par d'autres agents de contrôle, le ou les documents consultés, la période vérifiée, le cas échéant, la date de la fin du contrôle et les observations faites au cours de celui-ci (c. séc. soc. art. R. 243-59, III).

Lorsqu'une infraction de travail dissimulé a été constatée, la lettre d'observations mentionne, outre les mentions de droit commun *(voir §§ 578 et s.)*, le cas échéant (c. séc. soc. art. R. 243-59, III) :

– la référence au document constatant le travail dissimulé ou les différentes mentions figurant dans ce document *(voir § 1151)*, lorsque l'infraction a été constatée à l'occasion du contrôle réalisé par les agents de l'URSSAF ;

– la référence au document constatant le travail dissimulé *(voir § 1151)*, ainsi que les faits constatés dans le PV de travail dissimulé établi par des agents de contrôle qui l'ont ensuite transmis à l'URSSAF *(voir § 1150)*.

Les observations de l'URSSAF doivent être motivées par chef de redressement. Elles comprennent en conséquence les considérations de droit et de fait qui constituent leur fondement et, le cas échéant, l'indication du montant des assiettes correspondant ainsi que, pour les cotisations et contributions sociales, l'indication du mode de calcul et du montant des redressements et des éventuelles majorations et pénalités qui sont envisagés (c. séc. soc. art. R. 243-59, III).

Le montant des redressements indiqué dans la lettre d'observations peut être différent du montant évalué le cas échéant dans le document constatant le travail dissimulé (c. séc. soc. art. R. 133-1). S'il est inférieur, il est procédé sans délai à la mainlevée des éventuelles mesures conservatoires décidées par le directeur de l'URSSAF *(voir § 1152)* à hauteur de la différence entre ces deux montants. S'il est supérieur, l'organisme de recouvrement peut engager des mesures conservatoires complémentaires à hauteur de la différence entre ces deux montants (c. séc. soc. art. R. 243-59, III).

1155 VERS LE RENFORCEMENT DES CAPACITÉS D'ACTION DES URSSAF EN CAS DE TRAVAIL DISSIMULÉ ?

Présenté en conseil des ministres le 14 octobre 2025, un projet de loi de lutte contre les fraudes sociales et fiscales comprend plusieurs dispositions visant à renforcer la lutte contre le travail dissimulé. Nous présentons ci-après celles d'entre elles qui tendent à renforcer les capacités d'action des URSSAF en cas de redressement pour travail dissimulé.

À l'heure où nous rédigions ces lignes, l'examen du texte au Parlement n'était pas encore achevé.

Une procédure de flagrance sociale serait créée

Le projet de loi prévoit la création d'une procédure de flagrance sociale applicable en cas de constat d'infraction à la législation sur le travail dissimulé (projet de loi, art. 21, I, 1° et III). Objectif du gouvernement : permettre aux URSSAF de mettre en œuvre plus rapidement les mesures conservatoires existantes (ex. : saisies-conservatoires, hypothèques judiciaires) afin d'empêcher toute organisation délibérée d'insolvabilité de la part des entreprises ayant fait l'objet d'un procès-verbal (PV) de travail dissimulé. Il ressort de l'étude d'impact que la procédure actuelle de pré-recouvrement, par laquelle l'URSSAF peut mettre en œuvre des mesures conservatoires *(voir §§ 1151 à 1153)*, ne permet pas toujours d'opérer un recouvrement des sommes éludées en cas de travail dissimulé. Certaines entreprises utilisent, en effet, le délai dont elles disposent afin de régulariser leur situation pour organiser leur propre insolvabilité.

Selon le projet de loi, en cas de circonstances susceptibles de menacer le recouvrement par l'URSSAF des sommes dues, l'agent chargé du contrôle pourrait dresser à l'encontre de la personne contrôlée un PV de flagrance sociale, dont une copie lui serait notifiée.

La notification de ce PV de flagrance sociale suffirait pour que le directeur de l'URSSAF puisse mettre en œuvre immédiatement une ou plusieurs mesures conservatoires, sans l'autorisation du juge de l'exécution. Dans ce schéma, la procédure actuelle de pré-recouvrement disparaîtrait.

La personne contrôlée pourrait toujours solliciter la mainlevée des mesures conservatoires prises à son encontre en apportant auprès du directeur de l'URSSAF des garanties suffisantes de paiement. Il pourrait toujours aussi saisir en urgence le juge de l'exécution pour contester la décision du directeur de l'URSSAF.

Cette nouvelle procédure entrerait en vigueur selon des modalités fixées par décret et au plus tard le 1er janvier 2027.

L'opposition à contrainte perdrait son caractère suspensif

Le projet de loi prévoit également qu'en cas de PV de travail dissimulé, la contrainte délivrée par le directeur de l'URSSAF pour recouvrer les sommes faisant l'objet du redressement *(voir § 910)* serait immédiatement exécutoire, même si le cotisant forme opposition devant le tribunal judiciaire (projet de loi, art. 21, I, 2° et IV).

Le cotisant qui forme opposition pourrait tout de même demander au président du tribunal d'arrêter l'exécution provisoire de la contrainte s'il existe un moyen sérieux d'invalidation et que son exécution risque d'entraîner des conséquences manifestement excessives.

Un décret devrait venir fixer les modalités d'application de ces dispositions, qui seraient applicables aux contraintes décernées à compter d'une date fixée par ce décret, et au plus tard à compter du 1er janvier 2027.

3 Obligations entre cocontractants (donneurs d'ordre, maîtres d'ouvrage et sous-traitants)

§§

Pour lutter contre le travail dissimulé (cas général)

Obligation de vigilance du donneur d'ordre ou du maître d'ouvrage

▸ **Pour un contrat d'au moins 5 000 € HT**

1180 Afin de prévenir le travail dissimulé, la responsabilité du donneur d'ordre (ou du maître d'ouvrage) peut être engagée s'il ne s'est pas assuré du respect, par son cocontractant (sous-traitant), de certaines règles prévues par les codes du travail et de la sécurité sociale.

En pratique, le donneur d'ordre a une obligation de vigilance, qui lui impose de demander certaines informations à son cocontractant, sous peine d'être condamné solidairement avec lui au paiement de diverses sommes pour travail dissimulé (c. trav. art. L. 8222-1 et L. 8222-2) *(voir § 1241)*.

→ **À NOTER** *Le donneur d'ordre n'est pas tenu à une obligation de vigilance à l'égard du sous-traitant de son cocontractant, faute de lien contractuel direct entre eux* (cass. civ., 2e ch., 4 septembre 2025, n° 23-14121 FB). *Un projet de loi, présenté en conseil des ministres le 14 octobre 2025, prévoit toutefois d'étendre l'obligation de vigilance du maître d'ouvrage à la chaîne de sous-traitance (voir encadré § 1197).*

Ainsi, toute personne qui conclut un contrat portant sur un montant d'au moins 5 000 € HT doit vérifier, lors de la conclusion du contrat et tous les 6 mois jusqu'à

la fin de l'exécution du contrat, que son cocontractant (c. trav. art. L. 8222-1 et R. 8222-1 ; c. séc. soc. art. L. 243-15) :
– s'acquitte des obligations sociales et fiscales déclaratives énumérées aux articles L. 8221-3 et L. 8221-5 du code du travail (immatriculation au registre national des entreprises en tant qu'entreprise du secteur des métiers et de l'artisanat ou au registre du commerce et des sociétés lorsqu'elle est obligatoire, déclaration préalable à l'embauche, délivrance de bulletins de salaire avec mention du nombre d'heures de travail réellement accomplies, obligations déclaratives auprès des organismes de protection sociale ou de l'administration fiscale) ;
– et est à jour de ses obligations de déclaration et de paiement auprès des URSSAF.

Sont concernés par cette obligation les contrats portant sur l'exécution d'un travail, la fourniture d'une prestation de services ou l'accomplissement d'un acte de commerce : contrats de production, de fabrication, de transformation, de réparation, de construction, de fourniture, de vente, de travaux agricoles, de prestations de services matérielles, intellectuelles ou artistiques, de transport, de sous-traitance industrielle ou de travaux (c. trav. art. L. 8222-1 ; www.urssaf.fr).

▸ Attestation dite de « vigilance » à réclamer au cocontractant

1181 **Attestation délivrée par l'URSSAF.** Pour s'assurer que le sous-traitant est à jour de ses obligations de déclaration et de paiement auprès des URSSAF, le donneur d'ordre (ou le maître d'ouvrage) doit se faire remettre par son sous-traitant, lors de la conclusion du contrat et tous les 6 mois jusqu'à la fin de son exécution, une attestation de fourniture de déclarations sociales et de paiement des cotisations et contributions de sécurité sociale datant de moins de 6 mois (c. trav. art. D. 8222-5).

Ce document, dit « attestation de vigilance », est délivré au sous-traitant par son URSSAF et atteste que celui-ci est à jour de ses obligations de déclaration et de paiement après des URSSAF (c. séc. soc. art. L. 243-15).

→ **À NOTER** *Le sous-traitant peut obtenir son attestation de vigilance uniquement via internet, à partir de son compte en ligne sur www.urssaf.fr.*

L'attestation est délivrée dès lors que le sous-traitant (c. séc. soc. art. L. 243-15 ; www.urssaf.fr) :
– déclare ses revenus d'activité ;
– acquitte ses cotisations et contributions dues aux URSSAF à leur date d'exigibilité, ou a souscrit un plan d'apurement des cotisations et contributions restant dues qu'il respecte ;
– acquitte ses cotisations et contributions dues, mais n'est pas à jour dans le paiement des majorations et pénalités ;
– n'a pas acquitté ses cotisations et contributions dues, mais en conteste le montant par recours contentieux.

→ **ATTENTION** *L'attestation de vigilance ne peut pas être délivrée quand la contestation du montant des cotisations et contributions devant les juridictions fait suite à une verbalisation pour travail dissimulé* (c. séc. soc. art. L. 243-15 et D. 243-15 ; cass. civ., 2e ch., 9 février 2017, n° 16-11297, BC II n° 31).

Depuis le 25 décembre 2021, pour le travailleur indépendant débutant son activité et non encore tenu de déclarer ou de payer des cotisations et contributions sociales, une attestation de vigilance provisoire est délivrée dès lors que l'activité a été régulièrement déclarée et que l'ensemble des formalités et procédures afférentes à la création d'activité ont été respectées. L'attestation provisoire n'est valide que pour la période courant jusqu'à la première échéance déclarative ou de paiement à laquelle le travailleur indépendant est soumis (c. séc. soc. art. L. 243-15).

→ **À NOTER** *Pour les situations antérieures au 25 décembre 2021, il a été jugé que l'absence d'attestation devait être sanctionnée par la solidarité financière du donneur d'ordre même si la délivrance de cette attestation par l'URSSAF était impossible et que la société sous-traitante avait remis au donneur d'ordre d'autres éléments que l'attestation de vigilance* (cass. civ., 2e ch., 5 décembre 2024, n° 22-21152 FBR).

Lorsque le sous-traitant est une entreprise de travail temporaire, celle-ci doit également, pour obtenir l'attestation de vigilance, justifier de l'obtention de la garantie financière prévue à l'article L. 1251-49 du code du travail et qui assure, en cas de défaillance de sa part, le paiement des salaires et des cotisations sociales des salariés intérimaires (c. séc. soc. art. L. 243-15).

Lorsque le cocontractant emploie des salariés, l'attestation de vigilance mentionne (c. séc. soc. art. D. 243-15 ; www.urssaf.fr) :
– l'identification de l'entreprise (dénomination sociale et adresse du siège social, liste des établissements concernés avec leur numéro siret) ;
– le nombre de salariés ;
– le total des rémunérations déclarées lors de la dernière déclaration sociale nominative.

1182 **Vérification de l'authenticité de l'attestation de vigilance.** Le donneur d'ordre (ou le maître d'ouvrage) doit s'assurer de l'authenticité de l'attestation transmise par son sous-traitant. Ce contrôle s'effectue auprès de l'URSSAF à l'aide d'un code de sécurité mentionné sur l'attestation, soit par voie dématérialisée (c'est-à-dire sur www.urssaf.fr), soit sur demande auprès de l'organisme concerné (c. trav. art. D. 8222-5 ; c. séc. soc. art. D. 243-15).

▸ Autre document à réclamer au cocontractant

1183 Lorsque l'immatriculation du sous-traitant au registre du commerce et des sociétés (RCS) ou au registre national des entreprises (RNE) en tant qu'entreprise du secteur des métiers et de l'artisanat est obligatoire ou, lorsqu'il s'agit de professions réglementées, le donneur d'ordre (ou le maître d'ouvrage) doit, lors de la conclusion du contrat et tous les 6 mois jusqu'à la fin de son exécution, se faire délivrer, en plus de l'attestation de vigilance *(voir § 1181)*, l'un des documents suivants (c. trav. art. D. 8222-5) :
– soit un extrait de l'inscription au RCS (K ou K bis) ;
– soit un extrait d'immatriculation au RNE en tant qu'entreprise du secteur des métiers et de l'artisanat ;
– soit un devis, document publicitaire ou correspondance professionnelle, à condition qu'y soient mentionnés le nom ou la dénomination sociale, l'adresse complète et le numéro d'immatriculation au RCS, au RNE ou à une liste ou un tableau d'un ordre professionnel, ou la référence de l'agrément délivré par l'autorité compétente ;
– soit l'accusé de réception électronique du dépôt de déclaration ou de demande d'autorisation d'activité, délivré par le guichet unique des formalités d'entreprises.

→ **À NOTER** *Les documents réglementaires sont les seuls dont la remise permet de s'acquitter de l'obligation de vérification. Le défaut de remise ne peut donc pas être suppléé par la fourniture d'un document ne figurant pas dans la liste réglementaire (ex. : remise du bilan social du cocontractant uniquement)* (cass. civ., 2e ch., 11 février 2016, nos 14-10614 et 15-10168, BC II n° 50).

▸ Présomption de vérification

1184 Le donneur d'ordre est considéré comme ayant procédé aux vérifications requises dès lors qu'il s'est fait remettre par son cocontractant les documents prévus par le code du travail *(voir §§ 1181 et 1183)* (c. trav. art. D. 8222-5).

Cette présomption est toutefois écartée en cas d'incohérence entre les différents documents sur l'identité du sous-traitant. Tel est le cas lorsque l'extrait du registre du commerce et des sociétés indique un nom d'exploitant individuel, alors que les attestations sur l'honneur, les déclarations préalables à l'embauche et les attestations de versement de cotisations indiquent un nom de société. En l'occurrence, les juges ont considéré que le donneur d'ordre avait conclu un contrat de sous-traitance avec une entreprise n'ayant aucune existence juridique, de sorte que ce sous-traitant ne pouvait pas être enregistré à l'URSSAF comme employeur ni être à jour de ses cotisations. Au vu des documents manifestement erronés, le donneur d'ordre aurait dû se rendre compte de cette anomalie (cass. civ., 2e ch., 11 juillet 2013, n° 12-21554, BC II n° 164).

De même, il a été jugé que la présomption de vérification ne joue pas en cas de discordance entre les déclarations mentionnées sur les documents communiqués au donneur d'ordre par son sous-traitant et le volume d'heures de travail nécessaire à l'exécution de la prestation (cass. civ., 2e ch., 30 janvier 2025, n° 22-19808 FD).

▸ Sous-traitant établi à l'étranger

1185 **Documents à réclamer au cocontractant.** Lorsque le cocontractant intervenant sur le territoire national est établi ou domicilié à l'étranger, les obligations dont le respect fait l'objet de vérifications par le donneur d'ordre (ou le maître d'ouvrage) sont celles qui résultent de la réglementation d'effet équivalent du pays d'origine du cocontractant et celles qui lui sont applicables au titre de son activité en France (c. trav. art. L. 8222-4).

Concrètement, le donneur d'ordre (ou le maître d'ouvrage) doit, lors de la conclusion du contrat et tous les 6 mois jusqu'à la fin de son exécution, se faire remettre par le cocontractant les documents suivants (c. trav. art. D. 8222-7) :
– un document mentionnant le numéro individuel d'identification à la TVA en France (si le cocontractant n'est pas tenu d'avoir un tel numéro : document mentionnant son identité et son adresse ou, le cas échéant, coordonnées de son représentant fiscal ponctuel en France) ;
– un document attestant la régularité de la situation sociale du cocontractant au regard du règlement européen CEE 883/2004 du 29 avril 2004 (dit « formulaire A1 », *voir § 1186*) ou d'une convention internationale de sécurité sociale ;
– si la législation du pays de domiciliation le prévoit, un document émanant de l'organisme gérant le régime social obligatoire du cocontractant et mentionnant qu'il est à jour de ses déclarations sociales et du paiement des cotisations afférentes, ou un document équivalent ou, à défaut, une attestation de vigilance délivrée par l'URSSAF. Dans ce dernier cas, le donneur d'ordre (ou le maître d'ouvrage) doit s'assurer de l'authenticité de cette attestation auprès de l'URSSAF (*voir § 1182*).

Lorsque l'immatriculation du cocontractant à un registre professionnel est obligatoire dans son pays d'établissement ou de domiciliation, le donneur d'ordre (ou le maître d'ouvrage) doit également se faire remettre l'un des documents suivants (c. trav. art. D. 8222-7) :
– un document émanant des autorités tenant le registre professionnel ou un document équivalent certifiant cette inscription ;
– un devis, un document publicitaire ou une correspondance professionnelle, à condition qu'y soient mentionnés le nom ou la dénomination sociale, l'adresse complète et la nature de l'inscription au registre professionnel ;
– pour les entreprises en cours de création, un document datant de moins de 6 mois émanant de l'autorité habilitée à recevoir l'inscription au registre professionnel et attestant de la demande d'immatriculation à ce registre.

Tous ces documents doivent être rédigés en français ou traduits dans cette langue (c. trav. art. D. 8222-8).

1186 **Focus sur le formulaire A1.** Le formulaire A1 (ancien « certificat E 101 ») permet de démontrer que les salariés du sous-traitant étranger demeurent affiliés au régime de sécurité sociale de leur pays d'origine et, qu'en conséquence, ils ne relèvent pas de la législation de sécurité sociale et des cotisations françaises. Il est délivré par l'organisme de protection sociale dont relèvent les salariés détachés concernés.

Ce formulaire est le seul à pouvoir attester du maintien de l'affiliation des salariés détachés à la sécurité sociale de leur pays d'origine. Il n'est pas possible de s'appuyer sur d'autres documents au prétexte qu'ils démontreraient aussi que les salariés du sous-traitant restent soumis à la législation sociale de leur pays d'origine (cass. ass. plén. du 6 novembre 2015, n° 14-10182, B. ass. plén. n° 7 ; cass. ass. plén. du 6 novembre 2015, n° 14-10193, B. ass. plén. n° 8).

En l'absence de formulaire A1 résultant d'un refus de délivrance ou d'un retrait par l'institution compétente, c'est la législation de l'État membre où est exercée l'activité salariée qui s'applique. Concrètement, les salariés détachés deviennent assujettis à la législation française de sécurité sociale et leur employeur doit les déclarer auprès des organismes français de sécurité sociale (cass. soc. 4 novembre 2020, n° 18-24451 PBRI).

Par ailleurs, ni l'URSSAF, ni le juge français ne sont habilités à remettre en cause d'eux-mêmes la validité d'un formulaire A1. Ils doivent passer par les voies de recours prévues par le droit européen. Ainsi, en cas de doute sur cette validité, ils doivent, dans le cadre d'une procédure de dialogue et de conciliation, se tourner vers l'institution de l'État membre d'origine qui l'a délivré, afin que celle-ci reconsidère le bien-fondé de cette délivrance et, le cas échéant, retire le formulaire (cass. ass. plén. 22 décembre 2017, n° 13-25467, B. ass. plén. n° 2). Cette procédure s'applique également en présence d'un faux formulaire A1. L'institution prétendument émettrice doit être saisie afin qu'elle confirme qu'elle n'a pas délivré le faux document (CJUE, 23 janvier 2025, aff. C-421/23).

Seule une décision de retrait d'un formulaire A1 peut le priver de ses effets. Une décision de suspension provisoire par l'institution émettrice ne le prive pas de sa valeur contraignante et le formulaire lie toujours les URSSAF et les juges français (CJUE, 2 mars 2023, aff. C-410/21 et C-661/21).

Le juge français peut néanmoins écarter le formulaire A1 s'il constate qu'il a été obtenu ou invoqué de manière frauduleuse et à la condition que l'institution émettrice du formulaire ait été saisie et se soit abstenue, dans un délai raisonnable, de réexaminer les conditions de sa délivrance au regard des éléments établissant la fraude (CJUE, 6 février 2018, aff. C-359/16 ; cass. crim. 18 septembre 2018, n° 13-88632, n° 11-88040 et n° 13-88631, B. crim. n° 160).

L'institution émettrice peut également, à la suite de vérifications effectuées de sa propre initiative, retirer un formulaire A1 émis à tort (ou qui ne serait plus valable au regard de l'évolution des modalités de l'activité du travailleur), sans passer préalablement par la procédure de recours prévue par le droit européen. Elle doit en informer, dans les délais les plus brefs, les institutions françaises compétentes pour l'affiliation du travailleur détaché au régime de sécurité sociale français (CJUE, 16 novembre 2023, aff. C-422/22).

→ **À NOTER** *Les formulaires A1 n'ont d'effet qu'en matière de sécurité sociale. Ils ne dispensent pas de déclaration préalable à l'embauche (DPAE), qui permet notamment aux* *autorités nationales de s'assurer du respect des conditions d'emploi et de travail imposées par le droit du travail. Ainsi, l'existence de formulaires A1 ne fait pas obstacle à une condamnation pour travail dissimulé pour absence de DPAE de travailleurs irrégulièrement détachés* (cass. crim. 12 janvier 2021, n° 17-82553 FSPBI).

▸ Sanctions encourues par le donneur d'ordre ou le maître d'ouvrage

1187 Sur les sanctions encourues par le donneur d'ordre ou le maître d'ouvrage qui ne respecte pas son obligation de vigilance, voir ci-après *(voir §§ 1240 à 1242)*.

Obligation d'injonction du donneur d'ordre ou du maître d'ouvrage

1188 Tout donneur d'ordre (ou maître d'ouvrage) qui a été informé par écrit, par un agent de contrôle, par un syndicat ou une association professionnels, ou par une institution représentative du personnel, que le cocontractant, un sous-traitant ou un subdélégataire se trouve en situation de travail dissimulé doit aussitôt enjoindre à son cocontractant, par lettre recommandée avec accusé de réception, de régulariser sans délai sa situation (c. trav. art. L. 8222-5 et R. 8222-2).

Cette règle s'applique également en cas de recours à une entreprise de travail temporaire (ETT). Il a ainsi été jugé qu'il appartient à l'entreprise utilisatrice, informée de l'intervention de salariés, employés par une ETT en situation de travail dissimulé, d'enjoindre aussitôt à celle-ci de faire cesser sans délai cette situation (cass. soc. 4 novembre 2020, n° 18-24451 PBRI).

Sur les sanctions encourues par le donneur d'ordre ou le maître d'ouvrage qui ne respecte pas cette obligation d'injonction, voir ci-après *(voir §§ 1243 à 1245)*.

Pour lutter contre les détachements abusifs

Obligation de vigilance du donneur d'ordre ou du maître d'ouvrage

▸ Vérification de l'accomplissement par le cocontractant des formalités liées au détachement

1189 **Déclaration préalable au détachement et désignation d'un représentant en France.** Le donneur d'ordre (ou le maître d'ouvrage), qui contracte avec un prestataire de services établi à l'étranger et détachant des salariés en France, doit vérifier auprès de ce dernier, avant le détachement, qu'il a effectivement procédé aux formalités obligatoires requises (c. trav. art. L. 1262-4-1, I) :
– la déclaration préalable au détachement ;
– et la désignation d'un représentant de l'entreprise sur le territoire national, chargé d'assurer la liaison avec les différents agents de contrôle (inspection du travail, police judiciaire, URSSAF, etc.) pendant la durée de la prestation.

Cette vérification doit être effectuée quel que soit le montant du contrat.

Pour cela, le donneur d'ordre (ou le maître d'ouvrage) doit, avant le début de chaque détachement d'un ou de plusieurs salariés, demander à son cocontractant l'accusé de réception de la déclaration de détachement que celui-ci est tenu d'adresser, via le télé-service « SIPSI » du ministère du Travail (www.sipsi.travail.gouv.fr), à l'unité territoriale de la direction régionale de l'économie, de l'emploi, du travail et des solidarités (DREETS) dans le ressort de laquelle s'effectue la prestation (ou dans le ressort de laquelle se situe le premier lieu d'exécution de la prestation lorsque la prestation est exécutée dans d'autres lieux) (c. trav. art. R. 1263-4-1, R. 1263-5 et R. 1263-12).

Cette attestation comporte la désignation du représentant en France de l'employeur des salariés détachés (c. trav. R. 1263-3).

→ **À NOTER** *Certains employeurs établis à l'étranger, qui détachent des salariés en France pour des prestations et opérations de courte durée ou dans le cadre d'événements ponctuels, sont dispensés de déclaration préalable de détachement et d'obligation de désigner un représentant en France* (c. trav. art. L. 1262-6) *(pour plus de détails, voir encadré § 1192)*.

1190 **Paiement des amendes administratives.** Le donneur d'ordre (ou le maître d'ouvrage) doit aussi vérifier, lors de la conclusion du contrat, que son cocontractant s'est acquitté, le cas échéant, du paiement d'une liste définie d'amendes administratives (dues, par exemple, en cas de non-respect des formalités liées au détachement, de manquement aux droits fondamentaux de salariés détachés, de non-respect d'une décision administrative d'interdiction ou de suspension d'activité ou encore de non-respect des durées maximales du travail) (c. trav. art. L. 1262-4-1, III).

Pour cela, il doit demander à son cocontractant, avant le début de chaque détachement d'un ou de plusieurs salariés, une attestation sur l'honneur certifiant que celui-ci s'est bien acquitté du paiement des sommes dues au titre de ces amendes. Cette attestation comporte les nom, prénom, raison sociale du cocontractant et la signature de son représentant légal (c. trav. art. R. 1263-12).

1191 **Pas de vérification approfondie.** Le donneur d'ordre (ou le maître d'ouvrage) est réputé avoir procédé à ces vérifications dès lors qu'il s'est fait remettre les documents requis (c. trav. art. R. 1263-12).

L'administration explique que l'obligation de vigilance n'implique pas que le donneur d'ordre procède à une vérification approfondie de ces documents, s'agissant d'informations que seul son prestataire peut connaître.

En revanche, un donneur d'ordre qui recevrait sans réagir une déclaration de détachement manifestement incomplète ou erronée sur des aspects qu'il ne peut ignorer, pourrait être sanctionné pour non-respect de son obligation de vigilance. Ce serait le cas, par exemple, d'une déclaration de détachement faisant état de 3 salariés détachés alors que 10 salariés seraient effectivement détachés dans les locaux ou sur le chantier, ou encore d'une déclaration de détachement ne faisant pas état de la désignation d'un représentant en France (instr. DGT/RT1/2024/46 du 27 mars 2024, BO Travail n° 2024/4 du 30 avril 2024).

1192 **DISPENSE DE FORMALITÉS POUR LES DÉTACHEMENTS DE COURTE DURÉE**

Les employeurs établis à l'étranger qui détachent des salariés en France dans le cadre d'un contrat conclu avec une entreprise établie en France, pour des prestations et opérations de courte durée ou dans le cadre d'événements ponctuels, sont dispensés de déclaration préalable de détachement et d'obligation de désigner un représentant en France *(voir § 1189)* (c. trav. art. L. 1262-6).

Cette dérogation est applicable aux salariés détachés exerçant les activités suivantes, pour des prestations ne dépassant pas une certaine durée (arrêté du 4 juin 2019, JO du 5, texte 11) :
- artistes dans les domaines du spectacle vivant, de la production et diffusion cinématographique et audiovisuelle et de l'édition phonographique (hors activités de montage ou de démontage, de restauration, de transport, de surveillance et de sécurité), pour une durée maximale d'activité en France de 90 jours sur 12 mois consécutifs ;
- sportifs, arbitres, membres de l'équipe d'encadrement, délégués officiels dans le cadre de manifestations sportives (hors activités de montage ou de démontage, de restauration, de transport, de surveillance et de sécurité), pour une durée maximale d'activité en France de 90 jours sur 12 mois consécutifs ;
- apprentis en mobilité temporaire dans une entreprise située en France dans le cadre de leur formation théorique ou pratique, en exécution d'une convention tripartite (à défaut de convention, la présence de l'apprenti ne doit pas être liée à la réalisation d'une prestation sur le territoire national à laquelle il participe), pour une durée maximale d'activité en France de 12 mois consécutifs ;
- participants à des colloques, séminaires et manifestations scientifiques, ainsi que professeurs et chercheurs invités à dispenser, à titre occasionnel, des activités d'enseignement, pour une durée maximale d'activité en France de 12 mois consécutifs.

Cette dérogation n'est pas applicable aux entreprises de travail temporaire et aux agences de mannequins (c. trav. art. L. 1262-7).

▸ Extension à la chaîne de sous-traitance

1193 L'obligation de vigilance du donneur d'ordre (ou maître d'ouvrage) s'applique à toute la chaîne de sous-traitance.

Ainsi, le donneur d'ordre doit vérifier que chacun des sous-traitants directs ou indirects de ses cocontractants et que chacune des entreprises de travail temporaire (ETT) avec laquelle un de ces sous-traitants ou un de ces cocontractants a traité se sont acquittés de la déclaration préalable au détachement (c. trav. art. L. 1262-4-1, II).

À cet effet, il doit demander à chaque sous-traitant, avant le début de chaque détachement d'un ou de plusieurs salariés sur le territoire national, l'accusé de réception de la déclaration de détachement. Cette vérification doit également être opérée auprès des ETT avec lesquelles son cocontractant ou un sous-traitant a contracté. Le maître d'ouvrage est réputé avoir procédé à cette vérification dès lors qu'il s'est fait remettre ces documents (c. trav. art. R. 1263-12-1).

→ À NOTER *L'obligation pour le donneur d'ordre de vérifier que l'employeur des salariés détachés s'est acquitté du paiement des amendes administratives qu'il doit* *(voir § 1190)* *ne s'applique que pour ses cocontractants directs.*

▸ Sanctions encourues par le donneur d'ordre ou le maître d'ouvrage

1194 Sur les sanctions encourues par le donneur d'ordre ou le maître d'ouvrage qui ne respecte pas son obligation de vigilance, voir ci-après *(voir §§ 1246 à 1248)*.

Déclaration subsidiaire par le donneur d'ordre en cas de défaillance du prestataire

1195 S'il ne s'est pas fait remettre la déclaration préalable de détachement par son prestataire, le donneur d'ordre (ou le maître d'ouvrage) doit adresser, dans les 48 heures suivant le début du détachement, une déclaration subsidiaire de détachement à l'unité territoriale de la DREETS compétente, en utilisant le télé-service « SIPSI » du ministère du Travail (www.sipsi.travail.gouv.fr) (c. trav. art. L. 1262-4-1, I, R. 1263-13 et R. 1263-14). Cette déclaration doit être rédigée en langue française et justifier par tout moyen lui conférant date certaine qu'elle a été faite dans les 48 heures (c. trav. art. R. 1263-13).

→ **À NOTER** *Cette déclaration est requise pour pallier le défaut du seul cocontractant direct de l'entreprise. Il n'y a pas de déclaration subsidiaire à réaliser si le manquement provient de la chaîne de sous-traitance, malgré l'existence d'une obligation de vérification (voir § 1193).*

Sur les sanctions encourues par le donneur d'ordre ou le maître d'ouvrage en cas de non-réalisation de la déclaration subsidiaire de détachement, voir ci-après *(voir §§ 1249 à 1251)*.

Autres obligations pour les entreprises accueillant des travailleurs détachés

1196 L'entreprise qui accueille des salariés détachés par un prestataire établi hors de France doit annexer la copie de la déclaration préalable au détachement au registre du personnel (c. trav. art. L. 1221-15-1). Cette copie doit être rendue accessible au comité social et économique (CSE) et aux agents de contrôle habilités tels que les agents URSSAF. Elle est tenue à leur disposition soit dans l'établissement, soit sur chaque chantier ou lieu de travail distinct de l'établissement pour ceux des travailleurs détachés qui y sont employés (c. trav. art. D. 1221-24-1).

L'entreprise doit aussi inscrire dans son bilan social (obligatoire dans les entreprises d'au moins 300 salariés) les informations relatives au nombre de travailleurs détachés accueillis (c. trav. art. L. 2312-30).

1197 **L'OBLIGATION DE VIGILANCE DU MAÎTRE D'OUVRAGE BIENTÔT ÉTENDUE À LA CHAÎNE DE SOUS-TRAITANCE ?**

Un projet de loi de lutte contre les fraudes sociales et fiscales, présenté en conseil de ministres le 14 octobre 2025 et dont l'examen au Parlement n'était pas encore achevé à l'heure où nous rédigions ces lignes, tend à renforcer le devoir de vigilance des maîtres d'ouvrage.

Il prévoit ainsi que le maître d'ouvrage qui accepte le sous-traitant auquel a recours son cocontractant serait à l'avenir dans l'obligation de vérifier, périodiquement et jusqu'à la fin de l'exécution du contrat de sous-traitance, que le sous-traitant s'acquitte de ses obligations sociales et fiscales déclaratives (ex. : immatriculation au registre du commerce et des sociétés, déclarations auprès des organismes de protection sociale ou de l'administration fiscale) et est à jour de ses obligations de paiement des cotisations auprès de l'URSSAF (projet de loi, art. 22, I, 1°). Cette obligation de vigilance s'appliquerait aux contrats de sous-traitance d'un montant minimum qui serait fixé par voie réglementaire.

Le maître de l'ouvrage serait réputé avoir procédé aux vérifications requises dès lors qu'il se serait fait remettre certains documents, dont la liste serait fixée par décret, et qu'il se serait assuré, en cas de doute au vu des informations dont il dispose par ailleurs, de leur authenticité.

Selon l'étude d'impact du projet de loi, ces documents seraient remis au maître d'ouvrage par l'entrepreneur principal, à la conclusion du contrat de sous-traitance puis tous les 6 mois. Il pourrait s'agir, par exemple, d'un document permettant d'attester de l'immatriculation de l'entreprise ou d'une attestation de paiement des cotisations sociales fournie par l'URSSAF.

Le maître d'ouvrage qui manquerait à cette nouvelle obligation de vigilance à l'égard des sous-traitants de son cocontractant verrait sa solidarité financière engagée si le sous-traitant venait à être verbalisé pour travail dissimulé (projet de loi, art. 22, I, 2°). Selon l'étude d'impact, cette mesure permettrait aux organismes de recouvrement de s'adresser directement au maître d'ouvrage, lequel est davantage susceptible d'être pérenne et solvable que les donneurs d'ordre et sous-traitants intermédiaires.

4 Conséquences du travail dissimulé

Sanctions civiles (cotisations sociales)

Procédure de pré-recouvrement et mesures conservatoires

1220 Dans le cadre de la procédure de pré-recouvrement, les organismes de recouvrement des cotisations peuvent, afin de garantir le paiement du redressement et des sanctions consécutives au délit de travail dissimulé, geler les biens de la personne contrôlée, notamment en pratiquant des saisies conservatoires, dans la limite du montant du redressement évalué par l'agent chargé du contrôle, sans demander au préalable l'autorisation du juge de l'exécution *(pour plus de détails, voir §§ 1151 à 1153)* (c. séc. soc. art. L. 133-1).

Redressement de cotisations

▸ **Principe**

1221 La personne à l'encontre de laquelle est constaté le délit de travail dissimulé fait l'objet d'un redressement de cotisations et de contributions sur les rémunérations ou revenus éludés.

→ **À NOTER** *Le redressement confère au salarié dissimulé des droits en matière d'assurance maladie-maternité-invalidité et d'assurance vieillesse (voir § 1257).*

Ce redressement peut intervenir à la suite d'un contrôle « classique », engagé sur la base de l'article L. 243-7 du code de la sécurité sociale *(voir § 1148)*, à l'occasion duquel l'agent URSSAF constate une infraction de travail dissimulé au moyen d'un procès-verbal (PV) *(voir § 1150)*.

Il peut également être effectué sur la base des informations contenues dans les PV de travail dissimulé qui sont dressés par les différents agents de contrôle habilités (inspecteurs URSSAF, inspecteurs du travail, agents des impôts et des douanes, etc.) dans le cadre d'une procédure de contrôle engagée spécifiquement pour rechercher des infractions de travail illégal selon les règles du code du travail *(voir § 1148)*, puis qui sont transmis aux URSSAF aux fins de recouvrement des sommes dues (c. séc. soc. art. L. 243-7-5).

Le redressement de cotisations sociales opéré par l'URSSAF à la suite d'un constat d'infraction de travail dissimulé est valable, sans qu'il soit nécessaire d'établir l'intention frauduleuse de l'employeur (cass. civ., 2e ch., 9 octobre 2014, n° 13-22943, BC II n° 206 ; cass. civ., 2e ch., 9 juillet 2020, n° 19-11860 D).

Relaxe au pénal. En vertu du principe de l'autorité de la chose jugée au pénal sur le civil, le redressement de l'URSSAF n'est pas valide si la personne contrôlée est relaxée du chef de travail dissimulé devant la juridiction pénale (cass. civ., 2e ch., 31 mai 2018, n° 17-18142, BC II n° 108).

▸ Assiette du redressement

1222 **Redressement au réel.** Le redressement des cotisations et contributions est en principe évalué « au réel », sur la base des informations contenues dans les PV de travail dissimulé transmis à l'URSSAF par les différents agents de contrôle habilités à rechercher et à constater les faits de travail dissimulé *(voir § 1140)* (c. séc. soc. art. L. 243-7-5 ; c. trav. art. L. 8271-6-4).

L'évaluation des rémunérations dissimulées, et donc des cotisations dues, est ainsi réalisée à partir des investigations des agents de contrôle : auditions contradictoires, analyse des agendas, des réservations, des carnets de rendez-vous, des factures d'achats, etc.

1223 **Taxation forfaitaire.** À défaut d'éléments probants permettant d'établir le montant exact des rémunérations ou revenus dissimulés, le montant de l'assiette des cotisations éludées peut être établi selon la procédure de la taxation forfaitaire prévue à l'article R. 243-59-4 du code de la sécurité sociale (www.urssaf.fr) *(pour plus de détails sur cette procédure, voir § 522)*.

1224 **Redressement forfaitaire.** Chaque fois qu'il n'est pas possible de procéder ni à un chiffrage réel des sommes à recouvrer *(voir § 1222)*, ni à une taxation forfaitaire *(voir § 1223)*, l'URSSAF met en œuvre un redressement forfaitaire (circ. DSS/5C/SG/SAFSL/SDTPS/BACS/2008-255 du 28 juillet 2008, BO Santé n° 2008-8 du 15 septembre 2008 ; www.urssaf.fr).

Dans ce cas, lorsque la personne contrôlée est un employeur, les rémunérations qui ont été versées ou qui sont dues à un salarié en contrepartie d'un travail dissimulé sont évaluées forfaitairement à 25 % du plafond annuel de la sécurité sociale en vigueur au moment du constat du délit de travail dissimulé (soit 12 015 € pour un constat réalisé en 2026), même si elles se rapportent à des périodes antérieures (c. séc. soc. art. L. 242-1-2).

La rémunération forfaitaire ainsi évaluée supporte l'ensemble des cotisations et contributions de sécurité sociale (part patronale et part salariale), la CSG, la CRDS et les cotisations et contributions qui sont dues dès lors que la rémunération est assujettie aux cotisations de sécurité sociale (FNAL, versement mobilité). La cotisation d'assurance chômage, elle, n'est pas appelée sur la base du redressement forfaitaire (c. séc. soc. art. L. 242-1-2 ; circ. DSS/5C/SG/SAFSL/SDTPS/BACS/2008-255 du 28 juillet 2008 précitée). Par dérogation, la cotisation d'assurance vieillesse plafonnée est calculée sur la base de la moitié du plafond annuel de la sécurité sociale (soit 24 030 € pour un constat réalisé en 2026) (c. séc. soc. art. R. 242-2-1).

L'employeur peut faire obstacle à l'application de ce redressement forfaitaire en apportant la preuve non seulement de la durée réelle d'emploi du travailleur dissimulé, mais aussi du montant exact de la rémunération versée à ce dernier pendant la période concernée (c. séc. soc. art. L. 242-1-2 ; cass. civ., 2e ch., 19 décembre 2013, n° 12-27513, BC II n° 241).

→ **À NOTER** *Les éléments de preuve permettant d'établir le montant effectif des rémunérations soumises à cotisations, et de remettre ainsi en cause le recours à l'évaluation forfaitaire, doivent être apportés par le cotisant contrôlé lors des opérations de contrôle et non a posteriori devant le juge* (cass. civ., 2e ch., 9 novembre 2017, n° 16-25690, BC II n° 209).

Si la personne contrôlée est un travailleur indépendant, l'assiette du redressement est fixée, à défaut de preuve contraire, pour chaque exercice contrôlé, à trois fois la valeur annuelle du plafond de la sécurité sociale en vigueur à la date à laquelle le contrôle a débuté (soit 144 180 € pour les contrôles ayant débuté en 2026) (c. séc. soc. art. R. 243-59-4).

▸ Application des cotisations de droit commun

1225 Dans tous les cas, les rémunérations versées ou dues au salarié, qui sont réintégrées dans l'assiette des cotisations à la suite du constat du travail dissimulé, ne peuvent faire l'objet d'aucune mesure de réduction ou d'exonération de cotisations de sécurité sociale, ni de minoration de l'assiette de ces cotisations. Les cotisations sont donc appelées au taux de droit commun (c. séc. soc. art. L. 242-1-1 ; circ. DSS/5C/SG/SAFSL/SDTPS/BACS/2008-255 du 28 juillet 2008 précitée).

Il a ainsi été jugé que le rappel de cotisations au titre des périodes concernées par le travail dissimulé doit être calculé sans tenir compte de la réduction générale de cotisations patronales. Peu importe qu'aucune poursuite pénale n'ait été engagée contre l'employeur (cass. civ., 2e ch., 10 octobre 2013, n° 12-26123, BC II n° 188).

▸ Majoration URSSAF spécifique au travail dissimulé

1226 **Principe.** En plus de la majoration de retard au taux de droit commun de 5 % *(voir § 531)*, une majoration spécifique de 25 % s'applique au montant du redressement des cotisations et contributions sociales en cas de constat d'une infraction de travail dissimulé (c. séc. soc. art. L. 243-7-7, I).

Le taux de cette majoration spécifique est fixé à 40 % en cas de travail dissimulé avec circonstances aggravantes (c. séc. soc. art. L. 243-7-7, I), c'est-à-dire lorsque le délit est constitué par l'emploi dissimulé d'un mineur soumis à l'obligation scolaire ou d'une ou plusieurs personnes dont la vulnérabilité ou l'état de dépendance est connu de l'auteur du délit ou bien lorsqu'il est commis en bande organisée (c. trav. art. L. 8224-2).

→ **À NOTER** *Les cotisants contrôlés ne peuvent pas faire jouer le droit à l'erreur pour échapper au paiement de ces majorations* (c. séc. soc. art. R. 243-17).

1227 **Réduction de la majoration en cas de paiement rapide.** Le taux de la majoration spécifique (25 % ou 40 %) peut être réduit de 10 points si, dans le délai de 30 jours à compter de la notification de la mise en demeure *(voir § 691)*, le cotisant (c. séc. soc. art. L. 243-7-7, II) :

– procède au règlement intégral des cotisations, pénalités et majorations de retard notifiées ;

– ou présente un plan d'échelonnement du paiement au directeur de l'URSSAF et que ce dernier l'accepte.

La réduction du taux de majoration, qui passe alors à 15 ou 30 % (au lieu de 25 ou 40 %), est notifiée par le directeur de l'URSSAF une fois le paiement intégral constaté.

→ **À NOTER** *Pour bénéficier du taux réduit de majoration, la personne contrôlée ne doit pas avoir été sanctionnée pour le même type de faits dans les 5 années précédentes* (c. séc. soc. art. L. 243-7-7, II).

1228 **Renforcement de la majoration en cas de récidive.** En cas de nouvelle constatation de travail dissimulé dans les 5 ans suivant la notification d'une première constatation de travail dissimulé ayant donné lieu à redressement auprès de la même personne morale ou physique, la majoration est portée à (c. séc. soc. art. L. 243-7-7, III) :
– 45 % lorsque la majoration de redressement prononcée lors de la constatation de la première infraction était de 25 % ;
– 60 % lorsque la majoration de redressement prononcée lors de la constatation de la première infraction était de 40 %.

Annulation des réductions et des exonérations de cotisations

▸ Principe : annulation totale

1229 En cas de procès-verbal pour travail dissimulé, l'URSSAF procède à l'annulation de toute mesure de réduction ou d'exonération de cotisations de sécurité sociale, de cotisations de retraite complémentaire, de cotisations d'assurance chômage, de FNAL et de contribution solidarité autonomie dont a bénéficié le cotisant durant la période concernée par l'infraction (c. séc. soc. art. L. 133-4-2 et L. 244-11).

Cette annulation se fait dans la limite de la prescription applicable en matière de travail dissimulé, soit 5 ans *(voir § 135)*.

→ **À NOTER** *L'annulation des réductions ou exonérations de cotisations s'applique même si l'employeur n'est pas poursuivi pénalement* (cass. civ., 2e ch., 10 octobre 2013, n° 12-26123 FPB).

▸ Modulation de l'annulation

1230 L'annulation n'est pas totale, mais seulement partielle, lorsque la dissimulation d'activité ou de salarié (c. séc. soc. art. L. 133-4-2, III et IV) :
– résulte uniquement de la requalification de prestations de services fournies à un donneur d'ordre en contrat de travail ;
– ou représente une « proportion limitée » de l'activité ou des salariés régulièrement déclarés.

Pour ce dernier cas (« proportion limitée »), l'annulation est partielle lorsque les sommes assujetties à la suite du constat de travail dissimulé n'excèdent pas (c. séc. soc. art. R. 133-8) :
– 10 % des rémunérations déclarées au titre de la période d'emploi faisant l'objet du redressement pour les employeurs de moins de 20 salariés ;
– 5 % dans les autres cas.

→ **À NOTER** *Le plafond de la dissimulation partielle de salariés s'apprécie au regard de l'activité* (c. séc. soc. art. L. 133-4-2, IV). *Selon l'exposé des motifs de l'amendement à l'origine de cette disposition, cela signifie que le plafond de l'activité dissimulée permettant de moduler l'annulation des exonérations est le même quel que soit le nombre de salariés concernés par l'infraction.*

En cas d'annulation partielle, la proportion des réductions et exonérations annulées est égale au rapport entre le double des rémunérations éludées et le montant des rémunérations, soumises à cotisations de sécurité sociale, versées à l'ensemble du personnel par l'employeur sur la période faisant l'objet du redressement, dans la limite de 100 % (c. séc. soc. art. L. 133-4-2, III).

→ **ATTENTION** *La modulation de l'annulation des exonérations de cotisations ne peut pas jouer en cas d'emploi dissimulé d'un mineur soumis à l'obligation scolaire ou d'une personne dont la vulnérabilité ou la dépendance est connue de l'auteur du délit, ou bien lorsque les faits de travail dissimulé sont commis en bande organisée* (c. séc. soc. art. L. 133-4-2, III).

Sanction en cas de recours à de faux travailleurs indépendants

1231 Le donneur d'ordre qui a fait l'objet d'une condamnation pénale pour travail dissimulé dans le cadre d'une fausse relation de sous-traitance (*voir § 1107*), est tenu au paiement des cotisations et contributions sociales qu'il aurait dû acquitter comme employeur pour la période pendant laquelle la dissimulation d'emploi salarié a été établie (c. trav. art. L. 8221-6, II).

Responsabilité solidaire de la société mère

1232 Si une infraction de travail dissimulé est constatée par procès-verbal à l'encontre d'une entreprise appartenant à un groupe, la société mère (ou la société holding) de ce groupe est tenue solidairement et subsidiairement au paiement des contributions et cotisations sociales, ainsi qu'au paiement des majorations et pénalités dues à la suite de ce constat (c. séc. soc. art. L. 243-7-3).

Responsabilité solidaire du dirigeant

1233 Lorsque le dirigeant d'une société, d'une personne morale ou de tout autre groupement ayant été verbalisé pour travail dissimulé est responsable des manœuvres frauduleuses ou de l'inobservation grave et répétée des obligations sociales qui ont rendu impossible le recouvrement des cotisations, contributions et sanctions pécuniaires dues par la société, la personne morale ou le groupement, il peut être déclaré solidairement responsable du paiement de ces cotisations, contributions et sanctions pécuniaires par le président du tribunal judiciaire (c. séc. soc. art. L. 243-3-2).

1234

TRAVAIL DISSIMULÉ ET ACCIDENT DU TRAVAIL

Lorsque la victime d'un accident du travail se trouve en situation de travail dissimulé, l'employeur doit rembourser à la caisse primaire d'assurance maladie (CPAM) le montant des frais occasionnés par cet accident (c. séc. soc. art. L. 471-1).

Si, de surcroît, l'employeur n'a pas rempli ses obligations de déclaration d'accident du travail ou de remise de la feuille d'accident du travail au salarié, il est aussi passible d'une pénalité financière prononcée par le directeur de la CPAM. Le montant de cette pénalité est fixé en fonction de la gravité des faits reprochés, soit proportionnellement aux sommes recouvrées dans la limite de 70 % de celles-ci, soit, à défaut de sommes déterminées ou clairement déterminables, forfaitairement dans la limite de 4 fois le plafond mensuel de la sécurité sociale (soit 16 020 € en 2026). Ce montant est doublé en cas de récidive (c. séc. soc. art. L. 471-1 et L. 114-17-1).

Sanctions pénales

Amende et emprisonnement

1235 Quel que soit le type de travail dissimulé (dissimulation d'activité économique ou dissimulation d'emploi salarié), le tribunal correctionnel peut infliger à une personne physique (c. trav. art. L. 8224-1 et L. 8224-2) :
– 3 ans d'emprisonnement et 45 000 € d'amende dans le cas général ;
– 5 ans d'emprisonnement et 75 000 € d'amende pour l'emploi dissimulé d'un mineur soumis à l'obligation scolaire ou d'une personne dont la vulnérabilité ou l'état de dépendance sont apparents ou connus de l'auteur de l'infraction ;
– 10 ans d'emprisonnement et 100 000 € d'amende si les faits sont commis en bande organisée.

La personne morale reconnue pénalement responsable de travail dissimulé encourt, quant à elle, une amende de 225 000 €, portée à 375 000 € en cas d'emploi dissimulé d'un mineur soumis à l'obligation scolaire ou d'une personne vulnérable/dépendante et à 500 000 € en cas d'infraction commise en bande organisée (c. trav. art. L. 8224-5 ; c. pén. art. 131-38).

Peines complémentaires

1236 La personne physique reconnue coupable de dissimulation d'activité économique ou de dissimulation d'emploi salarié encourt également les peines complémentaires (cumulables) suivantes (c. trav. art. L. 8224-3) :
– interdiction soit d'exercer une fonction publique ou l'activité professionnelle ou sociale dans laquelle a été commis le travail dissimulé, soit d'exercer une profession commerciale ou industrielle, de diriger, gérer ou contrôler une entreprise commerciale ou industrielle ;
– exclusion des marchés publics pour une durée de 5 ans maximum ;
– confiscation des objets ayant servi directement ou indirectement à commettre l'infraction ou qui ont été utilisés à cette occasion, ainsi que ceux qui en sont le produit et qui appartiennent au condamné ; le produit de l'infraction pouvant être saisi recouvre « l'économie réalisée par la fraude », ce qui inclut non seulement les cotisations sociales non payées mais aussi les économies réalisées sur les salaires et les heures supplémentaires (cass. crim. 16 octobre 2024, n° 23-85360 FB) ;
– affichage ou diffusion de la décision prononcée aux frais de la personne condamnée ;
– interdiction des droits civiques, civils et de famille.

Des peines complémentaires sont également prévues pour les personnes morales condamnées pour travail dissimulé : dissolution, exclusion des marchés publics à titre définitif ou pour 5 ans maximum, placement sous surveillance judiciaire pendant 5 ans au plus, fermeture d'établissements, affichage ou diffusion de la condamnation, etc. (c. trav. art. L. 8224-5 ; c. pén. art. 131-39).

Affichage et diffusion de la condamnation. Cette peine complémentaire est obligatoire lorsque l'infraction a été commise à l'encontre de mineurs, de personnes vulnérables ou en état de dépendance, ou bien en bande organisée, sauf si le juge en décide autrement au vu des circonstances dans lesquelles l'infraction a été commise et de la personnalité de son auteur. L'affichage ou la diffusion se fait, pour une durée maximum d'un an, sur une partie du site Internet du ministère du Travail (c. trav. art. L. 8224-3, L. 8224-5 et R. 8211-2).

→ **À NOTER** *Tout travailleur étranger reconnu coupable de travail dissimulé est passible d'une interdiction du territoire français d'une durée de 5 ans au plus* (c. trav. art. L. 8224-4).

Sanctions administratives

Perte des aides publiques

1237 En cas de procès-verbal pour travail dissimulé, l'autorité administrative peut refuser d'accorder certaines aides publiques en matière d'emploi, de formation professionnelle et de culture pendant 5 ans maximum, et demander le remboursement de tout ou partie de celles perçues au cours des 12 mois précédant l'établissement du procès-verbal (c. trav. art. L. 8272-1 et D. 8272-1 à D. 8272-6).

Les aides publiques concernées sont :
– les aides aux contrats uniques d'insertion, d'apprentissage et de professionnalisation ;
– la prime à la création d'emploi en Guadeloupe, en Guyane, en Martinique, à Mayotte, à La Réunion et à Saint-Pierre-et-Miquelon ;
– les aides des collectivités territoriales et de leurs groupements ;
– les aides et subventions de soutien à la création, à la production et à la diffusion du spectacle vivant et enregistré ;
– l'allocation d'activité partielle.

Fermeture d'établissements et arrêt d'activité

1238 Lorsque le préfet de département a connaissance d'un procès-verbal de travail dissimulé ou d'un rapport établi par l'un des agents de contrôle *(voir § 1140)* constatant un fait de travail dissimulé, il peut ordonner la fermeture temporaire, pendant 3 mois maximum, de l'établissement ayant servi à commettre le délit de travail dissimulé si la proportion de salariés concernés le justifie et en fonction de la répétition ou de la gravité des faits constatés (c. trav. art. L. 8272-2).

Lorsque l'activité de l'entreprise est exercée sur des chantiers de BTP, ou dans tout autre lieu autre que son siège ou l'un de ses établissements, la fermeture temporaire prend la forme d'un arrêt de l'activité de l'entreprise sur le site dans lequel a été commis l'infraction ou le manquement. Lorsque cette fermeture temporaire est devenue sans objet parce que l'activité est déjà achevée ou a été interrompue, l'autorité administrative peut prononcer l'arrêt de l'activité de l'entreprise sur un autre site (c. trav. art. L. 8272-2).

Cette fermeture n'entraîne ni la rupture ou la suspension des contrats de travail, ni aucun préjudice pécuniaire pour les salariés (c. trav. art. L. 8272-3).

La procédure de fermeture provisoire est détaillée dans le code du travail (c. trav. art. R. 8272-7 à R. 8272-9).

Exclusion de certains contrats administratifs

1239 Lorsque le préfet a connaissance d'un procès-verbal relevant une infraction de travail dissimulé, il peut ordonner à l'encontre de l'auteur de l'infraction l'exclusion de certains contrats administratifs pour 6 mois maximum, si la proportion de salariés concernés le justifie et en fonction de la répétition ou de la gravité des faits constatés. Pour déterminer la durée de cette exclusion, le préfet tient compte de la nature, du nombre, de la durée de la ou des infractions relevées, du nombre de salariés concernés ainsi que de la situation économique, sociale et financière de la personne ayant commis l'infraction (c. trav. art. L. 8272-4, R. 8272-10 et R. 8272-11).

Sanctions pour non-respect des obligations du donneur d'ordre et du maître d'ouvrage

Dans le cadre de la lutte contre le travail dissimulé

▸ Sanctions pour non-respect de l'obligation de vigilance

1240 **Vérifier que le sous-traitant ne fait pas de travail dissimulé.** Pour les contrats d'un montant minimal de 5 000 € HT, le donneur d'ordre (ou le maître d'ouvrage) doit vérifier que son sous-traitant est en règle vis-à-vis des formalités obligatoires, notamment à l'égard de l'URSSAF (c. trav. art. L. 8222-1 ; c. séc. soc. art. L. 243-15) *(pour plus de détails, voir § 1180)*.

1241 **Solidarité financière.** Si le donneur d'ordre (ou le maître d'ouvrage) ne procède pas aux vérifications exigées ou s'il est condamné pour avoir recouru directement ou par personne interposée aux services de celui qui exerce un travail dissimulé, il est tenu, solidairement avec celui qui a fait l'objet d'un procès-verbal (PV) pour délit de travail dissimulé (c. trav. art. L. 8222-2) :
– au paiement des impôts, taxes et cotisations obligatoires ainsi que des pénalités et majorations dus au Trésor public et aux organismes de protection sociale ;
– au paiement des rémunérations, indemnités et charges dues au titre de l'emploi de travailleurs dissimulés ;
– le cas échéant, au remboursement des sommes correspondant au montant des aides publiques reçues (y compris les exonérations et réductions de cotisations dont a bénéficié le cocontractant et qui ont été annulées, *voir §§ 1229 et 1230*).

Les sommes dont le paiement est exigible sont déterminées à due proportion de la valeur des travaux réalisés, des services fournis, du bien vendu et de la rémunération en vigueur dans la profession (c. trav. art. L 8222-3).

Majoration spécifique au travail dissimulé. Le donneur d'ordre (ou le maître d'ouvrage) dont la solidarité financière est engagée peut bénéficier, comme son cocontractant verbalisé pour travail dissimulé, d'une réduction de 10 points du taux de la majoration spécifique « travail dissimulé » de 25 % si, dans les 30 jours à compter de la notification de la mise en demeure, il procède au règlement intégral des cotisations, pénalités et majorations de retard notifiées ou présente un plan d'échelonnement du paiement au directeur de l'URSSAF et que ce dernier l'accepte *(voir §§ 1226 et 1227)* (c. séc. soc. L. 243-7-7, II). Le projet de loi de lutte contre les fraudes fiscales et sociales, présenté en conseil des ministres le 14 octobre 2025 et toujours en cours d'examen au Parlement à l'heure où nous rédigions ces lignes, propose d'aller plus loin en prévoyant que le donneur d'ordre (ou le maître d'ouvrage) ne serait plus tenu solidairement au paiement de cette majoration spécifique si, au plus tard dans un délai qui serait fixé par décret, il procédait au règlement intégral des cotisations, pénalités et majorations de retard ou si, dans le même délai, il présentait un plan d'échelonnement du paiement accepté par le directeur de l'URSSAF. Cette mesure entrerait en vigueur à une date fixée par décret et, au plus tard, 6 mois après la publication de la loi (projet de loi, art. 22, II, 2°, b).

La mise en œuvre de la solidarité financière est nécessairement subordonnée à l'établissement d'un procès-verbal pour délit de travail dissimulé à l'encontre du cocontractant, sans quoi elle ne peut pas jouer (cass. civ., 2e ch., 26 novembre 2015, n° 14-23851, BC II n° 543). Elle n'est néanmoins pas subordonnée à la communication préalable au donneur d'ordre du PV établi à l'encontre de son sous-traitant. En revanche, l'URSSAF doit produire ce document devant les juridictions contentieuses si le donneur d'ordre en conteste l'existence ou le contenu (cass. civ., 2e ch., 8 avril 2021, n° 19-23728 FSPR ; cass. civ., 2e ch., 8 avril 2021, n° 20-11126 FSPR) *(voir aussi § 1150)*.

• **Contenu de la lettre d'observations.** La lettre d'observations *(voir §§ 571 et 1154)* adressée à une société donneuse d'ordre dont la solidarité financière est engagée à la suite d'un PV de travail dissimulé établi à l'égard d'un de ses sous-traitants doit préciser les sommes dues année par année et ne pas se contenter de mentionner le montant global des cotisations dues par le sous-traitant (cass. civ., 2e ch., 13 février 2020, n° 19-11645 FPBI).

• **Contestation de la solidarité financière.** Le donneur d'ordre peut invoquer, à l'appui de sa contestation de la solidarité financière, les irrégularités entachant le redressement opéré à l'encontre de son cocontractant du chef du travail dissimulé (cass. civ., 2e ch., 23 juin 2022, n° 20-22128 FB). En revanche, il ne peut pas opposer à l'URSSAF les irrégularités entachant la mise en demeure délivrée à son sous-traitant *(voir § 691)*, car cet acte ne participe pas au redressement du sous-traitant mais au recouvrement de sa dette (cass. civ., 2e ch., 5 juin 2025, n° 22-23817 FB).

1242 **Annulation des exonérations de cotisations.** Si le donneur d'ordre (ou le maître d'ouvrage) ne procède pas à l'une des vérifications requises, et que, au cours de la même période, le cocontractant a exercé un travail dissimulé (par dissimulation d'activité ou d'emploi salarié), l'URSSAF procède à l'annulation des réductions ou exonérations des cotisations ou contributions dont le donneur d'ordre a bénéficié lui-même au titre des rémunérations versées à ses salariés (c. séc. soc. art. L. 133-4-5, I).

L'annulation s'applique pour chacun des mois au cours desquels la situation de travail dissimulé est vérifiée, dans la limite de la prescription de 5 ans *(voir § 135)* (c. séc. soc. art. L. 133-4-5, I renvoyant à L. 133-4-2).

Le donneur d'ordre (ou maître d'ouvrage) bénéficie, si son concontractant y est éligible, du mécanisme de modulation de l'annulation des réductions et exonérations de cotisations (c. séc. soc. art. L. 133-4-5, I), qui permet de n'appliquer qu'une annulation partielle dans certains cas *(pour plus de détails, voir § 1230)*. La proportion des réductions et exonérations annulées est alors calculée selon les mêmes modalités que pour le cocontractant, mais en prenant en compte les rémunérations que le donneur d'ordre (ou le maître d'ouvrage) a versées à ses salariés (c. séc. soc. art. L. 133-4-5, I).

Dans tous les cas, le montant des exonérations et réductions de cotisations annulées est plafonné à hauteur du montant total mis à la charge du donneur d'ordre (ou du maître d'ouvrage) au titre de la solidarité financière à l'égard du sous-traitant (c. séc. soc. art. L. 133-4-5, II).

Toutefois, si le donneur d'ordre (ou le maître d'ouvrage) n'a fait l'objet d'aucune annulation d'exonérations dans les 5 ans qui précèdent le manquement à son obligation de vigilance, ce plafond est réduit à 15 000 € pour une personne physique et à 75 000 € pour une personne morale. Il ne peut en outre pas dépasser, s'il s'avère inférieur, le montant mis à sa charge au titre de la solidarité financière à l'égard du sous-traitant

→ **À NOTER** *En pratique, lorsque le redressement consécutif à l'annulation des réductions ou exonérations de cotisations ne résulte pas d'un contrôle URSSAF « classique » engagé sur le fondement de l'article L. 243-7 du code de la sécurité sociale, le directeur de l'URSSAF adresse au donneur d'ordre (ou au maître d'ouvrage) un document qui rappelle les références du procès-verbal de travail dissimulé établi à l'encontre du sous-traitant, précise le manquement constaté, la période sur laquelle il porte et le montant de la sanction envisagée. Ce document informe également la personne en cause qu'elle dispose d'un délai de 30 jours pour présenter à l'URSSAF ses observations par tout moyen permettant de rapporter la preuve de leur date de réception et qu'elle a la faculté de se faire assister par une personne ou un conseil de son choix* (c. séc. soc. art. R. 133-8-1).

▸ Sanctions pour non-respect de l'obligation d'injonction

1243 **Demander au sous-traitant de régulariser sa situation.** Tout donneur d'ordre (ou maître d'ouvrage) qui a été informé par écrit, par un agent de contrôle ou par un syndicat ou une association professionnels, ou par une institution représentative du personnel, de l'intervention du cocontractant, d'un sous-traitant ou d'un subdélégataire en situation irrégulière (dissimulation d'activité ou d'emploi salarié) doit aussitôt enjoindre à son cocontractant, par LRAR, de régulariser sans délai sa situation (c. trav. art. L. 8222-5) *(pour plus de détails, voir § 1188)*.

1244 **Solidarité financière.** À défaut de procéder à cette injonction, le donneur d'ordre ou le maître d'ouvrage est tenu solidairement avec son cocontractant (c. trav. art. L. 8222-5) :

– au paiement des impôts, taxes et cotisations obligatoires ainsi que des pénalités et majorations dus au Trésor public et aux organismes de protection sociale ;

– au paiement des rémunérations, indemnités et charges dues au titre de l'emploi de travailleurs dissimulés ;

– le cas échéant, au remboursement des sommes correspondant au montant des aides publiques reçues.

Les sommes dont le paiement est exigible sont déterminées à due proportion de la valeur des travaux réalisés, des services fournis, du bien vendu et de la rémunération en vigueur dans la profession (c. trav. art. L. 8222-3).

1245 **Annulation des exonérations de cotisations.** En cas de non-respect de l'obligation d'injonction, l'organisme de recouvrement procède aussi à l'annulation des réductions ou exonérations des cotisations ou contributions dont le donneur d'ordre ou le maître d'ouvrage a bénéficié au titre des rémunérations versées à ses salariés (c. séc. soc. art. L. 133-4-5).

Cette annulation est opérée selon les mêmes modalités qu'en cas de non-respect de l'obligation de vigilance *(voir § 1242)*.

Dans le cadre de la lutte contre les détachements abusifs

▸ Sanction en cas de non-respect de l'obligation de vigilance

1246 **Vérifier que le prestataire étranger est en règle.** Le donneur d'ordre (ou le maître d'ouvrage) qui contracte avec un prestataire de services établi à l'étranger et détachant des salariés en France, doit vérifier auprès de ce dernier, avant le détachement, qu'il a effectivement effectué une déclaration préalable au détachement (c. trav. art. L. 1262-4-1, I et III). Cette vérification doit aussi être faite, le cas échéant, auprès des sous-traitants directs ou indirects du prestataire étranger ou des entreprises de travail temporaire avec lesquelles il a traité (c. trav. art. L. 1262-4-1, II) *(pour plus de détails, voir § 1189)*.

→ **À NOTER** *L'obligation de vigilance emporte également, pour le donneur d'ordre ou le maître d'ouvrage, l'obligation de vérifier si son cocontractant étranger a payé les amendes administratives qui lui ont été notifiées (voir § 1190). Aucune sanction n'est expressément prévue à l'encontre du donneur d'ordre dans le cas où cette vérification n'est pas effectuée. Toutefois, une procédure d'interdiction de la prestation de services peut être engagée, avant même qu'elle n'ait commencé, lorsque l'employeur établi à l'étranger n'a pas payé les amendes administratives qui lui ont été notifiées* (c. trav. art. L. 1263-4-2) *(voir encadré § 1248)*.

1247 **Amende administrative.** Si le prestataire étranger, l'un de ses sous-traitants ou l'entreprise d'intérim à laquelle il a fait appel n'a pas effectué de déclaration préalable au détachement, le donneur d'ordre (ou le maître d'ouvrage) qui n'a pas vérifié si cette formalité avait bien été accomplie est passible d'une amende administrative pouvant aller jusqu'à 4 000 € par salarié détaché (8 000 € en cas de réitération dans un délai de 2 ans), dans la limite d'un montant total de 500 000 € (c. trav. art. L. 1264-2 et L. 1264-3).

Le montant de l'amende est fixé en prenant en compte les circonstances et la gravité du manquement, le comportement de son auteur ainsi que ses ressources et ses charges.

1248 **INTERDICTION A PRIORI DE LA PRESTATION DE SERVICES**

Une procédure d'interdiction de la prestation de services peut être engagée, avant même qu'elle n'ait commencé, lorsque l'agent de contrôle de l'inspection du travail constate, le cas échéant à l'occasion de la réception de la déclaration préalable de détachement *(voir § 1189)*, le non-paiement par le prestataire établi à l'étranger des amendes administratives qui lui ont été notifiées *(voir § 1190)* (c. trav. art. L. 1263-4-2).

Les modalités de mise en œuvre de cette procédure sont les suivantes (c. trav. art. L. 1263-4-2 et R. 1263-11-3-1) :
- l'agent de contrôle transmet un rapport au directeur régional de l'économie, de l'emploi, du travail et des solidarités (DREETS) ;
- le DREETS enjoint à l'employeur établi à l'étranger de payer immédiatement les sommes dues et de présenter ses observations dans un délai de 3 jours (ce délai peut être réduit dans certaines circonstances exceptionnelles) ;
- à l'expiration de ce délai et au vu des observations éventuelles de l'intéressé, le DREETS peut ordonner, par une décision motivée, l'interdiction de la prestation de services pour une durée de 2 mois renouvelable.

La prestation ne peut pas débuter tant que l'employeur établi à l'étranger ne s'est pas acquitté des sommes dues.

La décision d'interdire la prestation n'entraîne ni rupture, ni suspension du contrat de travail, ni aucun préjudice pécuniaire pour les salariés concernés (c. trav. art. L. 1263-5). Ainsi, l'employeur demeure redevable du salaire alors qu'aucune prestation de travail n'est exécutée.

Le non-respect de la décision de suspension de la prestation de services expose l'employeur établi à l'étranger à une amende administrative pouvant aller jusqu'à 10 000 € par salarié concerne par le manquement. Le montant de l'amende est fixé en prenant en compte les circonstances et la gravité du manquement, le comportement de son auteur ainsi que ses ressources et ses charges (c. trav. art. L. 1263-6).

▸ Sanctions pour défaut de déclaration subsidiaire de détachement

1249 **Faire une déclaration subsidiaire de détachement.** S'il ne s'est pas fait remettre la déclaration préalable de détachement par son prestataire, le donneur d'ordre (ou le maître d'ouvrage) doit adresser, dans les 48 h suivant le début du détachement, une déclaration subsidiaire de détachement à l'inspection du travail (c. trav. art. L. 1262-4-1) *(voir § 1195)*.

1250 **Amende administrative.** Lorsque le prestataire de services n'a pas déclaré le détachement de ses salariés, le donneur d'ordre (ou le maître d'ouvrage) qui n'effectue pas la déclaration subsidiaire de détachement est passible d'une amende administrative pouvant aller jusqu'à 4 000 € par salarié détaché (jusqu'à 8 000 € en cas de réitération dans un délai de 2 ans), dans la limite d'un montant total de 500 000 € (c. trav. art. L. 1264-2 et L. 1264-3).

1251 **Suspension de la prestation de services.** En l'absence de déclaration subsidiaire de détachement, l'inspection du travail peut aussi saisir d'un rapport motivé l'autorité administrative compétente qui peut ordonner, au regard de la gravité du manquement, par décision motivée, la suspension de la réalisation de la prestation de services, pour une durée ne pouvant excéder 1 mois (c. trav. art. L. 1263-4-1, R. 1263-11-2 et R. 1263-11-3).

→ **À NOTER** *Le non-respect de la décision de suspension expose le prestataire étranger à une amende administrative pouvant aller jusqu'à 10 000 € par salarié concerné par le manquement. Le montant de l'amende est fixé en prenant en compte les circonstances et la gravité du manquement, le comportement de son auteur ainsi que ses ressources et ses charges* (c. trav. art. L. 1263-6).

La décision de suspendre la prestation n'entraîne ni rupture, ni suspension du contrat de travail, ni aucun préjudice pécuniaire pour les salariés concernés (c. trav. art. L. 1263-5). Ainsi, l'employeur demeure redevable du salaire alors qu'aucune prestation de travail n'est exécutée.

Il est mis fin à la suspension dès la réception par l'inspection du travail de la déclaration de détachement transmise par l'employeur établi à l'étranger, le donneur d'ordre ou le maître d'ouvrage (c. trav. art. L. 1263-4-1).

Droits des salariés dissimulés

Indemnité forfaitaire de rupture

1252 **Six mois de salaire.** Le salarié qui a travaillé sans être déclaré a droit, en cas de rupture de la relation de travail, à une indemnité forfaitaire égale à 6 mois de salaire (c. trav. art. L. 8223-1 ; cass. soc. 26 novembre 2015 n° 14-17976 D).

Cette indemnisation est due quel que soit le mode de rupture du contrat de travail, comme par exemple en cas de rupture d'un commun accord (cass. soc. 12 octobre 2004, n° 02-44666, BC V n° 250), de l'arrivée du terme du contrat d'apprentissage (cass. soc. 7 novembre 2006, n° 05-40197, BC V n° 328) ou encore de démission (cass. soc. 19 juin 2013, n° 12-15957 D).

L'indemnité se calcule en tenant compte des heures supplémentaires effectuées par le salarié sur les 6 mois qui précèdent la rupture du contrat de travail (cass. soc. 10 juin 2003, n° 01-40779, BC V n° 190 ; cass. soc. 5 mai 2011, n° 10-11967 D).

En cas de transfert automatique du contrat de travail à un nouvel employeur à la suite d'une cession de fonds de commerce, l'indemnité doit être payée, si elle est due, par le seul employeur qui a prononcé le licenciement (c. trav. art. L. 1224-1 ; cass. soc. 11 mai 2016, n° 14-17496, BC V n° 100).

1253 **Régime social.** Cette indemnité de rupture n'a pas la nature de salaire, mais a un caractère indemnitaire : elle n'est donc pas soumise aux cotisations de sécurité sociale (cass. soc. 20 février 2008, n° 06-44964, BC V n° 42).

1254 **Cumul avec d'autres indemnités de rupture.** L'indemnité forfaitaire se cumule avec toutes les indemnités de rupture du contrat de travail, à savoir notamment :
– l'indemnité de licenciement, légale ou conventionnelle (cass. soc. 6 février 2013, n° 11-23738, BC V n° 31 ; cass. soc. 11 mai 2016, n° 10-30325 D) ;
– les dommages et intérêts pour licenciement sans cause réelle et sérieuse (cass. soc. 12 janvier 2006, n° 03-46800, BC V n° 13), y compris lorsqu'ils sont versés après que le salarié a pris acte de la rupture de son contrat (cass. soc. 18 février 2015, n° 11-10892 D) ;
– l'indemnité pour irrégularité de la procédure de licenciement (cass. soc. 12 janvier 2006, n° 0443105, BC V n° 13) ;
– les dommages et intérêts pour violation de l'ordre des licenciements (cass. soc. 12 janvier 2006, n° 04-41769, BC V n° 13) ;

– l'indemnité compensatrice de préavis et l'indemnité compensatrice de congés payés (cass. soc. 12 janvier 2006, n°s 04-40991 et 04-42190, BC V n° 13) ;
– l'indemnité de mise à la retraite (cass. soc. 15 mai 2013, n° 11-22396, BC V n° 123).

Réparation du préjudice

1255 L'employeur peut également être tenu d'indemniser le salarié afin de réparer le préjudice que l'inexécution fautive de ses obligations lui a causé. Il peut, par exemple, s'agir d'indemniser le préjudice causé par le défaut de déclaration qui aurait notamment eu des conséquences sur les droits du salarié à l'allocation de chômage et aux indemnités journalières de sécurité sociale (cass. soc. 14 avril 2010, n° 08-43124, BC V n° 101).

Travail dissimulé avec un étranger non autorisé à travailler

1256 Lorsqu'un salarié étranger non autorisé à travailler en France est employé dans le cadre du travail dissimulé, l'employeur lui doit (c. trav. art. L. 8252-2 ; cass. soc. 14 février 2018, n° 16-22335, BC V n° 28 ; cass. soc.18 mars 2020, n° 18-24982 FPB) :
– soit l'indemnité forfaitaire spécifique de travail dissimulé de 6 mois de salaire *(voir § 1252)* ;
– soit, si elles sont plus favorables, les indemnisations au titre de l'emploi sans titre de travail (ex. : rémunérations conventionnelles et contractuelles applicables à son emploi, sous déduction des sommes déjà perçues au titre de la période considérée ; indemnité forfaitaire égale à 3 mois de salaire ; indemnisation supplémentaire en cas de préjudice distinct).

Droits sociaux des salariés

1257 Lorsqu'un redressement de cotisations sociales a une incidence sur les droits des salariés au titre de l'assurance vieillesse (retraite de base), les URSSAF transmettent les informations nécessaires aux caisses d'assurance retraite et de la santé au travail (CARSAT), afin que ces dernières procèdent à la rectification des droits des salariés concernés (c. séc. soc. art. L. 242-1-3) *(voir aussi encadré § 975)*.

Si les cotisations de sécurité sociale dues au titre du redressement n'ont pas pu être assises sur la rémunération exacte du salarié dissimulé, faute de connaître, en particulier, sa durée d'emploi, elles sont calculées sur la base d'une rémunération forfaitaire (c. séc. soc. art. L. 242-1-2) *(voir § 1224)*. Dans ce cas, les droits sociaux du salarié sont déterminés selon des modalités spécifiques.

Ainsi, pour les droits à l'assurance vieillesse (conditions d'ouverture des droits et calcul de la pension de retraite de base du régime général), il est tenu compte des cotisations versées au titre du redressement pour leur fraction correspondant à une assiette égale à 2 fois le SMIC mensuel (base 151,67 heures) (c. séc. soc. art. R. 351-11, I).

Quant aux conditions d'ouverture des droits aux prestations maladie-maternité, à pension d'invalidité et aux indemnités journalières « accidents du travail », elles sont fixées sur la base d'une fois le SMIC mensuel (calculé sur la base de 151,67 heures) en vigueur au moment du constat du délit de travail dissimulé (c. séc. soc. art. R. 313-3-1 et R. 433-4-1).

→ **À NOTER** *La disposition qui prévoyait que, en cas de travail dissimulé révélant une situation de collusion entre l'employeur et son salarié, la rectification des droits sociaux ne pouvait intervenir qu'à compter du paiement du redressement a été supprimée au 1er janvier 2024* (loi 2023-1250 du 26 décembre 2023, art. 13, I, 7°, JO du 27 ; c. séc. soc. art. L. 242-1-3, al. 2 supprimé).

Annexes

Mise en garde

Toute réutilisation des informations publiques est soumise à la condition que ces dernières ne soient pas altérées, que leur sens ne soit pas dénaturé, que leurs sources et la date de leur dernière mise à jour soient indiquées, et que la mention suivante figure « ces informations sont disponibles gratuitement sur le site urssaf.fr »

Urssaf

Au service de notre protection sociale

LA CHARTE
du cotisant contrôlé

Édition 2024

Cette
charte résume
les dispositions les plus
couramment mises en œuvre
en matière de contrôle par les
organismes de recouvrement [1].
Elle est commune aux contrôles
des cotisations et contributions
opérés dans le régime général
et dans le régime
agricole.

Préambule

Cette « Charte du cotisant contrôlé » vous informe sur vos droits et obligations lors du contrôle.

Elle présente, de façon synthétique, les modalités de déroulement d'un contrôle ainsi que les droits et les garanties dont vous bénéficiez tout au long de cette procédure.

Ce document s'appuie sur les textes en vigueur à la date de sa publication au Journal officiel sans préjudice des textes qui lui seraient postérieurs. Il est opposable aux organismes de recouvrement effectuant le contrôle.

La protection sociale repose sur le principe de solidarité qui permet à chacun d'être protégé face aux aléas de la vie. Les prestations versées en cas de maladie ou de perte d'emploi, les allocations familiales, les indemnités d'accidents du travail et les retraites sont ainsi prises en charge par la collectivité pour le bénéfice de chacun.

Ces prestations sont financées par les cotisations et contributions sociales collectées. Chaque année, le montant total de ces cotisations et de ces contributions recueillies auprès des cotisants est supérieur au budget de l'Etat.

Les opérations de contrôle présentent donc un caractère nécessaire, en vue d'assurer la juste contribution au financement de la protection sociale et la plénitude des droits sociaux.

sommaire

Vous relevez du Régime général :

Chef d'entreprise, travailleur indépendant, micro-entrepreneur[2], particulier employeur, membre d'une profession libérale, utilisateurs des offres de services (TESE, CEA, ...), employeur de droit public, vous déclarez et payez vos cotisations et contributions de sécurité sociale et d'assurance chômage auprès de l'Urssaf, du service CESU ou du service Pajemploi.

Vous relevez du Régime agricole :

Travailleur non-salarié agricole ou employeur de main-d'œuvre agricole (particulier employeur, le cas échéant), vous êtes redevable du paiement de cotisations et contributions de sécurité sociale et d'assurance chômage auprès des caisses de mutualité sociale agricole (MSA).

Les Urssaf contrôlent l'application de la législation de sécurité sociale.

Elles assurent également le contrôle de l'application des règles relatives aux contributions et cotisations destinées au financement des régimes d'assurance chômage et de garantie des salaires dont vous êtes redevable dès lors que vous êtes employeur de droit privé (personne morale ou personne physique dont particulier employeur) ou de droit public ayant adhéré au régime d'assurance chômage.

Les contrôles peuvent également porter sur des cotisations, contributions ou taxes recouvrées par ou pour d'autres organismes sociaux (Exemple : Fnal). De même, les caisses de la MSA contrôlent l'application de la législation, dans les mêmes domaines, pour les cotisations et contributions qu'elles recouvrent.

Le contrôle

Pourquoi un contrôle ?

Les ressources destinées à financer les prestations sociales (en cas de maladie, de maternité, de paternité, d'accident du travail ou de perte d'emploi, pour couvrir les charges de famille et de retraite) sont calculées et payées par vos soins. Dans ce cadre, vous transmettez une déclaration aux organismes chargés du recouvrement.

Ce système déclaratif implique, en contrepartie, un contrôle du respect des législations de sécurité sociale et d'assurance chômage et de l'exactitude des montants déclarés.

Le contrôle réalisé a vocation à veiller notamment à l'exactitude des déclarations, garantie d'un jeu loyal de la concurrence, et au respect des droits des salariés. Il constitue également un moment utile pour vous accompagner dans votre pratique déclarative et prévenir les difficultés rencontrées dans l'application des textes.

Qui peut être contrôlé ?

Quels que soient votre activité et votre effectif, vous pouvez être contrôlé si vous êtes :

- employeur, personne morale ou physique, privée ou publique à titre professionnel ou en tant que particulier-employeur ;
- travailleur indépendant ;
- chef d'exploitation ou d'entreprise agricole ou cotisant solidaire ;
- une personne versant des cotisations ou contributions auprès des organismes chargés du recouvrement des cotisations et contributions du régime général ou du régime agricole ;
- redevable de contributions spécifiques recouvrées ou contrôlées par les organismes de recouvrement.

Sous certaines conditions, vous pouvez également, faire l'objet d'un contrôle même si vous n'êtes pas inscrit en qualité d'employeur auprès de ces organismes.

Quel type de contrôle ?

Deux types de contrôles sont possibles :

- le contrôle sur place qui se déroule en partie dans les locaux de votre entreprise ;
- le contrôle sur pièces qui se déroule exclusivement dans les locaux de l'organisme de recouvrement.

Ces deux types de contrôles offrent les mêmes garanties à la personne contrôlée pour faire valoir ses droits.

6 (sommaire)

Comment êtes-vous informé du contrôle ?

Un contrôle peut intervenir à tout moment de la vie de l'employeur ou de l'activité professionnelle du travailleur indépendant. Vous pouvez également être à l'initiative de ce contrôle lorsque vous avez exercé votre droit au contrôle à la demande.

L'organisme du recouvrement est tenu de vous communiquer préalablement un avis de contrôle, par tout moyen permettant de rapporter la preuve de la date de sa réception. Ce document vous est transmis au minimum 30 jours avant la date du début effectif des opérations de contrôle (date de première visite ou date de début des opérations de vérifications). Cet avis mentionne une liste de documents et d'informations nécessaires aux opérations de contrôle. D'autres documents pourront vous être demandés durant le contrôle.

Lorsque la personne contrôlée est une personne morale, l'avis de contrôle est adressé à l'attention de son représentant légal et envoyé à l'adresse du siège social de l'entreprise ou, le cas échéant, à celle de son établissement principal, telles que ces informations ont été préalablement déclarées à l'organisme de recouvrement.

Lorsque la personne contrôlée est une personne physique, l'avis de contrôle est adressé à son domicile ou, à défaut, à son adresse professionnelle, telles que ces informations ont été préalablement déclarées à l'organisme de recouvrement.

Sauf précision contraire, cet avis vaut pour l'ensemble de vos établissements[3]. Le cas échéant, cet avis de contrôle concerne également les obligations sociales pour lesquelles l'organisme du recouvrement a compétence ou délégation en matière de contrôle (ex. CNIEG ou Guso).

L'envoi de cet avis préalable ne s'applique pas aux opérations de lutte contre le travail dissimulé.

L'avis mentionne l'adresse électronique à laquelle vous pouvez consulter et télécharger la présente charte. Sur votre demande, ce document peut vous être adressé. Il précise également que vous pouvez vous faire assister par un conseil de votre choix.

Dès que vous recevez l'avis de contrôle, vous ne pouvez plus interroger votre organisme du recouvrement dans le cadre de la procédure de rescrit social[4].

Vous êtes tenu de recevoir les agents chargés du contrôle, les obstacles aux opérations de contrôle étant passibles de pénalités financières.

(3) L'établissement est une unité de production géographiquement individualisée, mais juridiquement dépendante de l'entreprise. Chaque établissement possède un numéro Siret propre partageant les mêmes neuf premiers chiffres du numéro Siren de l'entreprise.

(4) Pour en savoir plus sur le rescrit social, consulter www.urssaf.fr ou www.msa.fr

Combien de temps dure le contrôle ?

Le contrôle commence à la date du début effectif des opérations de contrôle, c'est-à-dire lors de la première visite de l'agent chargé du contrôle en cas de contrôle sur place ou à la date de début des opérations de vérifications en cas de contrôle sur pièces. A l'issue d'une première phase d'investigations et d'échanges, l'agent chargé du contrôle propose un entretien pour préparer les conclusions du contrôle. Celui-ci prend fin à la réception de la lettre d'observations qui clôt les opérations de contrôle.

La durée totale de ces différentes étapes est donc variable selon la situation de l'entreprise et l'objet des contrôles. À titre indicatif, elle est au minimum de 1 à 2 mois.

Cependant, les contrôles portant sur des entreprises de moins de 20 salariés, les travailleurs indépendants et les travailleurs non-salariés agricoles ne peuvent s'étendre sur une durée totale supérieure à 3 mois, allant de la date du début effectif du contrôle à la date d'envoi de la lettre d'observations. Cette période peut être prorogée une fois à la demande expresse de la personne contrôlée ou de l'organisme de recouvrement.

Cette limitation de la durée du contrôle n'est pas applicable lorsqu'est établi(e) au cours de cette période :

→ **une situation de travail dissimulé,**

→ **une situation d'obstacle à contrôle,**

→ **une situation d'abus de droit,**

→ **en cas de constat d'une comptabilité insuffisante ou d'une documentation soit inexploitable, soit transmise ou remise plus de 15 jours après la réception de la demande faite par l'agent chargé du contrôle,**

→ **le report à votre demande, d'une visite de l'agent chargé du contrôle.**

Elle n'est pas non plus appliquée lorsque la personne contrôlée appartient à un groupe dont l'effectif est égal ou supérieur à vingt salariés.

Si le contrôle n'a pu aboutir dans le délai imparti, vous serez informé par courrier des manquements éventuellement constatés.

Qui est présent lors du contrôle ?

Le contrôle est une occasion d'échanges et de dialogue, c'est pourquoi votre présence est importante et souhaitée au moins en début et en fin de contrôle.

Vous avez la possibilité de vous faire assister d'un conseil de votre choix qui vous aidera lors du contrôle ou vous représentera auprès de l'agent chargé du contrôle, si vous le mandatez à cet effet. Au besoin, il vous revient de désigner, en amont ou dès le démarrage du contrôle, des interlocuteurs (salariés de l'entreprise ou personnes mandatées) qui seront en capacité de transmettre les données utiles à l'agent chargé du contrôle pour l'exercice de ses missions.

8 (sommaire)

Qui contrôle ?

Un ou plusieurs agents chargés du contrôle, placés sous l'autorité du directeur de l'organisme de recouvrement, réalisent le contrôle. Ils peuvent être accompagnés par un agent stagiaire ou par toute autre personne placée sous leur responsabilité qui assiste au contrôle en tant qu'observateur.

Les agents chargés du contrôle sont agréés et assermentés. Cet agrément les habilite à conduire leurs investigations, obtenir les documents et informations et procéder aux auditions utiles à leur contrôle, dans le respect des règles de déontologie se rapportant à l'exercice de la profession.

La prestation de serment opérée devant le tribunal judiciaire de ne rien révéler des secrets de fabrication comme des résultats d'exploitation dont ils peuvent prendre connaissance dans l'exercice de leur mission, offre par ailleurs toutes garanties utiles à la personne contrôlée au plan du respect du secret professionnel.

Les agents chargés du contrôle sont par ailleurs détenteurs d'une carte professionnelle, attestant de leur qualité. Vous pouvez solliciter la présentation de cette carte lors du contrôle sur place.

Dans le cadre de la convention générale de réciprocité entre organismes du recouvrement, les agents chargés du contrôle peuvent être amenés à conduire le contrôle d'entreprises ne relevant pas directement de leur organisme d'appartenance.

Sur quelles périodes porte le contrôle ?

Le contrôle permet de vérifier la bonne application des législations relatives aux cotisations, et contributions obligatoires recouvrées par les organismes du recouvrement et de s'assurer de l'exactitude des déclarations. Il porte sur les cotisations et contributions non prescrites.

Les cotisations et contributions sociales se prescrivent par trois ans à compter de l'expiration de l'année civile au titre de laquelle elles sont dues, pour tous les employeurs et pour les cotisants non-salariés agricoles. Pour les cotisations et contributions sociales dont sont redevables les travailleurs indépendants (non agricoles), cette durée s'apprécie à compter du 30 juin de l'année qui suit l'année au titre de laquelle elles sont dues.

À titre d'exemple, un contrôle réalisé en 2024 porte sur les cotisations et contributions dues au titre des rémunérations des années 2021, 2022 et 2023 pour les entreprises qui emploient des salariés ou pour les cotisants non-salariés agricoles. Pour les travailleurs indépendants (non agricoles) si le contrôle est réalisé avant le 30 juin 2024, il porte sur les exercices 2022, 2021 et 2020, s'il est réalisé après le 30 juin il porte alors sur les exercices 2023, 2022 et 2021.

En cas de constatation d'une infraction de travail illégal, ce délai de prescription est de cinq ans.

Le contrôle sur place

Où se déroule le contrôle ?

Les opérations de contrôle se déroulent principalement dans les locaux de votre entreprise ou sur les lieux de votre activité professionnelle. Toutefois les agents chargés du contrôle peuvent être conduits à réaliser certaines vérifications et opérations de contrôle au sein de l'organisme dont ils relèvent.

L'agent chargé du contrôle pourra vous proposer que la vérification se déroule chez votre tiers-déclarant (expert-comptable par exemple). Vous avez également la possibilité d'en faire la proposition.

Comment se déroule le contrôle ?

Le contrôle repose, avant tout, sur un dialogue entre vous ou votre représentant et l'agent chargé du contrôle. Cette démarche concourt à la prise en compte de l'ensemble des informations nécessaires à la vérification.

Vous devez mettre à disposition des agents chargés du contrôle tout document et permettre l'accès à tout support d'information qui vous est demandé comme nécessaire à la réalisation du contrôle.

À titre d'exemple, sont susceptibles de vous être demandés les documents suivants :

- **sociaux : dossiers du personnel, contrats de travail, tout document ou support permettant de reconstituer les éléments de paie intégrés dans la déclaration sociale nominative...**
- **comptables : bilans, grands livres comptables, balances comptables, fichier des écritures comptables...**
- **fiscaux : liasses fiscales, avis d'imposition...**
- **juridiques : statuts des sociétés, procès-verbaux d'assemblée générale, transactions, jugements de conseils de prud'hommes...**
- **factures des sous-traitants et honoraires, ou factures émises par un travailleur indépendant (ou un cotisant non salarié agricole) justifiant de son chiffre d'affaires ou de ses recettes, justificatifs de frais professionnels (notes de restaurant, certificat d'immatriculation des véhicules, ...).**

Cette liste est indicative, l'agent chargé du contrôle adaptant les modalités de sa vérification et ses demandes à l'organisation et au système d'information de votre entreprise. Il peut donc être amené à vous demander tout document et tout support d'information supplémentaires. Les copies de ces éléments, y compris lorsqu'il s'agit de fichiers dématérialisés, peuvent être analysées en dehors de vos locaux afin d'en faciliter l'exploitation et de réduire le temps de présence de l'agent chargé du contrôle dans votre établissement. Avec votre accord exprès, les documents originaux peuvent également être exploités à l'extérieur de vos locaux.

L'agent chargé du contrôle peut vous demander de présenter ces documents selon un classement nécessaire au contrôle dont il vous aura préalablement informé.

A noter que l'analyse de l'agent chargé du contrôle porte sur les éléments déclarés à la date d'envoi de l'avis de contrôle. Si, après la réception de cet avis, vous modifiez vos déclarations sociales portant sur la période contrôlée, il vous appartient d'en avertir l'agent chargé du contrôle au regard de l'impact de ces modifications sur le redressement envisagé et le cas échéant sur le montant des majorations et des pénalités applicables.

Afin de limiter le nombre de documents et de données à fournir, l'agent chargé du contrôle peut demander des données ou documents partiels (sur une partie des salariés, des thèmes de contrôle ou de la période contrôlée, par exemple) afin d'organiser ses investigations. Il pourra ensuite, au vu des résultats de ces premières vérifications, compléter ses demandes initiales, ou proposer de recourir à une méthode de vérification particulière telle que celle de l'échantillonnage et de l'extrapolation (voir infra les précisions sur cette méthode), ou encore mettre un terme à ses investigations sur cette thématique.

Par ailleurs, l'agent chargé du contrôle peut interroger les personnes rémunérées par l'entreprise, notamment pour connaître leur nom et adresse ainsi que la nature des activités exercées, le montant des rémunérations et des avantages en nature accordés en contrepartie de ces activités.

À l'issue de ses investigations, lorsque des observations avec ou sans redressement sont envisagées et hors constat de travail dissimulé ou d'obstacle à contrôle, l'agent chargé du contrôle doit, avant l'envoi de la lettre d'observations, vous proposer (ou à votre représentant) un entretien afin de vous présenter le résultat de ses analyses et les suites éventuelles qu'il s'apprête à donner.

Les investigations sur support dématérialisé

Lorsque les documents et les données nécessaires à l'agent chargé du contrôle sont dématérialisés, les opérations de contrôle peuvent être réalisées par la mise en œuvre de traitements automatisés sur son matériel professionnel. L'agent chargé du contrôle vous en informe.

Dans ce cadre, vous devez mettre à sa disposition les copies numériques des documents, des données et des traitements nécessaires à l'exercice du contrôle. Ces copies, sous forme de fichiers, doivent être faites au format informatique demandé par l'agent chargé du contrôle.

En cas de refus écrit dans le délai de 15 jours à compter de l'information mentionnée ci-dessus ou d'impossibilité avérée de mise en œuvre d'un traitement automatisé sur le matériel de l'agent, vous devrez alors :

→ 1° soit réaliser vous-même les traitements sur votre propre matériel puis produire les résultats au format et dans les délais indiqués par l'agent en charge du contrôle ;

→ 2° soit autoriser l'agent chargé du contrôle à procéder lui-même (ou par l'intermédiaire d'un utilisateur que vous aurez désigné), sur votre matériel, aux opérations de contrôle par la mise en place de traitements automatisés.

> Dans le cadre des contrôles de lutte contre le travail dissimulé, l'agent chargé du contrôle n'est pas tenu de vous informer et vous ne pouvez pas vous opposer à la mise en œuvre des traitements informatisés directement sur son matériel professionnel. Lorsqu'il ne lui est pas possible de mettre en œuvre un traitement automatisé sur son matériel professionnel, il procède lui-même ou par l'intermédiaire d'un utilisateur habilité, sur votre matériel, aux traitements des données dématérialisées nécessaires au contrôle.

Les copies fournies des fichiers transmis seront détruites par la suite, au plus tard lors de l'envoi de la mise en demeure ou lors de la notification de l'absence de redressement.

sommaire 11

Les méthodes d'échantillonnage et extrapolation

Afin de réduire la durée du contrôle dans votre entreprise et d'alléger les contraintes liées à la fourniture de très nombreuses pièces justificatives, l'agent chargé du contrôle peut vous proposer d'utiliser des méthodes de vérification par échantillonnage et extrapolation.

Si l'agent chargé du contrôle envisage d'utiliser ces méthodes, il doit vous indiquer, au moins 15 jours avant leur mise en œuvre, l'adresse électronique[5] à laquelle sont consultables le document vous indiquant les différentes phases de la mise en œuvre de ces méthodes, les formules statistiques utilisées pour leur application ainsi que l'arrêté ministériel les définissant.

Pendant ce délai, vous avez la possibilité de vous opposer à l'utilisation de cette méthode par échantillonnage et extrapolation et de demander la vérification de l'ensemble des pièces.

Dans ce cas, votre refus doit être écrit et, dès lors l'agent chargé du contrôle vous demandera de mettre à sa disposition l'ensemble des pièces nécessaires à sa vérification, selon des critères et en un lieu qu'il aura lui-même définis. Ce lieu pourra se situer en dehors des locaux de votre entreprise avec votre accord.

Vous disposez alors d'un délai de 15 jours pour faire valoir vos observations sur ces propositions. A l'issue de ce délai, l'agent chargé du contrôle vous notifie le lieu et les critères définitivement retenus. L'ensemble des pièces demandées doit être mis à disposition dans un délai ne pouvant excéder 60 jours.

Si vous ne répondez pas à ces obligations, votre opposition à l'utilisation des méthodes de vérification par échantillonnage et extrapolation ne pourra être prise en compte.

Dans le cadre du débat oral et contradictoire qui accompagne la mise en œuvre de ces techniques en vue d'une régularisation, vous êtes associé aux différentes phases de la procédure notamment pour la détermination de la population constituant la base de sondage, le tirage des échantillons et les résultats des vérifications opérées sur chaque individu de l'échantillon. Vous pouvez à tout moment présenter vos observations à l'agent chargé du contrôle. Vos désaccords exprimés par écrit feront l'objet d'une réponse écrite de l'agent chargé du contrôle.

La présence ou l'absence d'anomalie relevée sur l'échantillon vérifié vaut pour l'ensemble de l'effectif d'où est tiré l'échantillon.

Dans le cadre particulier d'un chiffrage déterminé au moyen des techniques d'échantillonnage et d'extrapolation, vous pouvez procéder vous-même au calcul des régularisations pour la totalité des salariés concernés par chacune des anomalies constatées sur chaque échantillon utilisé. Vous devez alors informer l'organisme de recouvrement de votre décision par tout moyen donnant une date certaine à sa réception.

Les régularisations doivent s'appliquer à l'ensemble des individus statistiques (unités d'observations) constituant la population (univers de référence) dont est issu l'échantillon examiné. Vous disposez alors d'un délai de 30 jours à réception de votre courrier par l'organisme de recouvrement pour produire vos calculs ainsi que les éléments permettant de justifier de leur réalité et de leur exactitude.

Cette proposition de régularisation, établie par vos soins, est également susceptible d'être contrôlée par l'agent chargé du contrôle, notamment en procédant à l'examen d'un nouvel échantillon.

(5) www.urssaf.fr ou www.msa.fr

12 sommaire

Le contrôle sur pièces

Où se déroule le contrôle ?

La procédure de contrôle sur pièces se déroule dans les locaux de l'organisme de recouvrement et peut être engagée à l'égard des employeurs et travailleurs indépendants (ou cotisants non-salariés agricoles) occupant moins de onze salariés.

Par quel moyen communiquer les documents nécessaires au contrôle ?

L'avis de contrôle mentionne une liste de documents et d'informations nécessaires à l'exercice du contrôle et précise la date limite de mise à disposition. Vous disposez d'un délai minimum de 30 jours pour transmettre les documents. Ces documents pourront être communiqués sous forme papier ou dématérialisée. Il vous est demandé d'envoyer des copies des pièces originales.

Cet avis vous indique en outre l'adresse électronique où la charte du cotisant contrôlé est consultable et téléchargeable. Sur votre demande, elle peut également vous être adressée.

Comment se déroule le contrôle ?

Le contrôle s'effectue sur la base des documents transmis. Il peut s'agir à titre d'exemple, des documents :

- sociaux : tout document ou support permettant de reconstituer les éléments de paie intégrés dans la déclaration sociale nominative, contrats de travail...
- comptables : bilans, extraits des grands livres comptables, balances comptables...
- fiscaux : liasses fiscales, avis d'imposition...
- juridiques : statuts des sociétés, procès-verbaux d'assemblées générales, jugements de conseils de prud'hommes...

Toutefois des documents et/ou informations complémentaires nécessaires à la réalisation du contrôle peuvent vous être demandés par échanges écrits, téléphoniques ou électroniques, notamment en ce qui concerne certaines factures et les justificatifs de frais...

Comme pour un contrôle sur place, l'analyse de l'agent chargé du contrôle porte sur les éléments déclarés à la date d'envoi de l'avis de contrôle. Si vous modifiez les déclarations portant sur la période contrôlée après la réception de cet avis, il vous appartient d'avertir l'agent chargé du contrôle au regard de l'impact de ces modifications sur le redressement envisagé et le cas échéant le montant des majorations et des pénalités applicables.

À l'issue de ses investigations, lorsque des observations avec ou sans redressement sont envisagées et hors constat de travail dissimulé ou d'obstacle à contrôle, l'agent chargé du contrôle doit avant l'envoi de la lettre d'observations, vous proposer (ou à votre représentant légal) un entretien téléphonique afin de vous présenter le résultat de ses analyses et les suites éventuelles.

En cas d'absence de transmission des éléments demandés ou lorsque l'examen des pièces nécessite d'autres investigations, vous êtes informé que le contrôle se poursuivra sur place. Un courrier vous sera alors adressé pour vous informer de la date de passage. Toutefois, si vous faites obstacle à la procédure, l'organisme de recouvrement peut mettre en œuvre une procédure spécifique (voir infra).

Situations paticulières

Utilisation de documents ou d'informations obtenus lors du contrôle d'entreprises appartenant au même groupe

Dans le cadre de leurs missions, les agents chargés du contrôle peuvent utiliser les documents et informations obtenus lors du contrôle de toute personne appartenant au même groupe que la personne qu'ils contrôlent. Ces documents ou informations peuvent être utilisés pour fonder un redressement.

Si cette situation se présente, l'agent chargé du contrôle le précise dans la lettre d'observations qu'il vous adresse. Celle-ci détaille :

- la nature des documents ou informations utilisés ;
- le contenu des documents ou éléments d'informations qui fondent le redressement ;
- la référence au contrôle ainsi que l'identité de la ou des personnes du même groupe d'où proviennent les documents ou éléments d'information.

Elle doit mentionner la faculté qui vous est donnée de demander une copie des documents utilisés. La demande de communication de la copie doit être effectuée durant la période contradictoire.

Fixation forfaitaire de l'assiette des cotisations et des contributions de sécurité sociale

L'agent chargé du contrôle peut fixer forfaitairement, par tout moyen d'estimation probant, le montant de l'assiette des cotisations et contributions sociales dans les cas suivants :

- lorsque votre comptabilité ne permet pas d'établir le chiffre exact des rémunérations des salariés de votre entreprise, ou de vos revenus, servant de base au calcul des cotisations dues ;
- ou lorsque vous ne mettez pas à disposition les documents ou justificatifs nécessaires à la réalisation du contrôle ;
- ou lorsque leur présentation n'en permet pas l'exploitation.

À défaut de la production d'éléments contraires probants, l'assiette fixée par l'agent chargé du contrôle sera retenue pour le calcul définitif des cotisations dues.

sommaire 15

Obstacle à contrôle

L'obstacle à contrôle est caractérisé par des actions ou omissions ayant pour objet d'empêcher la tenue du contrôle ou de se soustraire aux opérations de vérifications exercées par les agents chargés du contrôle. Ces actions ou omissions consistent notamment à refuser l'accès à des lieux professionnels, à refuser de communiquer une information formellement sollicitée, quel qu'en soit le support, à ne pas répondre ou à apporter une réponse fausse, incomplète ou abusivement tardive à toute demande de pièce justificative, d'information, d'accès à une information, ou à ne pas répondre à une convocation, dès lors que la sollicitation, demande ou convocation est nécessaire à l'exercice du contrôle. Cette procédure peut être mise en œuvre dans le cadre d'un contrôle sur place ou sur pièces.

Le fait de faire obstacle à l'accomplissement des fonctions des agents chargés du contrôle entraîne l'application par le directeur de l'organisme concerné d'une pénalité financière.

Le plafond maximum du montant de cette dernière varie en fonction notamment de la catégorie de cotisant : 3 750 € pour un particulier employeur dans le régime général, 3 750 € pour un cotisant solidaire dans le régime agricole, 7 500 € pour un travailleur indépendant ou un cotisant non-salarié agricole, et 7 500 € par salarié dans la limite de 750 000 € par employeur (y compris pour un particulier employeur dans le régime agricole).

Il s'agit d'une procédure de sanction spécifique, mise en œuvre par l'agent en charge du contrôle qui constate l'obstacle. Cette procédure préserve vos droits dans le cadre d'un débat contradictoire entre vous-même et le directeur de l'organisme de recouvrement. Ce n'est qu'à l'issue de celui-ci que les sanctions énoncées peuvent être prononcées.

Après les opérations de contrôle sur place ou sur pièces

Que se passe-t-il à l'issue des opérations de contrôle ?

Le contrôle est une procédure contradictoire, c'est-à-dire qui permet à la personne contrôlée de faire valoir son point de vue dans le cadre de la contradiction, ce qui assure la garantie de vos droits. Ainsi, la communication des observations de l'agent chargé du contrôle constitue une formalité qui doit impérativement être respectée.

À noter que les observations sont nécessairement faites au regard des éléments déclarés à la date d'envoi de l'avis de contrôle. Si vous avez entre-temps modifié les déclarations relatives à la période contrôlée, c'est dans le cadre de la procédure contradictoire qu'il sera possible d'en tenir compte, sur la base des justifications produites à l'occasion de la réponse aux observations.

Le contrôle peut aboutir au constat d'une bonne application des législations ou à des observations pour l'avenir et/ou à des régularisations de cotisations et/ou de contributions en votre faveur ou en faveur des organismes chargés du recouvrement.

La lettre d'observations :

À l'issue de chaque contrôle, un document daté et signé, intitulé « Lettre d'observations » vous est obligatoirement adressé.

Ce document mentionne a minima (cette liste n'est pas exhaustive) :

- → l'objet du contrôle ;
- → les documents consultés ;
- → la période vérifiée ;
- → la date de la fin du contrôle ;
- → les modalités et délais de réponse ;
- → la possibilité de vous faire assister d'un conseil de votre choix pour répondre aux observations de l'agent chargé du contrôle ;
- → s'il y a lieu, le constat d'une situation d'abus de droit, de travail dissimulé ou l'absence de mise en conformité à la suite d'observations formulées lors d'un précédent contrôle et l'application de majorations de redressement ou pénalités consécutives.

En cas de redressement, le document indique les observations faites au cours du contrôle, motivées par chef de redressement, le montant des assiettes, des redressements envisagés et leur mode de calcul, ainsi que les éventuelles majorations de redressement et pénalités liées à ces redressements.

La lettre d'observations peut également faire état d'observations « pour l'avenir » qui invitent le cotisant à modifier des pratiques qui ne sont pas conformes à la législation sans qu'un redressement soit pour autant envisagé sur ce fondement.

La réception de la lettre d'observations clôt les opérations de contrôle au sens strict. Elle permet d'engager une période contradictoire : vous disposez à ce moment d'un délai initial de 30 jours pour faire part, par écrit, de vos remarques, d'éléments nouveaux, de précisions ou compléments que vous jugerez nécessaires, ou de votre éventuel désaccord avec tout ou partie des constats.

> Vous pouvez également demander à l'agent chargé du contrôle d'amender la liste des documents consultés. En effet, les pratiques vérifiées lors du contrôle et pour lesquelles il n'a été fait aucune observation sont considérées comme validées. Aussi, elles ne peuvent faire l'objet d'un redressement lors d'un contrôle ultérieur (sauf exceptions[6]), lequel ne pourra conduire qu'à demander une modification de cette pratique pour l'avenir. C'est pourquoi la vérification de la liste des documents consultés, mentionnée dans la lettre d'observations, est importante pour pouvoir attester lors d'un contrôle ultérieur qu'un point a effectivement été vérifié par le passé ou non.

Si vous avez corrigé, après la réception de l'avis de contrôle, les déclarations portant sur la période contrôlée et payé les sommes correspondantes, vous devez le justifier dans votre réponse pour que l'agent chargé du contrôle en tienne compte.

Au cours de cette phase, vous avez la faculté de vous faire assister par le conseil de votre choix.

Avant l'expiration du délai initial de 30 jours, et à l'exclusion des cas de constat de certaines infractions de travail illégal (travail dissimulé, marchandage, prêt illicite de main-d'œuvre et emploi d'étranger non autorisé à travailler), vous pouvez demander une prolongation de 30 jours de la durée de la période contradictoire. À défaut de réponse de l'organisme de recouvrement, la prolongation du délai est considérée comme acceptée.

En l'absence de réponse de votre part à la lettre d'observations, la période contradictoire prend fin à l'issue du délai de 30 jours ou à l'issue des 60 jours si vous avez demandé et obtenu sa prolongation.

Si vous souhaitez répondre aux observations de l'agent chargé du contrôle, votre réponse doit lui être envoyée avant la fin du délai imparti (30 ou 60 jours). L'agent chargé du contrôle est alors tenu de répondre à votre propre réponse. Il doit vous apporter des précisions motivées au regard de chaque observation exprimée de manière circonstanciée. Le document transmis énonce pour chacun des motifs de redressement pour lesquels vous avez formulé des observations, les montants qui, le cas échéant, ne sont pas retenus ainsi que les redressements qui demeurent envisagés totalement ou partiellement.

Cette réponse de l'agent chargé du contrôle marque la fin de la période contradictoire et n'ouvre pas de nouvel échange. Elle doit vous être transmise avant l'envoi de la mise en demeure éventuelle.

Lorsque votre entreprise appartient à un groupe et que l'agent chargé du contrôle a mentionné dans sa lettre d'observations qu'il avait utilisé des documents et informations obtenus lors du contrôle d'une autre entité du groupe, vous pouvez demander la communication d'une copie des éléments utilisés durant la période contradictoire. Dans un tel cas, cette période ne pourra pas prendre fin tant que l'agent chargé du contrôle n'aura pas envoyé ces éléments.

À l'issue du délai de 30 ou 60 jours, en l'absence de réponse de votre part ou après la réponse aux observations que vous aurez formulées et la réponse apportée par l'agent chargé du contrôle à vos remarques, vous recevrez de la part de l'organisme chargé du recouvrement :

→ dans le cas d'observations sans redressement, la décision de l'organisme de recouvrement confirmant sa position et à laquelle vous devrez vous conformer à l'avenir ;

→ en cas de redressement conduisant à constater des sommes à payer, un document intitulé « mise en demeure », dans lequel seront notamment mentionnés au titre des différentes périodes annuelles contrôlées, les montants définitivement arrêtés par l'organisme de recouvrement, les références et les dates de la lettre d'observations initiale ainsi que, le cas échéant, celles du dernier courrier établi par l'agent chargé du contrôle ;

(6) En cas de réponses incomplètes ou inexactes, de fraude, de travail dissimulé ou sur demande de l'autorité judiciaire.

- en cas de solde créditeur résultant de l'ensemble des points examinés, une notification de crédit vous sera adressée dont le montant vous sera remboursé dans un délai maximum d'1 mois après la notification.

Si vous êtes redevable par ailleurs de sommes auprès de l'organisme de recouvrement, celles-ci seront déduites du montant qu'il vous remboursera.

Les majorations spécifiques applicables au cas de redressement :

La majoration pour réitération est applicable en cas de répétition d'une erreur ayant déjà fait l'objet d'une observation. Si, dans le délai de 6 ans à compter de la date de la mise en demeure ou de la date de réception des observations pour l'avenir du contrôle précédent vous n'aviez pas pris en compte ces observations et que des observations identiques sont notifiées à l'issue du présent contrôle, la part du montant du redressement résultant du manquement précédemment constaté est majorée de 10 %.

Le montant du redressement mis en recouvrement à l'issue du contrôle sera majoré de 25 % en cas de constat d'une infraction de travail dissimulé, majoration de redressement portée à 40 % si cette infraction est commise :

- à l'égard de plusieurs personnes ;
- par l'emploi dissimulé d'un mineur soumis à l'obligation scolaire ;
- à l'égard d'une personne dont la vulnérabilité ou l'état de dépendance sont apparents ou connus de l'auteur ;
- en bande organisée.

Les majorations de redressement pour travail dissimulé peuvent être réduites de 10 points :

- si vous procédez au règlement intégral des cotisations, pénalités et majorations de retard dans les 30 jours de la notification de la mise en demeure ;
- ou si vous présentez dans ce même délai un plan d'échelonnement du paiement qui est accepté par le directeur de l'organisme du recouvrement.

À l'inverse, les majorations de redressement initiales de 25 % et 40 % sont portées respectivement à 45 % et 60 % lorsqu'il est constaté une nouvelle infraction pour travail dissimulé dans les 5 ans de la notification d'une première infraction.

Enfin, le constat d'un abus de droit entraîne l'application d'une pénalité égale à 20% du redressement qui en résulte.

Le délai de prescription :

Les cotisations et contributions de sécurité sociale recouvrées par les organismes du recouvrement se prescrivent par 3 ans à compter de la fin de l'année civile au titre de laquelle elles sont dues pour tous les employeurs et pour les cotisants non-salariés agricoles. Pour les cotisations et contributions sociales dont sont redevables les travailleurs indépendants (non agricoles), cette durée s'apprécie à compter du 30 juin de l'année qui suit l'année au titre de laquelle elles sont dues.

En cas de constatation d'une infraction de travail illégal, ce délai de prescription est de cinq ans.

Dans le cadre d'un contrôle, ce délai de prescription est suspendu pendant la période contradictoire. Par conséquent, le délai de prescription des cotisations et des contributions de sécurité sociale dues est suspendu selon les cas :

- si vous n'avez pas formulé de remarques, entre la date de réception de la lettre d'observations et la fin de la période contradictoire de 30 jours (ou 60 jours si vous avez obtenu sa prolongation) ou,
- si vous avez fait des observations, entre la date de réception de la lettre d'observations et la date d'envoi de la réponse de l'agent chargé du contrôle à ces observations.

La mise en demeure vous sera adressée après l'envoi de la réponse à vos observations par l'agent chargé du contrôle et dans la limite de la période de prescription éventuellement reportée telle que définie ci-dessus.

Si la mise en demeure est adressée plus de 2 mois après la fin de la période contradictoire, vous ne serez pas redevable de la majoration de retard complémentaire pour la période comprise entre la date de la fin de la période contradictoire et celle de l'envoi de la mise en demeure. Cette règle n'est pas applicable si vous êtes en situation d'abus de droit, d'absence de mise en conformité à la suite d'un précédent contrôle, d'obstacle à contrôle ou de travail dissimulé.

A qui et quand devez-vous payer ?

Afin de régulariser votre situation, vous devez régler à l'organisme chargé du recouvrement les sommes correspondant aux redressements notifiés dans la mise en demeure auxquelles s'ajouteront, selon votre situation, les majorations de retard initiales et complémentaires. Ce règlement devra intervenir dans le mois qui suit la réception de la mise en demeure.

Par ailleurs, des majorations de retard sont susceptibles d'être appliquées sur les sommes redressées :

→ les majorations de retard initiales de 5% sur les sommes redressées ;

→ les majorations de retard complémentaires de 0,2% par mois ou fraction de mois écoulé à compter du 1er février de l'année qui suit celle au titre de laquelle les redressements sont effectués jusqu'à complet paiement des sommes dues. Si ce paiement intervient dans les trente jours suivant la mise en demeure, le taux de cette majoration complémentaire est abaissé à 0,1%.

Vous pouvez demander une remise gracieuse des majorations.

Les cas dans lesquels ces majorations de retard s'appliquent sont limités et leur niveau est réduit :

→ aucune majoration de retard initiale de 5% n'est appliquée si le montant global redressé est inférieur au plafond annuel de la sécurité sociale (ce plafond est réévalué annuellement et s'élève à 46 368 € en 2024) ;

→ les majorations de retard complémentaires sont réduites de 0,2 % à 0,1 % si votre paiement intervient dans les 30 jours suivants l'émission de la mise en demeure. Ces majorations sont décomptées par mois ou fraction de mois à partir du 1er février de l'année qui suit celle au titre de laquelle les redressements sont effectués jusqu'à complet paiement des sommes dues.

Ces réductions ne sont pas applicables si vous êtes en situation d'abus de droit, d'absence de mise en conformité à la suite d'un précédent contrôle, d'obstacle à contrôle ou de travail dissimulé. Dans ce cas, les majorations spécifiques à ces situations restent en vigueur.

Vous pouvez toujours demander une remise gracieuse des majorations qui restent applicables. En outre, si vous avez des difficultés financières pour régler les sommes demandées et sous réserve d'avoir réglé la part salariale des cotisations ou contributions, vous pouvez solliciter des délais de paiement.

Dans tous les cas, les majorations de retard dues pour les cotisations et contributions non acquittées à la date de leur échéance courent jusqu'au paiement complet et effectif desdites cotisations et contributions. Toutefois, si vous avez souscrit un plan d'apurement avec votre organisme de recouvrement, la décision accordant une remise peut être prise avant le paiement desdites cotisations et contributions, cette remise n'est toutefois acquise que sous réserve du respect du plan.

En l'absence de règlement, l'organisme est en droit de décerner une contrainte par lettre recommandée avec accusé de réception ou de vous la signifier par acte de commissaire de justice. Vous disposerez alors d'un délai de 15 jours pour former opposition motivée auprès du Tribunal judiciaire.

Quels sont les effets du contrôle ?

Sur une période déjà contrôlée :

Les organismes du recouvrement ne peuvent pas procéder à un nouveau contrôle portant sur une période déjà contrôlée et sur des points de législation ayant déjà donné lieu à vérification, sauf :

- → en cas de fourniture d'éléments incomplets ou inexacts ;
- → en cas de fraude ou de travail dissimulé ;
- → ou encore sur demande de l'autorité judiciaire ;

Sur des pratiques déjà vérifiées :

Aucun redressement ne peut être effectué par l'organisme chargé du recouvrement sur des pratiques vérifiées lors d'un précédent contrôle et pour lesquelles il n'a été fait aucune observation, dès lors que :

- → cet organisme a eu l'occasion, au vu de l'ensemble des documents consultés, de se prononcer en toute connaissance de cause sur ces éléments ;
- → les circonstances de droit et de fait au regard desquelles les éléments ont été examinés sont inchangées.

Il vous appartient d'apporter la preuve de cet accord tacite. Cette preuve peut être apportée au regard de la liste des documents consultés figurant dans la lettre d'observations du contrôle précédent.

Dans tous les cas, ces pratiques peuvent néanmoins donner lieu à des observations pour l'avenir auxquelles vous devrez ensuite vous conformer.

Si vous n'êtes pas d'accord avec la décision de l'organisme de sécurité sociale

Si vous êtes confronté à des interprétations divergentes de plusieurs organismes du recouvrement

Si vous relevez de plusieurs organismes du recouvrement et que vous êtes confronté à des interprétations contradictoires concernant l'application de la législation de sécurité sociale, dans un ou plusieurs de vos établissements présentant une même situation au regard d'un même dispositif juridique, vous pouvez solliciter l'intervention de l'Urssaf - Caisse nationale qui prendra une position sur le point de législation soulevé. Cette position s'imposera aux organismes de recouvrement concernés.

Dans le cadre d'un contrôle, cette demande d'intervention doit être effectuée postérieurement à la réception des lettres d'observations qui permettent de constater une divergence de position entre organismes et, en tout état de cause, avant de saisir les commissions de recours amiable des organismes concernés. Mais cette démarche ne suspend pas les délais de saisine des différentes Commissions de recours amiable.

Si vous êtes confronté à des interprétations divergentes entre organismes du recouvrement et fédérations d'institutions de retraite complémentaires :

Vous pouvez également solliciter l'intervention de l'Urssaf - Caisse nationale si vous êtes confrontés à des interprétations contradictoires entre un ou plusieurs organismes du recouvrement et une ou plusieurs fédérations d'institutions de retraite complémentaire sur certaines dispositions limitativement prévues par la loi, notamment lorsque cela porte sur les allègements généraux.

La saisine de la commission de recours amiable :

Si vous entendez contester tout ou partie d'un redressement ou des observations pour l'avenir, il vous appartient de saisir d'abord la commission de recours amiable de l'organisme de recouvrement dans un délai de deux mois à compter de la réception de la mise en demeure notifiant le redressement ou de la décision confirmant les observations pour l'avenir.

La saisine de la commission de recours amiable est un préalable obligatoire à la contestation de la mise en demeure ou de la confirmation d'observations pour l'avenir devant les tribunaux judiciaires. Un accusé de réception de votre demande vous sera adressé.

Cette procédure est gratuite. Elle prend la forme de l'examen de votre dossier par la commission.

En cas de contestation, vous n'êtes pas tenu de procéder préalablement au règlement des sommes réclamées. Mais, dans ce cas, le recours n'interrompt pas le cours des majorations de retard dont le calcul n'est définitivement arrêté qu'après complet paiement des cotisations et contributions dues.

La décision de la commission de recours amiable détaille par motif de redressement, les montants qui, le cas échéant, sont annulés et ceux dont vous restez redevable au titre de la mise en demeure précédemment reçue. Elle indique également les délais et les voies de recours.

Vous pouvez contester la décision de la commission de recours amiable devant le tribunal judiciaire dans le délai de deux mois à compter de sa réception. Au-delà, cette décision de la commission de recours amiable devient définitive.

Si la commission de recours amiable ne vous a pas répondu dans le délai de 2 mois qui suit la réception de votre demande, vous pouvez considérer votre demande comme rejetée et saisir sans attendre le tribunal judiciaire.

Dans ce cas, si la décision explicite de la commission vous parvient avant le prononcé du jugement, vous n'avez pas à saisir une nouvelle fois le tribunal si vous n'êtes pas d'accord avec cette décision.

À chaque étape, les modalités et délais de saisine vous sont précisés dans les documents que vous recevez.

Lexique

Urssaf - Caisse nationale : la caisse nationale du réseau des Urssaf est l'Agence centrale des organismes de sécurité sociale (ACOSS).

Caisse centrale de la MSA : caisse à la tête du réseau des caisses de la MSA.

Commission de recours amiable : Formation du conseil d'administration de l'organisme de recouvrement. Elle est composée d'un nombre égal de représentants des salariés et de représentants des employeurs et des travailleurs indépendants pour le régime général ou des non-salariés pour le régime agricole.

DSN : Déclaration sociale nominative. Déclaration mensuelle obligatoire unique, produite automatiquement à l'issue du calcul de la paie des salariés, destinée à communiquer les informations nécessaires à la gestion de la protection sociale des salariés aux organismes et administrations concernés (CPAM, Urssaf, MSA, Agirc-Arrco, Pôle emploi, centre des impôts...)

FNAL : La contribution au Fonds national d'aide au logement est due par tous les employeurs quelle que soit la taille de l'entreprise. Cette contribution assure le financement de l'allocation logement.

GUSO : Guichet unique du spectacle occasionnel. Dispositif de simplification administrative permettant les déclarations et le paiement des cotisations sociales lors de l'emploi occasionnel d'artistes ou de techniciens en vue de la production d'un spectacle vivant.

MSA : Mutualité Sociale Agricole. Organisme de droit privé en charge de la protection sociale du régime agricole, au plan du recouvrement et du service des prestations.

Obstacle à contrôle : Manquement caractérisé lorsque l'agent en charge du contrôle est empêché par l'employeur ou le travailleur indépendant (ou un cotisant non salarié agricole) contrôlé d'accomplir ses fonctions.

Période contradictoire : Période de la procédure contradictoire. Elle commence à la réception de la lettre d'observations. Elle se termine, soit 30 jours ou 60 jours plus tard en l'absence de remarque de la personne contrôlée, soit à la date d'envoi de la réponse de l'agent chargé du contrôle lorsque des observations ont été formulées par la personne contrôlée.

Procédure contradictoire : Lors du contrôle, procédure qui permet un dialogue entre la personne contrôlée et celle qui effectue le contrôle. Elle permet notamment à la personne contrôlée de faire valoir ses droits et ses observations sur les régularisations envisagées en « contredisant » les observations de l'agent chargé du contrôle sur la base d'éléments probants.

Rescrit social : Permet d'obtenir une décision explicite des organismes de recouvrement sur l'application de certains points de législation à la situation particulière soulevée. Sauf changement de législation ou de la situation de fait, la réponse de l'organisme sera opposable pour l'avenir.

Travail dissimulé : Infraction sanctionnée par le code du travail et qui vise à la fois la dissimulation d'activité (absence d'immatriculation et/ou de déclaration sociale ou fiscale, ou faux détachement) et la dissimulation d'emploi salarié ou d'heures travaillées.

Tribunal judiciaire : Issu de la fusion du tribunal d'instance et du tribunal de grande instance. Il statue en première instance sur les affaires qui opposent les assurés, les allocataires ou les cotisants aux organismes de sécurité sociale. C'est également devant cette juridiction (ou devant l'une de ses chambres de proximité) que les agents chargés du contrôle prêtent serment.

Urssaf : Union pour le recouvrement des cotisations de sécurité sociale et d'allocations familiales. Organisme de droit privé chargé du recouvrement des cotisations et contributions de sécurité sociale, ainsi que des contributions dont le recouvrement lui est confié par la loi, auprès des employeurs et des travailleurs indépendants relevant du régime général ou d'autres régimes.

sommaire 23

Pour en savoir plus
Retrouvez toute
l'information relative
à votre activité sur
www.urssaf.fr
Espace employeur,
ou sur **www.msa.fr**

Réalisation : Urssaf CN - NAT/**5995** / Juillet 2024 / Charte Cotisant contrôlé © AdobeStock

PROTOCOLE TRANSACTIONNEL CONCLU ENTRE LE COTISANT ET L'ORGANISME DE RECOUVREMENT

I. – Présentation des parties

Conclue entre :

...(Madame/Monsieur), représentant légal de l'entreprise... *(dénomination sociale le cas échéant)* au capital de ... *(à compléter le cas échéant)* ¤, immatriculée au Registre du commerce et des sociétés/registre des métiers

sous le numéro ... *(à compléter le cas échéant)*, dont le siège social/l'adresse du lieu d'activité est situé(e) ... *(à compléter selon la situation : siège social/ou adresse du lieu d'activité)*, agissant par l'intermédiaire de son représentant légal ... *(à compléter le cas échéant)*.

Numéro de compte cotisant ... *(à compléter)*

Numéro de SIREN ... *(à compléter)*

Après mise en demeure ... *(numéro)* du... *(date)*.

Ci-après, le cotisant,

Et :

L'organisme de recouvrement (URSSAF/CGSS/caisses de MSA) de ... (préciser l'organisme de recouvrement), dont le siège est situé ... *(adresse)*, représenté par (Madame/Monsieur), en qualité de... (Directeur/Directrice).

Ci-après, l'organisme de recouvrement,

Ci-après dénommés collectivement « les parties »,

II. – Contexte

Le différend opposant le cotisant et l'organisme de recouvrement depuis le [date de contestation de la mise en demeure] a pour origine la mise en demeure [ou les mises en demeure] [n° ...] du... [JJ/MM/AAAA] d'un montant de ... euros, dont ... ¤ de cotisations ou contributions portant sur la période du ... au ... et ... ¤ de majorations de retard portant sur la période du ... au ..., correspondant aux sommes faisant l'objet de la demande.

Ces sommes portent sur ...
(Préciser, selon le cas applicable,
– des majorations de retard et les pénalités ;
– l'évaluation d'éléments d'assiette des cotisations ou contributions dues relative aux avantages en nature, aux
avantages en argent et aux frais professionnels ;
– des redressements calculés en application soit de méthodes d'évaluation par extrapolation autres que celles mentionnées à l'article R. 243-59-2, soit d'une fixation forfaitaire du fait de l'insuffisance ou du caractère inexploitable des documents administratifs et comptables.

[Le cas échéant] La mise en demeure fait suite à un contrôle de l'organisme de recouvrement effectué du ... au ... (date du contrôle) et portant sur les années ...

Les parties s'opposent sur... *(Exposer de façon précise et détaillée les éléments de fait et/ou de droit qui opposent les parties, notamment les montants et les périodes faisant l'objet de la présente transaction).*

[Le cas échéant] Les sommes faisant l'objet de la demande ont fait l'objet d'une contestation devant la commission de recours amiable le ... (préciser la date), laquelle a rendu :
– une décision explicite (préciser) de rejet le ... (préciser la date) notifiée le (préciser la date) ;
– une décision implicite de rejet.

[Le cas échéant] Cette décision a fait l'objet d'une contestation devant le ... (préciser le tribunal saisi) le ... *(préciser la date).*

[Le cas échéant] Préciser la décision de justice rendue en première instance, s'il a été interjeté appel etc... *(Supprimer la mention inutile :)*

Le cotisant est à jour de ses obligations déclaratives et de paiement à l'égard de l'organisme de recouvrement dont il dépend [à l'exception de l'objet de la demande, le cas échéant].

ou

Le cotisant a souscrit et respecte, à la date de la demande de la présente transaction, un plan d'apurement conclu le JJ/MM/AAAA portant sur les cotisations de ... [préciser la période concernée] et fixant des échéances du JJ/MM/AAAA au JJ/MM/AAAA]

Rayer la mention inutile

III. – Objet de la transaction

Par le présent accord, conformément aux articles L. 243-6-5 et R. 243-45-1 du code de la sécurité sociale *(transactions conclues avec l'URSSAF ou la CGSS)* et L. 725-26 et R. 725-30 du code rural et de la pêche maritime *(transactions conclues avec la MSA)* :

Le cotisant prend l'engagement de payer dans un délai de ... jours à compter de la notification par le directeur de l'organisme de recouvrement de l'approbation du présent protocole par l'autorité mentionnée à l'article R. 155-1 du code de la sécurité sociale, les sommes maintenues à sa charge d'un montant de ... euros et renonce à toute procédure contentieuse née ou à naître concernant les sommes faisant l'objet du présent protocole.

[Ou, en cas d'accord de l'organisme de recouvrement]

À compter de la notification par le directeur de l'organisme de recouvrement de l'approbation du présent protocole par l'autorité mentionnée à l'article R. 155-1 du code de la sécurité sociale, le cotisant prend l'engagement de payer les sommes maintenues à sa charge d'un montant de ... euros, réparties selon les échéances suivantes *(préciser les dates de paiement prévues et le montant des sommes dues à chaque échéance)* :

En contrepartie, l'organisme de recouvrement s'engage à consentir une remise de euros (préciser le montant) des majorations et/ou pénalités *(préciser selon le cas applicable)* dues.

Les parties s'engagent également à renoncer à la procédure contentieuse née ou à naître trouvant sa cause dans le recouvrement des sommes relatives aux ... pour les années (période limitée à 4 ans par l'article L. 243-6-5 du code de la sécurité sociale).

Le montant de la transaction s'élève à ... ¤ *(Conformément aux dispositions précitées, le montant de la transaction s'apprécie comme la différence entre le montant initialement notifié par l'organisme de recouvrement et le montant figurant sur la proposition de transaction).*

Le tableau ci-après détaille les sommes faisant l'objet de la transaction, dont le recouvrement est maintenu ou abandonné, par exercice et nature :

	Sommes objet de la transaction		**Sommes dont le recouvrement est abandonné dans le cadre de la transaction**		**Sommes restant dues à l'issue de la conclusion de la transaction**	
	Principal	**Majorations et pénalités**	**Principal**	**Majorations et pénalités**		
Exercice 20...						
Exercice 20...						

Conformément à l'article R. 243-45-1, le manquement du cotisant à l'accomplissement des obligations prévue dans le protocole transactionnel entraîne la caducité de celui-ci. Dans ce cas, la procédure de recouvrement des sommes notifiées dans la mise en demeure sera engagée ou poursuivie selon les règles, garanties et sanctions applicables au recouvrement des cotisations et contributions de sécurité sociale.

Par ailleurs, en cas de défaut d'exécution de la transaction conclue, les parties retrouvent leur droit d'agir en justice. La partie envers laquelle l'engagement n'a pas été exécuté peut former un recours devant le pôle social du tribunal judiciaire compétent, en exécution forcée de la transaction (article 1222 du Code civil), en résolution du contrat (articles 1224 à 1230 du Code civil) ou par exception demander la réouverture du litige initial (Civ. 1re, 12 juillet 2012, n° 09-11582).

IV. – Application du protocole transactionnel

Le présent protocole est conforme aux articles 2044 à 2052 du Code civil. Il fait obstacle à l'introduction ou à la poursuite entre les parties d'une action en justice ayant le même objet (article 2052 du code civil).

Les parties s'engagent à exécuter de bonne foi le contrat conformément à l'application de l'article 1104 du Code civil.

L'ensemble des engagements réciproques devront être réalisés au plus tard le... *(préciser une date).*

Il est précisé que cet accord ne porte que sur les litiges relatifs aux sommes sus-indiquées. Son contenu ne peut être appliqué à d'autres contestations introduites ou à venir concernant directement ou indirectement le cotisant signataire de l'accord ou, lorsque le cotisant est une société appartenant à un Groupe, aux autres sociétés du Groupe qui ne seraient pas mentionnées dans la présente. *[Le cas échéant]* Conformément aux dispositions précitées, si la transaction a lieu après un contrôle de l'organisme de recouvrement, le présent protocole n'emporte pas d'effet sur l'interprétation en droit concernant les motifs mentionnés dans la lettre d'observations.

[Le cas échéant] Le présent protocole ne saurait valoir décision explicite de l'organisme concernant l'application correcte par le cotisant... de la législation de sécurité sociale applicable. Celui-ci ne peut se prévaloir au titre du présent protocole, de la pratique objet de la transaction pour l'avenir.

Les parties s'engagent, même en cas d'évolution, de revirements jurisprudentiels ou d'évolutions normatives à ne pas revenir sur les litiges que cette convention a eu pour objet de régler définitivement.

Les parties déclarent expressément avoir disposé du temps matériel nécessaire pour étudier, négocier et arrêter les termes du présent protocole.

Cette convention prend effet à la date d'approbation par l'autorité mentionnée à l'article R. 155-1 du code de la sécurité sociale.

V. – Confidentialité

La présente convention est couverte par la confidentialité. En application de l'article 1240 du Code civil, les parties s'exposent à des dommages et intérêts en cas de violation de la clause de confidentialité. Les parties renoncent expressément à se prévaloir du présent protocole d'accord à l'occasion de tout autre litige qu'elles seraient amenées à connaître.

Chaque partie confirme, en conséquence son accord sur les termes de la présente en apposant sa signature précédée de la mention manuscrite « Lu et approuvé, bon pour accord ».

Fait, en deux exemplaires originaux, à ... (lieu), le ... (date)

Pour le cotisant **Pour l'organisme de recouvrement**

Table alphabétique

Les numéros en gras sont ceux des paragraphes.
Un sommaire détaillé figure au début de chaque fiche.

U

V